東北
民間故事
下冊

月亮的眼淚

一、神祕的老囚徒

一九六八年冬天。長白山地區。這是一個多雪的冬天，狂風呼嘯的冬天。天冷，我的心格外冷。

我因「牛鬼蛇神」的罪名被從省城押解到長白山下一個荒涼的小縣城裡。群專隊設在縣一中的教室裡。文化系統所有職工都被歸攏到縣一中辦學習班。我無進學習班學習毛澤東思想的殊榮，下車伊始就被推進黑洞洞的屋子裡。

通鋪大火炕，由木板間壁成一間間小屋，每座小屋關押兩個人。及至我的眼睛適應了一些屋裡的幽暗時，才發現先我而來的一個專政對象，正面對罩著鐵絲網的玻璃窗盤腿坐在炕上。他上身筆直，頭髮稀疏花白，腰板拔得筆挺。他神情很專注，即使我被推入屋內，他也未曾轉過身子或扭轉脖頸看我一眼。我有一種被慢待被輕蔑的感覺。現在回想起來還覺得很可笑，我這個戴罪之人，竟然「商女不知亡國恨」，還有心思研究與己無關的人。但是怎麼研究也無太大收穫，見到的只是皓首、背影和筆直的腰板，僅此而已。我覺得有些乏味有些掃興，於是就研究起自己所謂的「罪行」來。

對我實行專政時已經歷數了我的罪行：為反革命修正主義路線歌功頌德，為叛徒變節者揚幡招魂，宣揚封資修，含沙射影攻擊黨中央、毛主席和三面紅旗。本縣的專案組和群專人員到省城我所在單位，出示了介紹信，說是要我到學習班說明證實一些問題，徵得我單位同意，他們才把我帶走。氣氛是友好的客客氣氣的。走到半路，他們把開來的吉普車停在路邊，莊嚴地向我宣佈了上述罪狀，並宣佈我從現在起就是階級敵人，被實行無產階級專政，只許我老老實實，不許我亂說亂動！在那個法紀被踐踏的年代，就是這樣隨意抓人隨意定罪。

我大學畢業後就在省城的一家刊社裡做編輯工作，七年來兢兢業業，忠於職守，沒什麼彪炳顯赫的功績，可也沒犯什麼錯誤。「文革」一開始，雖說心有餘悸，但還暗自慶幸，多虧自己認真負責謹小慎微，沒出什麼差池和紕漏，

也沒攪和到什麼案子裡，正在扯旗造反大展宏圖之際，半路上殺出個程咬金來，被挖出做學生時的所謂罪行。這是連做夢也想不到的事情。

那還是一九五八年冬天，我們中文系即將畢業的學生，受省委宣傳部的指示，到農村搞文化革命活動，搞調查研究工作。我和幾個同學被分配到長白山下這個封閉落後的小縣城。我們都下到基層，到管理區（後改為作業區、生產大隊），同公社社員同吃同住同勞動。白天深翻地，晚上搞宣傳，苦熬苦戰兩個月，連春節都是在管理區裡過的。人都瘦了一圈。按地委宣傳部統一部署，我們這幾個學生又去搞地下黨史和東北抗聯的史料普查，寫建國後的第一部縣誌和民間文學資料集。我就是因寫這部縣誌和民間文學資料集而獲罪的。當時，縣委宣傳部和中文系領導還曾表揚過我，我也曾志得意滿、躊躇滿志過。想不到今天卻變為罪過，我本人也成了階下囚。這是因為抗聯和地下黨已被打成叛徒集團和流寇組織，民間故事、傳說、神話被定成大毒草，我這個主筆被打成「三家村」「四家店」也就順理成章了。

以後我才知道，縣軍宣隊和工宣隊把這部縣誌和這部民間文學資料集的問題看得很嚴重，認為是重大的「反革命」政治問題，和省、地、縣宣傳文化系統的所謂反革命修正主義黑線有連帶關係，甚至和中央的「反革命文藝黑線」一脈相承，是這一條又黑又長的黑線上結的一顆大毒瓜。

我感到委屈，又不服氣，心裡沒鬼怕個球！總有一天真理會出來說話的。我還自我寬慰：我是要筆桿的，坎坷逆境和痛苦不幸往往是作家的最好的創作衝動和創作素材。憤怒出詩人。我想起俄羅斯一位詩人說過的話：一切的痛苦都將過去，而過去了的就會變成美好的回憶。文學喜歡在苦難中昇華，深刻崇拜苦難。我不應成為生活的奴隸和侏儒，我應成為擺弄生活的哲學家。

太想入非非了，還是研究眼前這個人吧。

他兩腿交扭盤結，腳踝抵著炕面，兩膝蓋保持平衡，身子一動不動，就這樣過了足有兩個小時。看樣子這傢伙是坐獄的老手，我想到慣匪、江洋大盜和殺人犯之類。

這時，群專隊員用木槓敲打門扇，喊我們出去排隊吃飯。我注視他的舉動，切盼他能賜給我一個面孔，最好是帶有同病相憐、友好理解的，即使是疑問嘲諷的表情也可。他終於轉過臉來，面目卻是那麼麻木冷峻，肌肉、皺褶凝固得紋絲不動，花白的長壽眉下那一雙大大的眸子只向我輪了那麼一匝。

我要說說他的目光。我有記憶以來第一次見到這樣的目光。我想到蘇聯電影《牛虻》中的亞瑟的目光，《奧賽羅》裡的奧賽羅的目光，那麼明亮，那麼火灼，那麼深邃，那麼富有內容，但模糊中透著清亮，冷峻中蘊著溫暖，如探照燈般俯視鳥瞰，又如 X 光那樣透徹你的肌膚、骨肉和五臟六腑。我感到了威嚴和力度。

轉身、下地、穿鞋、開門、出門、排隊，這一系列動作，他做得老到熟練，井井有條。沒錯，一準是個老犯。我竟和這樣一個人關在同一小號裡，我感到不幸，也預感到我的問題可能嚴重，因而後背上也襲來一絲涼風。

我加入了被專政人員的隊伍裡。兩邊和後邊是臂戴紅袖標、手持棍棒的群專隊員，在吆喝斥責聲中，我們這些犯人都低垂著頭，向大食堂走去，像是一群被驅趕著的牛馬豬羊。

二、荒唐滑稽的批鬥會

好像《水滸傳》裡描寫的林沖發配滄州吃殺威棒的情節，下午就開了我的批鬥會。批鬥會設在本縣一中的大禮堂裡。我沒有思想準備，專案組似乎就是要的這個效果，打我個措手不及。

我們一行被專政的階級敵人，個個胸前都掛著木牌，上書各位的尊姓大名和什麼什麼分子等政治帽子。我是批鬥對象，列位都是陪鬥者。我胸前的牌子上寫的是「牛鬼蛇神」。我對我的同室囚友卻格外留意，睃了一眼他胸前的木牌，竟然有兩個名字，一為沙剋夫，一為沙少庚；政治帽子也比我的多，寫得密密麻麻的：叛徒、匪首、內奸、殺人犯、日本特務、蘇修特務、納粹德國特務，總共七項。

還沒等我思考他何以有這麼多政治帽子，掌握會的工宣隊長一聲吶喊，眾位群專隊員一擁而上，扭胳臂摁脖子，把我揪到台上。接著是低頭哈腰噴氣式，口號聲震耳欲聾。

　　我倒要聽聽他們是怎樣批我的作品的。

　　這也叫文藝批判嗎？

　　說我宣揚封建迷信、「三自一包」我還勉強可以忍受，說我歌頌的楊靖宇、魏拯民等革命先烈是所謂流寇思想、錯誤路線，我憤怒了。我據理反駁。但招來的卻是拳打腳踢和辱罵聲，尤其對狩獵故事的批判，簡直讓我哭笑不得。他們先肯定我是階級敵人，而階級敵人歌頌的勇敢的獵人就是帝修反和地富反壞右，被打的野生動物當然就是三面紅旗、黨中央、毛主席和無產階級專政。

　　這簡直是滑天下之大稽，是人類文藝批評史上最可恥的一頁。世上有這麼給人定罪的嗎？這就叫有棗沒棗打三竿，這就是打死了狗再講價。是可忍孰不可忍！我說這是用維辛斯基的蓋然論給我定性，這種望風捕影的所謂影射攻擊論純粹是形而上學，是唯心論，是某些心理陰暗的壞人借題發揮，攻擊黨中央、毛主席、三面紅旗和無產階級專政的恰恰是這些人！可是真理已被戕害，正義之聲已被窒息。他們不知道維辛斯基是哪國人是幹啥吃的，更不懂蓋然論是何勾當，只會施壓施暴。我想到一位哲人的一句名言：革命是洪亮的詞句，即使被換了內容，也有巨大的衝擊力。我感受到這種衝擊力的愚蠢與可怕。我得到的是雨點般的革命鐵拳頭。我被打倒在地，口鼻躥血。我昏厥在檯子上。

　　我不知道是怎麼被弄回小號的。後來我才知道是群專隊命令沙剋夫把我背回來的。第二天我甦醒過來時，映入了眼簾的是俯在我面前的那雙深邃的眸子，雖然還是那麼威嚴冷峻，不過我分明見到幾許柔和與慈祥。

　　他嘆了口氣說：「你終於醒過來了。」

　　他給我餵飯飲水，給我推拿按摩。我忘記了他與我的距離，頭抵他的胸口，竟嚶嚶哭泣起來。

我說我太屈了，我嚥不下這口氣。他不回答我的問題，只是目光呆滯地望著窗外，通過鐵絲網的孔隙，可以見到外部世界的高遠的藍天以及絲絲縷縷的銀白色的云朵。他內心一定在翻波滾浪，他進入深沉的思索中去。

「小夥子，你還太嫩，還沒通達人生啊！」他在勸慰我，「其實你的問題好解決，不會太久，你就會出去。」

我頗為驚奇，他一定猜出我的心理活動，又接著說：「牛鬼蛇神是個抽象模糊的詞，缺乏質的規定性。越是抽象模糊的政治帽子就越容易被風吹掉。」

薑還是老的辣，有一定的道理。

「你的問題不只是你一個人的問題，上自中央、省，下至地（市）、縣，你是這個鏈條中的一個環節，不可能打擊一大片。再說，這是這些人給下的結論，定案時你們單位也得有主導意見呀！」

對！我也有鐵哥們，有造反的弟兄，他們不能不管我。山再高也擋不住太陽，真理是時間的產兒，而不是權力的產兒。

「你不像我，我這些帽子都很具體，有的已被懷疑幾十年了。」

他講自己竟不帶任何感情色彩。

「那你當過匪首？」

我多麼希望他說不，但他卻點點頭：「當過。」

「你殺過人？」

我多麼希望他不是殺人兇手。

「殺過，殺過很多人。」

坦誠固然讓人尊重，但這也太可怕了，怎麼好去殺人呢？

「那麼說你是叛徒也不假了。」

我很沮喪，話說得沒有底氣，我多麼怕他再點頭應允。這回他終於搖了搖頭：「這是他們的懷疑，我已被懷疑三十多年了。」

「那麼內奸呢？」我試著問他。

他語氣沉重地說：「莫須有！」

我一迭連聲地發問：「那麼日本特務？蘇修特務？德國法西斯特務？」

他使勁兒地搖頭，一臉的冷峻和忿忿然：「卑鄙！無恥！全是無中生有！」

我懸著的心落地了。

他的坦然、深沉不由我不相信他。我們之間的感情距離也拉近了。

他很有坐牢的功底，就那麼盤腿坐著，目視一個目標，一動不動。我就差火候，缺少鍛鍊，這盤腿席地而坐我就承受不了，一會兒一捯動腿，坐得腿疼腰麻，自然招致群專隊員的一頓呵斥臭罵。只幾天，腳髁就長了胖子，腰腿疼痛酸麻，走路也不靈便了。

他就給我按摩抻拉，教我如何伸腿放腳，還真有效，痛楚感較前輕多了。

我們間的感情加深了。但在我的心目中，他仍是個謎。我多麼想解開這個謎團啊！

三、雙人囚室裡的歌聲

這天晚上熄燈不久，我們剛剛躺下，他竟用俄語低聲唱起《國際歌》和《華沙未央卡》，繼而又用日語哼唱。以我的小聰明和耍筆桿子的職業習慣，我對沙剋夫的身世做了種種猜測和設想，但又不好貿然探問。他似乎已洞察了我的意圖，忽然用俄語問我：「學過俄語？」

我用俄語回答：「學了十年。」

他的俄語水平很高，口語流利自如，這也使我吃驚非小。自此我倆就用俄語小聲交談。有一天，他對我說，他在縣紀念館的卷櫃裡見過我寫的那部縣誌，不僅認真披閱，還作過研究。他還說縣誌寫得不錯，結構及文采都好，不足之處就是關於地下黨和抗聯部分的材料還應再充實。他說他曾打算同我聯繫，探討這方面的問題，不想卻在這兒不期而遇。

正像他所預料的那樣，專案組果真對我棄置不管了，不提審，不批鬥，也不作結論，我只是個陪斗的工具。這期間，專案組正忙於深揭深挖所謂地下國

民黨，各監室人滿為患，又運來許多板方材，請來木匠，又擴大了十多個小號。

這一天，氣氛非常嚴肅，要開一個不同尋常的大會。我自然又被拉去陪鬥。我覷了眼台上鋪著檯布的長條桌後面，坐著工、軍宣隊的頭頭和專案組長，還有一位新來的客人。這人六十多歲，高身材，臉膛紅潤，著棉軍大衣，頭戴貂殼皮帽。掌握會的工宣隊長宣佈，特邀丹東市政協常委索長庚參加今天的批鬥會。在噼噼啪啪的掌聲中，我注意到沙剋夫的身子輕輕顫慄，面色潮紅，幾乎難以自持。接著是工宣隊長的一聲巨吼：「把匪首、殺人犯、叛徒、內奸、日本特務、蘇修特務、納粹德國特務沙剋夫——沙少庚揪出來示眾！」

一陣噼哩噗嚕聲響，沙剋夫的雙臂扭到後背被押上台去，低頭、哈腰、噴氣式。眾人的公式化的批判聲討之後，那個被叫作索長庚的發言最引人注目。他說他與沙剋夫一同留學日本，以後沙剋夫當了土匪頭子，帶領眾匪到安東市索府進行血腥屠殺，一下子就殺了他們家八口人。殺得好悲慘好悲慘啊！他說得捶胸頓足，聲淚俱下。台下立時響起口號聲。

這時，工宣隊長問：「沙剋夫，你要老實交代罪行！剛才索長庚老先生揭發你的罪惡是否屬實？」

沙剋夫挺起胸膛，睃了一眼索長庚，壓抑著悲憤，一字一頓地說：「屬實！當初我是要殺他個雞犬不留的！可惜沒殺了索長庚，讓他撿了條活命！」

台下吼聲如雷，台上的沙剋夫被群專隊員打倒在地，身子翻滾扭動。幾個群專隊員薅住他的衣領，把他提溜起來，他繼續接受批鬥。工宣隊長又問他是不是內奸、叛徒、特務，沙剋夫回答得斬釘截鐵：「不是！」

我佩服沙剋夫的勇氣，又為他擔著份心思，怕他又要吃苦頭。但情況的發展出我意料，工宣隊長扯著嗓子喊道：「群專同志注意，馬上帶證人上台！」

人們都屏住呼吸，目光都投向啟開的大門。伴著呵斥聲和口號聲，兩個戴紅袖標的群專人員押解一個人走進會場，並把這人連拉帶拽地弄到台上。這人唯唯諾諾、服服帖帖地站在檯子中央，畢恭畢敬地向毛主席像敬禮，口中訥訥

地說：「走資派、蘇修特務、反革命修正主義分子顧劍秋向您老人家請罪！」

他轉過身又向台下的群眾行了個九十度大禮，無限悔愧地說：「走資派、蘇修特務、反革命修正主義分子顧劍秋向造反派和革命群眾低頭認罪！」

工宣隊長喊：「沙剋夫，你認識這個人嗎？」

沙剋夫似乎早有思想準備，狠狠瞪了這人一眼，語氣低沉地說：「認識！」

「這就好。」工宣隊長似乎掌握了大量證據，顯得成竹在胸地說：「顧劍秋是北京市革命造反派戰友們深揭深挖出來的老牌蘇修特務、死不改悔的走資派、反革命修正主義分子。這個階級敵人認罪態度還算好，是我們從北京市革命造反派戰友那兒借來的，是打了借條的。」

下面響起一陣竊竊私語聲和笑聲。工宣隊長掃了一眼會場接著說：「同志們，通過顧劍秋的交代和揭發，我們將會深切地體會到，階級鬥爭是多麼尖銳複雜！階級敵人就在我們身邊，實在是怵目驚心啊！顧劍秋，你揭發交代問題！你要老實交代，爭取立功贖罪。」

顧劍秋，六十多歲，戴著鏡片中套有小圈的花眼與近視鏡雙用的眼鏡，長臉鼠目，眼袋下垂，眼皮浮腫，步履蹣跚，身體顯得虛弱。他開始交代問題了。他說，他作為特派員到東北抗聯一路軍巡視時就發現了沙剋夫的內奸、匪首、日特的問題，為了追查隱藏在革命隊伍裡的更多的階級敵人，才沒有處決他。是他親自押送沙剋夫到蘇聯，繼續審查。但到了蘇聯，沙剋夫不思改悔，又和納粹德國特務機構聯繫起來，繼續從事反蘇反共的罪惡活動。

工宣隊長在這關鍵時刻插話了：「沙剋夫，顧劍秋押送你去蘇連接受審查，是否屬實？」

「屬實，但我不是……」

「不許解釋！不許你狡辯！顧劍秋繼續揭發問題！」

「在蘇聯，他又和女特務杜佳勾結一起，從事反蘇活動──」

工宣隊長又插話了：「沙剋夫，你和杜佳是什麼關係？」

「夫妻關係，可……」沙剋夫在掂對詞句，「並沒有任何反蘇反共活動！

再說，杜佳已經得到平反。」

這時台下又掀起口號聲浪：「沙剋夫不投降，就叫他滅亡！」

會場陷入混亂中。

四、殷殷的囑託

一陣騷動之後，會場又趨於平靜，批鬥會繼續進行。顧劍秋繼續揭發問題：「在蘇聯，我於一九四一年五月十五日上午參加了克格勃當了蘇修特務；一九四二年六月十三日上午八時我發展了沙剋夫⋯⋯」

沙剋夫不急不慌，沒等掌握會的工宣隊長發話，就搶先反駁：「那時還沒有蘇修，你怎麼就成了蘇修特務？時間竟記得那麼準確，我也不信。再說我那時被關在北極地帶的集中營裡，壓根就沒見到過你，因為你沒有去過北極地帶⋯⋯」

他的有理有據的駁斥卻招來「把敵人打翻在地，再踏上千萬隻腳，叫他永世不得翻身」等流行口號。

沙剋夫真的被打倒在地，滿臉開花，口鼻躥血。但他沒呻吟一聲，輪起大而明亮的眸子，掃視台下群眾，又狠狠剜了索長庚和顧劍秋一眼，就昏厥過去。

批鬥會一散，不等工、軍宣隊和專案組、群專隊的命令，我就把他背回監房，像他護理我那樣，我給他擦拭臉上的血痕，餵水餵飯。整整一天一宿，他才醒過來。我抱著他痛哭起來。他用手掌揩拭我臉頰上的淚珠，反倒安慰起我來：「小夥子，這也是考驗，我們要經受得住這個考驗，要成為強者，別像顧劍秋那樣，軟蛋一個，孬種一個，他這樣做對不起黨，對不起人民群眾，也愧對歷史！」

不必再解釋什麼，說明什麼，我已經認定，他不是壞人，至於匪首、殺人犯，那也是事出有因。哪個廟都有屈死的鬼，我屈，難道他就不屈？在這個乾坤顛倒的時代，有多少人含怨抱屈？我懂得這麼個道理，不能用是與否簡單地

來解釋那動盪蕪雜年代的人和事。沙剋夫是一部歷史，是一首長詩，是一部哲學著作，我多想讀懂他！

「小夥子。」他多咱都這麼稱呼我，那是他的傷患稍微好轉後的一個晚上，他吸著卷煙，沉思一會兒，忽然用俄語神祕兮兮地對我說：「我本來對生活充滿了信心和樂觀，但最近我有些感覺，興許我看不到那一天。對我來說，要度過這一關，實在是太艱難了。我早就看明白了，在你的心中，我是個神祕的人物，是個不解的謎團，你一直在研究我，要弄懂我。人同此心，心同此理，完全可以理解。其實我可以把我的一切口述給你。我們是患難中的摯友，是忘年之交，在這兒遇到你是緣分，也是偏得。就算我求你了，幫老朋友個忙吧。」

我激動得熱淚盈眶，緊緊攥著他的手說：「你說，儘管說！我一定去完成，就是粉身碎骨也在所不惜！」

他苦笑了一下，變得輕鬆一些了：「那倒不必，不過是借用一下你的優勢而已。你出去以後，代我尋找一個人，那裡保留有我寫的自傳。你取出來，通讀一遍，就會弄懂我是什麼人了。不謙虛地說，我這人很有傳奇色彩，這對你搞文學創作也會有裨益。我個人疏於文字修養，言不能盡意，你是個筆桿子，學的又是中文，就請你把我的自傳重新潤色一下，不奢望如司馬遷寫《史記》那樣藏之名山傳之千古，就算對歷史有個交代吧。魯迅先生說得多麼好，掃除粉膩呈風骨，退卻紅衣學淡妝。我有自信，因為我最清楚我自己，平反只是遲早的事。我只想讓人們瞭解那段血與火的歷史，那段充滿血雨腥風的歷史。歷史是人寫的，人總得從歷史中感悟些什麼體味些什麼，否則人類歷史就不會前進。小夥子，就這事，拜託了。」

果然被他一言中的，不久我單位造反派來電，要這邊作速把我送回省城，交代問題，接受批鬥。

我們的兩雙手緊緊攥在一起，互道珍重。我就是在這個小小的監室裡同他分手的。我們倆的心情都很激動，也很沉重。

世間有些事就如古人所言：福兮禍之所倚，禍兮福之所伏。我回來不到半年，本單位就發生了天翻地覆的變化。本派和對立派的頭頭，有的被打成反軍黑幹將，有的被打成「五‧一六」分子，有的被打成「打砸搶分子」，有的被打成現行反革命分子，抓的抓，關的關，監改的監改，大都弄得鼻青臉腫灰溜溜的，死不起活不起的難受樣子。我倒輕鬆自在，又變成好人一個。我的事情很多，也很忙亂，既要抓革命又要促生產，整日裡勞形案牘，頭昏眼花，但我心裡一時也沒忘記老人的殷殷囑託，衣兜裡沙剋夫那封親筆信火炭似的炙燙著我。我必須抓緊時間，找到那個人。

我借外出組稿之機，到遼寧省東部山區一個叫賽馬集的地方，找到了那位叫倪春馨的人。站在我面前的是一位風燭殘年的老嫗。亞麻色的稀發披散著，腰身佝僂，這使她曾經高挑的身材矮了不少。前額、面頰、下頦的皺紋又深又密，牙齒已經脫缺，說話有些難以兜風，只有很亮很靈動的眼珠說明她還有生命。從她的身姿、五官和膚色似乎還能尋覓到年輕時的妖嬈。她有一個兒子，在部隊當兵，剛剛提幹；女兒也已經結婚另過；老伴在飼養室裡餵牲口。聽當地幹部介紹，這老兩口政治可靠，是苦大仇深的貧下中農。老頭當年當過木把，在長白山裡砍伐木材，在鴨綠江上流放木排，吃了大半輩子苦。老實厚道，鄰里關係也好，是模範軍屬。今年春天，兒子所在的部隊來人瞭解情況，大隊革委會給打的證筆，不久兒子就入了黨提了幹，前途遠大著呢。

陪我前來的大隊幹部有事走了，屋裡只有我和這位老人，我思謀著該怎樣向她提起那件事關重大的事情。

五、奇特的老嫗

她很拘謹，還流露出恐懼和疑慮。我安慰她說，別多心，我是代一個朋友來看望她的，並給她捎來一封信。我從衣兜裡掏出那封信，只是在遞給她的一剎那，我犯了躊躇，我估摸老人不識字，還得我給她讀。想不到她瑟瑟抖抖地接過信，撕開信皮，用乾枯的雙手夾出信瓤，戴上一副老花鏡讀了下去。她竟

然識字。看完了信，她用昏花的老眼瞅著我，試探著問：「你認識少庚？」

我說了與沙剋夫相識相知的經過。

渾濁的液體立刻溢滿了她的眼窩，她發出一聲悲愴的長嘆：

「少庚啊──」

她顫顫巍巍，幾乎跌倒。我搶前一步，把她攙扶到炕前。她背倚破舊的炕琴，身子一抖一抖，不斷地唏噓流淚。

「沙老，他是你──」

我試探著問，因為沙剋夫並未向我交代他與這位老婦是什麼關係。

她好似觸電一樣，顯出驚慌失措的樣子，木訥而呆愣地說：「不，是鄰居！我看著他長大的，他太苦了。」

她打開舊炕琴的門扇，拽出一堆破舊衣裳和棉絮，找出一個塑料包，打開了，裡邊又是個油布包。她把油布包遞給我，顯得那麼珍惜又那麼莊重：「就是這個。年輕人，我信實你了，你拿去吧。有那麼一天，他出來時，你千萬交給他。我老了，不中用了，蠟頭不高了，有今兒個沒明兒個，你保管我放心，因為你是少庚信實的人。」

我答應著。我分明感覺這油布包的沉重。十六開本那麼大，厚厚的，不用說，這就是沙剋夫的自傳。

老人面部的每條皺紋都在顫動，生了鏽的眼珠沁出淚滴，聲音瘖啞。

「我不能給他寫信了，好心人，求求你，一定設法去看他一次，有他的消息請給我來信，你是知道我的地址和姓名的。」

我點頭應允了，這不是客套和應酬，我早就想去看看沙剋夫老人了，我是多麼關心著他的命運啊！

只是倪春馨和沙剋夫老人是什麼關係呢？他倆都沒有說破，我更不好發問。這問題一直困擾我很長時間。

我第二次來到長白山下那個荒涼封閉的小縣城，學習班已是人去樓空，有的走「五七」道路上山下鄉去了，有的回原單位工作，有的重新安排了工作。

工、軍宣隊撤走了，文化系統專案組還在，正在處理被揪鬥人員的結案問題。

我的重新出現，無異於在他們中爆了一枚重磅炸彈，他們以為來了外星人或新挖掘的出土文物，個個驚得目瞪口呆，繼而就流露出「便宜了你小子」和「你是來示威抖神兒」的情緒，對我自然冷淡、輕蔑，即使我遞上刊社的介紹信，他們的對立情緒也沒有少許改變。先入為主的成見是多麼頑固！這是封閉的地域和封閉心理的產兒。我感到很悲哀。

我說了要看看沙剋夫的意思，專案組長用內容極為複雜的目光盯了我足有一分鐘，然後用譏諷嘲弄的口氣說：「是說你的親密戰友吧，走了。雖說是我縣紀念館的人，可現在我們是鐵路上的警察——不管那段了。」

我如墜五里霧中，竟天真地問：「他沒啥問題吧？是調走了還是——」

專案組長張開嘴巴，發出一串尖細乾燥的嘎嘎笑聲，笑過之後，平穩一下喘息，賣關子似的說：「沒啥問題？說得輕巧！告訴你吧，是條大鯊魚！引起上頭重視了，高昇了，調到上頭保護起來了。」

他臉上露出一派不懷好意、沾沾自喜的表情。

「那麼，」我有些口吃了，「他，他現在押在哪兒？」

他冷笑一聲，擺出一副盛氣凌人的架式說：「這個嘛，是革命的祕密，無可奉告！」

我感受到侮辱和輕蔑，但又無法發作。不就是老子曾經掉在你們這群後娘手裡你們才敢如此嘲笑我慢待我嗎？放在別個，巴結還來不及哩。我清楚記得，當我走出專案組的房門時，身後又傳來一陣奸笑聲：「臭美個啥？誰還不知道幾斤幾兩？」

「花八分錢，把材料給他轉回去，叫他喝一壺！」

我又氣又急，覺得犯不上跟這樣的勢利小人較真，但我不能白來一趟，我得設法搞清沙剋夫的去向，也好對倪春馨老人有個交代。我終於找到了一同被批鬥近日才被解放了的一個「走資派」。都是獄中難友，他對我非常親熱，並邀我到家中做客。在飯桌上，我說出我的來意，想打探沙老的情況。這位「走

資派」滿歡快，說咱先喝酒，你先在我這兒住兩天，我一定把這事探個明白。

第二天吃晚飯時，這位「走資派」一臉的沮喪，一邊喝悶酒一邊嘆氣說：

「老沙的情況我摸清了。是縣裡報省裡，省裡報中央專案組，中央專案組說是大案裡的人物，要嚴加監管，就祕密把沙老押解走了。可能在北京的某座監獄裡監押。這人挺老實的，怎麼這事就越鬧越大呢？」

他嘆氣，我也嘆氣，只好喝悶酒。我就是怏怏然悻悻然地離開這個小縣城的。給倪春馨老人的信是無法寫了，我不能把新的更大的不幸再加在老人的身上。

在那段時間裡，我夜以繼日地閱讀和反覆品味沙老的自傳。文字不怎麼洗練優美，但卻準確生動。沙剋夫確實是個傳奇式的人物。他的事蹟撥動著我的心弦，使我久久難以平靜。總計十多萬字，我只能撮其大端，摘其佼美者，整理出幾個章節，以饗讀者。

六、愛上了東瀛女郎

我叫沙少庚，到蘇聯後才改名叫沙剋夫。生於一九〇五年（光緒三十年）。在我的記憶中，家中只有母親和姐姐。母親告訴我，父親是在我出生的前夕故去的。那麼說，我就是遺腹子了，即我們遼南人稱作的背生子。母親沒有名字，別人都稱她為沙氏，姐姐的名字叫沙秋香。母親沒什麼職業，似乎靠父親的遺產過活。在我的記憶中，童年的生活還不那麼清貧，能吃上飯，能穿上囫圇衣裳。母親有個表哥，叫索天壽，雖說是財主，但對我們格外好，尤其對我，非常喜愛。我就是在這樣的缺乏父愛但不缺吃不缺穿的環境中長大的。我讀了五年私塾，讀完了張學良將軍主辦的瀋陽同澤中學。在我二十歲那年是我人生旅程的一個重要轉折點。表舅同母親商議，叫我陪表兄索長庚去日本讀書，也就是留學，一切費用全由表舅支付。不知為什麼，聽說表舅與表舅母大吵一架，最後達成了折中方案：表兄索長庚是留學生，而我屬於陪讀，平素在生活中要照顧伺候表兄，也隨班讀書，但不發給文憑。我叫沙少庚，表兄叫索

長庚，可見表舅給我倆起名時是煞費了一番苦心的。也可以看出表舅對我是多麼親熱喜愛，待我如同己出。我終生不會忘卻表舅對我的大恩大德。少不更事的我，不知道這裡有什麼貴賤之分，更不知道文憑的重要性。我對日本國感到很神祕。當時，官宦的子弟及有錢人家的子弟都以能到日本和歐美留學為時尚，這對我也有很大的誘惑力。就這樣，我隨表兄到日本去了。入的是東京商科大學，表兄學的是農村經營專業，我自然也學農村經營了。

表兄是公子哥兒，花錢大手大腳，天天與歌伎舞女廝混，與煙酒打交道，真可謂擁姬侑酒、燈紅酒綠、紙醉金迷了。平常生活中，我經管錢財，照拂他的日常飲食起居，我還得整天學習課程。他根本不讀書，考試由我代替，作業甚至畢業論文都得我為其捉刀。在九一八事變那年，他「學業有成」，取得了商科大學的畢業文憑。世上的事情就這麼不公平。

在商科大學有位教政治經濟學的教授名字叫服部正雄。他原在帝國大學法學院任教，因政治觀點與學術觀點和學校當局相左而被解聘，就被聘到商科大學任教。他是個無黨派人士，思想頗為左傾，他對我的影響很大。我經常到他的宅內請教問題，他挺喜愛我這個弟子。尤其得知我與長庚的關係後，曾喟然長嘆道：「中國確實是太黑暗了！」他有個女兒叫服部真子，比我小兩歲，在帝國大學讀書。她不僅長得清秀俊美，智商也很高，凡事都有自己的看法。我與她經常接觸，話語投緣，逐漸產生了感情。恰在此刻，索長庚也在拚命地追服部真子，豈料服部真子不買這個花花公子的賬，他碰了一鼻子灰。及至他發現了我與服部真子的關係後，自然遷怒於我。我想，這可能是我與索長庚結成怨懟的起點。

也就在這時，瀋陽市北郊柳條湖的炮聲驟起，日本法西斯軍人策劃的九一八事變發生了。這炮聲震醒了我的正耽於與服部真子的纏綿夢幻，也加快了索長庚急於回國的進度。日本國內的政治局勢很複雜：以陸軍為首的青年法西斯軍國主義分子對積極推行侵略擴張政策的犬養毅內閣猶嫌不夠份兒，軍部中的所謂革新派與國家主義者小磯國昭、橋本欣五郎、森恪等人於一九三二年五月

發動一次兵變，殺死了犬養毅首相。從此日本的政黨政治即告結束，轉向了更為反動更富侵略性的軍人統治時期。緊接著就對中國僑民及中國留學生嚴加監視甚至逮捕殺害，對日本共產黨及愛國進步人士，瘋狂地進行迫害和鎮壓。也恰在此時，索長庚家裡來了電報稱其父病重，讓我們作速回國。同年七月，我同索長庚回國了。在離開東京都的前一天，我同服部真子含淚親吻相抱，海誓山盟。我說，一旦國內局勢平穩，我有了工作，就來接她，讓我媽媽親眼看看這位漂亮的日本兒媳婦。

她卻調侃地說：「其實我也有中國人的血統。日本的服部姓氏，就是來自中國大陸的漢人，他們在日本落戶後，改為日本姓氏，並以做服裝為職業，所以我不全是日本兒媳婦。」她忽又莊重地說：「不管局勢如何，我也一定儘可能早地到中國找你，沒有你陪伴在身邊的日月我無法煎熬。」

我們從日本的橫濱乘船經釜山抵達鴨綠江出海口的城市安東。我的出生地在安東縣的風光旖旎的大孤山，後來才遷到安東市的於家溝山頂，這是母親告訴我的。於家溝屬於貧民區。索長庚的家在安東城的繁華地帶六道口日本租界內。索長庚的父親主要做木材生意，兼營柞蠶和汽船運輸。他可以稱之為資本雄厚、經營規模較大的資本家。從長白山地區採伐的木材，經過鴨綠江水上漂流，最後在安東聚集，再由安東銷往世界各地。故安東有木城之稱。當時安東光經營木材生意的大商號就有百多家，如長豐棧、福慶棧等。當時中國有兩大木城：一是安東，二是長江中下游的鸚鵡洲。安東是個新興的繁華都市，安東又是個包孕罪惡、藏污納垢的醜陋的城市。

我的母親打扮收拾得還是那麼乾淨利整，一點不像四十開外的年齡。姐姐沙秋香已經出脫成個溫靜漂亮的大姑娘了。

親人久別相聚，那驚喜、親熱的氣氛自不必細說。但遍地的日本軍警憲特和當空飄舞的膏藥旗，壓抑得我幾乎要窒息。我一刻也沒有忘記服部真子，回家的第二天我就給她發去一封信。

我殷切地盼望她的覆信。

七、備極哀榮的葬禮

不知為什麼，我總覺得在母親的笑靨後面隱藏著憂慮。母親還有什麼可憂患的呢？我回來了，馬上可以找到工作，這是表舅早就答應過的，可以在他所屬的任何一個部門謀就一個理想的職位。那就只有一種解釋，時局動盪，兵荒馬亂，母親是在為她這個獨生子擔心。不是嗎，不久前日本鬼子就在鴨綠江邊的東坎子殺死好幾十個中國人，大都是教師，是知書識禮的文化人。母親給我打點一份禮品，要我去索府看看表舅，並告訴我說表舅病得很重。說到此處，母親的眼圈有些發紅。按理說，母親與表舅是表兄妹關係，她也應當去看望一下。母親似乎覺察出我的心理活動，就說：「頭些日子還見過。你好幾年沒見表舅的面了，表舅對你那麼好，理應去看看的。他們家人多事雜，多點兒眼神，別摻和什麼事，聽到咬眼皮的話也權當耳旁風了。看你表舅要緊，說說這幾年在日本學習的情況，你表舅肯定會跟你說些知心話。」

於是，我就提著禮品盒去了索府。報了名姓，不知何故，門人進去好一陣子才走出來，不冷不熱地放我進去。這可是過去不曾有過的。過去，我一到索府，門人都不必通報，就放行，還笑臉迎送，緊著巴結討好我。

進了門過洞，穿過前院，迎面矗立著住著表舅一家的青磚樓。我上了樓，在二樓的一個房門前，一個女傭為我挑開了草珠穿編的門簾。我走進我十分熟悉的表舅的房間。

表舅仰躺在鏤花大樟木床上，室內氤氳著中藥和西藥的混合氣味。聽到腳步聲，表舅張開了緊閉著的眼瞼，盯視著我。他很快就認出是我，臉部肌肉立即抽搐，想抬起身子，身子卻紋絲動彈不得；想說話，只見舌頭在口腔裡打轉，卻說不出話來；只能揮動右手，算是跟我打招呼。

他一側的身子癱瘓，得的是中風症。他認認真真端詳我，目不轉睛，好久好久。這樣的專注，令我終生難忘。表舅的臉上極富表情，從他的眼神和表情我讀懂了一切，那就是喜愛、期盼、祝願，還有某種擔心和無可奈何。他雙頰掛滿淚痕，我上前給他揩拭，他就勢用右手攥住我的右手，攥得很緊很緊。我

向他敘述了幾年的陪讀生涯和收穫感受以及對他的無限感激之情。我安慰他好生將養，一定會康復的。表舅只能嗚嗚嚕嚕地答應著。他使勁搖動我的右手，似有千言萬語，只是無法表述。他衝著屋角躺櫃上的鑲著銅飾的樟木箱子擺手。我不明白他的意思。他又指點別在我胸前上衣兜裡的萬年筆。我明白了，他是要用筆和我說話。我掏出了萬年筆，找出一張紙，又拿過放在床頭的本夾，一起遞給他。

就在這時，草珠門簾挑開了，傳來輕咳聲。我一抬頭，見門口站著一位婦人，她的身後簇擁著幾個女傭人。我馬上站起身，衝她行禮問好。這就是表舅母。我見過她幾次，都那麼冷冷的木木的。我對她沒有好感，她也從沒有給過我一個笑模樣。她雖已五十多歲，但保養得體，顯得鮮活而健壯，依稀還能看出年輕時的嬌美和風韻。聽說她出身於大家閨秀，讀過洋學堂，為人幹練，有韜略，連生意上的事表舅都得經常同她商量，且還懼她幾分。

她衝我點點頭，不冷不熱地說：「你們在東京留學這幾年的情況，長庚都跟我說過了，你服侍得不錯，得感激你呀，這個，日後我自會安排。老爺（她不說「你表舅」）得病了，你也看得出，不輕，是半身不遂，經不得激動和勞累。這期間什麼時候叫你來，我自會派人通知你。我只盼老爺能休息好，早點康復。」

這是下逐客令了。

我只好向表舅告辭說：「你好生將養，等你好些時候我再來看你。」

表舅潸然淚下，晃動腦袋，擺動著那隻還靈便的右手，嘴裡唔唔啦啦地叫。我明白他的意思，是不讓我走，彷彿有重要的話要跟我說。但在這種情況下，我怎能再待下去。

這時表舅母沖傭人說了一聲：「看茶！」

這是命令我立即離開。我向表舅深深鞠了一躬，不情願地離開了表舅的房間。

剛踏上樓梯，就聽見從表舅的房間裡傳出來表舅母的吵嚷聲、詈罵聲、哭

泣聲和表舅的唔唔哇哇的喊叫聲。

當天晚上，表舅病情惡化，黃夜時分就嚥了氣。

這噩耗是表舅家的一個小打告訴我們的。這小打從小就跟我常在一起玩，經常到我家傳話送東西。我倆處得不錯。母親也經常接濟他一些錢和物什麼的。

表舅去世了，我有一種失落感和孤獨感。媽媽搗著被子痛哭了兩天。索家沒人給我們報喪，按遼南習俗，我們也不好去奔喪弔唁。媽媽在家簡單擺了張靈桌，供上表舅的牌位，擺上酒菜，簡單地燒香磕頭，就算我們對表舅的在天之靈的一份悼念。人窮別往親戚家奔嘛，這道理我們懂。與表舅家相比，我們是窮人，是很窮很窮的人，要知趣，要懂分寸。

表舅的喪事辦得很隆重，真是備極哀榮，銀子花得像淌水似的，熱鬧了六道口的大半條街。聽人說是「京殯」加「禮殯」，在家停放半個月，道士、和尚、尼姑請了一百多位，做了十多天的法事，燒的金銀箔黃表紙和標誌喪葬用的白色鞭炮是用汽車往家運的。送殯的隊伍拉出去有五里路長，全是穿的簇新的白孝衫。

想到表舅臨死之前的情景，我懂得這麼個道理，這是做給活人看的。

表舅母這個女人啊！

八、特殊的群體──木把

我們一家在孤寂冷漠中過了半個月。我是家中的唯一男子漢，我要挑起養家餬口的重擔。眼前第一要著是找個事兒做。找了幾個買賣家，不是學徒就是打雜，薪水少得可憐。按我的學識、經歷和心性，我是不甘心屈身俯就的。

正在左右為難之際，表舅家的小打找上門來，說女東家和少東家叫我到府上去。女東家就是表舅母，少東家就是索長庚。我隨小打來到索家的會客室，女東家和少東家正端坐在太師椅上等我呢。

他們的身上都掛著孝，都滿面愁容的，嗓子瘖啞。他們對我還是那麼不冷

不熱的，點頭，示意我坐下。

女傭端上了茶。

室內很沉悶，空氣凝固了似的。

表舅母斜了我一眼，輕咳了一聲，開了腔：「老爺他撒手歸天了，這家我還得撐持著，凡事都得我和長庚拿總了。老爺活著的時候挺喜歡你的，也常叨念你的前程。這事一直裝在我心裡。如今老爺的喪事已過，有些事也該鋪排一下了。繰絲房子和碼頭的事，好在不遠，我和長庚可以照看。只是鴨綠江上游長白山一帶的木場，還需要個妥靠的人去照應。我和長庚商議半天，外人不中，就得你了。六道溝、四道溝、望江樓有幾個木場，都有家把頭、山把頭、賬房先生照管，還可以放心。再上游的那幾個木場，人手不夠，也不得力，八道溝、十二道溝、十九道溝、冷溝子幾個木場是出木頭的好地方，只曹景禮一個人在那支護著，撲騰不開，常了也不是個曲子。你就到那裡幫襯一下。這事還挺急的，馬上就得動身，長庚同你一起去，作個交代，順便他也好認認路徑。他還得趕回來照顧這邊的事，那邊的事就全靠你了。」

表舅母頭腦清晰，思維敏捷，辦事幹練，乾脆利落，果然是名不虛傳。她說得頭頭是道，有條有理，態度又是那樣誠懇真摯，我無法推辭。況且我也急等找事做。她似乎看出我的心意，終於嘴角扯出一絲笑紋，說：「至於報酬嘛，不會虧待你。那邊供吃供穿，這邊給你家每月開付一百元金票。」

價碼不低，我很感激。

幾乎不必做什麼準備，我就起身登程了。

我對媽媽和姐姐作了交代，把表舅母的話複述一遍。姐姐沒說什麼，媽媽卻抻悠半天，沒說行，也沒說不行。在我再三催問下，她才嘆了口氣說：「少庚，有你表舅在，啥事都好說，媽一百個放心。只是如今他已經過世了，」說到這，母親又擦眼抹淚的了，「你也老大不小了，也算經歷過世面，凡事多留點心。這個女人我瞭解，一肚子花花腸子，心狠手辣，你要多長個心眼才是。」

我以為媽媽的話有點兒言過其實，難道表舅母能把我吃了不成！

這就是媽媽留給我的最後一句囑咐。我以後很後悔，沒有認真去理會媽媽的這席話。我人生的悲劇就是從這兒開始的。

我就是懷著疑惑、僥倖、探奇、冒險、無奈和求生存的複雜心情，離開了木城——安東，向鴨綠江上游走去。

此刻正是鴨綠江放排的黃金季節。從長白山下的二十道溝到鴨綠江出海口的浪頭，一千六百里的鴨綠江水面上，日日夜夜流放著千萬張木排。安東城沿江一帶堆放著無數的木材，如城牆似山峰。安東——這集散木材的木城，此時是最熱鬧最繁華的季節。木材商云集，生意人如織，人們把放木排的工人稱為「木把」和「木頭老倌」。到了鴨綠江下游安東城北的馬石台，這些木把就神氣起來。他們一改山裡人的裝束打扮，甩掉了破大棉襖、狗皮帽子，連穿了一個冬春的牛皮烏拉豬皮烏拉也扔進了鴨綠江裡，戴上了紅疙瘩瓜皮帽、苦力帽、四喜帽或平簷禮帽，腳穿日本人製作的「太陽」牌膠皮鞋或門臉上緔有兩道楞的皮底煞鞋，也有的穿上了油光鋥亮的牛皮鞋，手搖紙摺扇，留長辮子的就把綴紅纓繩的油黑的辮子在脖子上盤了幾道，在繁華的六町目、八經街、官電街、聚寶街、四道橋和柳巷胡同晃開膀子橫逛，連警察都憷他們三分，因為弄不清他們的身分。什麼好吃的吃什麼，什麼好玩的玩什麼，花錢似流水。妓院、飯店、戲園子、澡堂子裡一時塞滿了木把。這時是木把最愜意最幸福最打腰最風流瀟灑的好時光。有一首木把歌謠是這麼說的：

木把到了安東縣
好像公子王侯
絲線編簾子搭後頭
小扇一搖
穿的長袍絲綢
龍排一下

像哪家公子王侯

手拿楊柳小扇

走一步遛三遛……

可是一過霜降，有如被嚴霜打了的紅花綠葉，頃刻間變蔫變萎。木把們阮囊羞澀，從公子王孫變成了乞丐和窮光蛋。或因欠債被酒家、店家、妓院揪住不放，或因無衣無食抱了蹲，把頭們便應時而來「解救」，代其還清欠款，重新給置辦上衣裳腳手（即鞋），但隨之高息欠債也加在身上。木把們灰溜溜地重回長白山，重過野人式的生涯，幻想著下一年的輝煌，再到安東風光瀟灑一番。如此周而復始，直到拋屍山野葬身水底。這就是木把，木把們就是這麼個奇怪的群體。在安東城，木把又換上山裡人的打扮，現出了本相，背起油膩膩的破包裹，弓著腰駝著背，蔫頭耷腦地彳亍在大街小巷，像一群幽靈，向北，向著鴨綠江上游，蠕動遊走。像一陣狂風捲走了殘花敗葉，眨眼之間安東城就不見了木把的身影。安東又從喧囂瘋狂中變得冷峻、深沉，趨於城市人另一種節奏之中。

我即將同這樣的群體打交道了。

九、血淚浸潤的鴨綠江

我早就對木把這個群體感到迷惑，感到奇異，感到神祕，想不到我真的就要去令我嚮往令我感到神祕的長白山，並同這些木把們交往。既有神奇探幽的誘惑，也感到迷茫無緒。

我和索長庚坐在江艜上逆江而上。所謂江艜，就是木船，可以裝貨，也可以載人。裝貨的江艜上面苫著油布，以防雨淋日曬。載客的江艜搭有篷蓋，開著門窗。可以在江艜裡做飯，晚上就把江艜泊在穩水處，人就睡在江艜裡。我們一行共十隻江艜。我和索長庚同住一個搭有篷蓋的江艜，其餘九隻裝著採伐用的刀、斧、鋸及生活用品如布匹、油鹽、火柴、粳米、白面、火油等。江艜

要由木把拖拽，人們把這樣的縴夫稱為「江驢子」。江驢子很苦很累，赤著腳，裸露著古銅色的肌膚，身子弓成半圓形，肩上挎著繩盤，腳踏凹凸不平的石路、土路、沙路，穿越荊棘，喊著低沉的號子，步履蹣跚，艱難前行。逆水行舟，十分艱苦，一天只能行二三十里路。遇到江岔子，江驢子就得跳進水中，在齊腰深或沒脖深的水中拽著纜繩逶迤前進。及至來到長白山下的十一道溝，五花山季節已過，五顏六色的霜葉伴著銀亮的雪花，漫天飛舞。江驢子龜裂流血的腳板換上了烏拉，板結赤紅的上身又裹上了更生布縫製的棉襖。

鴨綠江兩岸簡直就是美不勝收的風景線，那水鄉澤畔的人家，那雲霧繚繞的茫茫林海，那形狀古怪奇異的巉岩絕壁，至今還記憶猶新。

但我怎麼也不會想到，這山這水這林這石卻浸洇著木把們的血和淚，這林濤聲，這浪湧聲，是木把們的呻吟和吶喊。

我們在十二道溝下了江醴子，來到木場。木場的大把頭曹景禮熱情地接待了我們。這人外號叫曹大巴掌，四十多歲，瘦長條子，刀條臉，門牙又黃又長，每說一句話都要眨巴一下小三角眼。還有山把頭、頂房子把頭、賬房先生以及一些小把頭，都和我們見了面。曹景禮是這個木場子的總負責，大拿。山把頭是監管上山幹活的木把們的負責人。頂房子把頭其實是後勤總管。賬房先生就是總會計。這些人構成了這個木場子的班底，他們對木把發號施令，並有生殺予奪的權力。索長庚是東家，他與長白山鴨綠江邊各木場的大小把頭自然就形成了一座金字塔的關係，索長庚就是塔尖上的人物。

這些大小把頭對索長庚自然是唯唯諾諾、畢恭畢敬。這位遊手好閒的公子哥，此時不僅要擺闊，還要拿大，對我忽然摔下臉子，一派主子上峰的架式。

木場設宴接風，十分隆重派場。這些宴會我都參加了。吃的是山裡產的猴頭、熊掌、飛龍、鹿唇、狍筋和鴨綠江裡的甲魚、鱉花、鯉魚、重唇、細鱗魚，這些都是我未曾見到的水陸珍饈。喝的是長白山野果釀製的果酒，如葡萄酒、越橘酒等。

吃完了晚飯，要談木場的事。索長庚卻把我支了出去。

我走出木場的大門，望著滔滔奔流的鴨綠江和連天排湧的大森林，心中油然生出失落感。當初女東家可是親口對我說過，是叫我到這幫襯曹景禮的。「幫襯」是什麼意思？我理解就是曹景禮的副手，其餘那些大小把頭和賬房先生都是我的下屬。現在談工作怎麼把我這個「幫襯」扔一邊去了呢？又一想索長庚畢竟是少東家，考慮不那麼周延，有些話可能還要避回我一下。心裡壓了一塊石頭，眼前的綺麗風光也激不起我多大的興味。正是日薄西山時，晚霞浸潤著江水，渲染著林梢，林海和江水蕩漾著一派血紅。不知為什麼，一絲懼怵湧上了背脊，我打了個寒戰。

　　胡亂睡了一夜，第二天一早起來，洗漱一畢，索長庚差發人把我叫到賬房先生的屋裡，當著眾把頭的面說：「沙少庚就留在這了，這是我母親的意思。他還年輕，你們要多加關照。」

　　我發現他嘴邊漾起一絲陰冷和嘲意。我心裡一沉。再看看眾把頭，也都黑著臉說：「請少東家回老夫人的話，我們會叫她滿意的。」

　　索長庚這話說得含含糊糊，而且把我母親平素掛在嘴邊的那層親戚關係隱去了。我覺得應當拿定主意，把話說到明處：「長庚，這邊似乎也派不上我什麼用場，我看我還是同你回安東吧。」

　　索長庚大出意外，連連擺手，著急忙慌地說：「哪裡，哪裡，老太太早就吩咐，讓你多幫襯一下，你一定得留下，你就得偏勞了。」

　　眾把頭也一哄聲地說：「沙先生可不能走，我們還得靠你出力氣吶。」

　　這場面令我很尷尬，我也不好再說什麼了。我心想，先等一陣子看看，不順心意我就走人。

　　我太天真了，把他們想得過於善良了。事實上，從我離開安東那天起，他們就把我的命運安排好了，我是不可能再回安東了，如果當時強而巴火硬要回去，當場就會發生不測事件，他們馬上就可以處置我。這是我後來才知道的。

　　我就是這麼糊裡糊塗地留了下來。想不到這是我生命史上的一個重要轉折點，這災難性的一步，導致了以後四十年的淒苦悲愴的說不清道不明的歷程。

歷史已經把我逼到了這一步，我只能這麼走下去，由此也才有了我後邊講述的更為曲折的故事。

十、綠色的魔窟

　　索長庚乘坐著木場現為他編穿修造的既安全舒適又美觀別緻的花排（又稱花棚），順流回安東。為他放排的是五個經驗豐富老到的水手。他和花排消失在煙波浩渺的水天一線處，我站在江邊的崗坡上，心裡像被掏空了似的，無限惆悵孤寂。我想念親人，想念遠在安東的媽媽和姐姐，想起母親在分別時囑咐的話語。

　　「沙先生，」耳畔響起吱呀的聲音。我轉身一看，是曹大巴掌站在身邊。他的臉上佈著陰氣又罩著怪氣，「看夠光景了吧？」

　　「……」我無言以對，不知他是什麼意思。

　　「我再說一遍，你看夠光景了吧？」

　　「什麼意思？」

　　「什麼意思？」他譏諷地說。「若是賣完了呆兒，也該上山幹活了！」

　　「上山？」我一愣，「幹活？你是什麼意思？」

　　「什麼意思？」他露出兩顆黃牙，我見了很噁心，他擠咕擠咕小三角眼，陰陽怪氣地說，「哪兒也沒有吃白飯的地方啊！要吃飯就得幹活，就得上山！這兒可不是養大爺的地方！」

　　「女東家和少東家對我是有安排的。」

　　我的意思很明白，我是來協助幫襯他，不是來當苦力的。

　　「啪！」他狠扇我一記響亮的耳光，罵罵咧咧地道：「操你媽！你還挺洋巴的，你不知你是幹啥吃的吧，也不搬塊豆餅照照自個兒，曹大爺用得著你『幫襯』嗎？你能『幫襯』了你曹大爺嗎？今天就先打打你這洋巴勁！」

　　他一揮手，吆喝一聲，幾個狗腿子圍了上來，一陣拳打腳踢，把我打倒在地。

「你們為什麼這樣待我？我這就回安東找東家理論去！」

我氣憤至極，揩著臉上的污血說。

「你回得去嗎？你欠東家的錢幾輩子也還不完，你就在這兒還吧！是龍你給我盤著，是虎你給我臥著，叫你當驢你得給我拉磨，叫你做馬你得給我駕轅。這兒沒什麼理跟你講！」他回頭吩咐一個山把頭說：「叫他上山伐樹、歸楞！」又對頂房子把頭說，「把他的行李捲兒扔到大房子裡！」又衝我惡狠狠地說，「伐木歸楞趕爬犁穿排趕河，啥都得給我幹！這叫給我『幫襯』，這就是叫你『出力氣』！幹不好，或是幹少了，咱們棍棒見！」

我從天堂掉進了地獄，從一個知識分子一下子就變成牛馬一樣苦打苦做的木把。生活的反差我固然接受不了，而心裡的壓抑、徬徨、迷茫、痛楚、激憤，幾乎令我窒息。我墜落到草菅人命、暗無天日的綠色魔窟之中。對曹大巴掌的話，我還是持懷疑態度。我以為女東家和索長庚不會這樣無情無義對我下這麼大的狠茬子，因為我與他們沒這麼大的仇口。唯一可能的是曹大巴掌一夥背著索長庚幹下這等勾當。天高皇帝遠，諒索長庚鞭長莫及，管不了這麼遠，他就可以任意胡為。索長庚把我派來，無疑對他大一統的權勢是個削弱，於是就移恨於我，就遷怒於我。很可能就是這樣。再說，我家何嘗欠索家的錢來？而且幾輩子也還不完，這是從何說起？我怎麼一點兒也不知道？由此我想到了鴨綠江盡頭的孤獨無助的媽媽和姐姐。假若真是女東家黑下心來下了毒手，又豈能饒過她們？看來一個月一百元金票的許諾也很難兌現，那麼她們怎麼能活下去呢？

我住在能容納幾百人的大工棚裡。工棚的頂蓋閃星露月，夏天漏雨，冬天飄雪花。吃的是玉米粥煮鹽豆，穿的是木場發的更生布棉衣，腳上是牛皮烏拉，戴的是狗皮帽子。早晨兩三點鐘起床，吃完早飯就摸黑上山，晚上十多點鐘才收工。同住在一幢大房子，當了幾年木把，見面時竟然互不相識，因為一天只睡兩三個小時的覺，上山後分佈在溝溝岔岔裡，根本無從見面，更談不上相識交談。

我用大斧砍伐大樹，虎口震裂，鮮血順著手腕淌進袖筒裡。不少人，不是被大樹砸死就是被飛棒打死。我趕過爬犁，那也是危險的活計。下坡時有的撞上迎面樹，躲閃不及，撞得血肉橫飛。我還抬過小槓歸過楞，那也十分危險，多少人從楞垛上滾下來被原木「捯了面條」，變成肉泥爛醬。還有趕河，就是把放倒截成件子的木頭推入河水，人在岸邊逡巡。偶有木頭在淺灘處及河床高峻狹窄處堵塞，稱之為「插垛」，有時能插得像小山一樣高，堵塞了河流，木材無法流送。這就要疏通，要排除障礙，工人們稱之為「挑垛」。這需要技術和膽量，還要水性好。挑垛的腳踏原木在水上奔波，尋覓造成插垛的關鍵木頭和關鍵部位，用撬槓去挑去別。就在這關鍵的一剎那，有如石破天驚，千萬根木頭如同奔騰的野馬，挾雷裹電，以雷霆萬鈞之力，泰山壓頂之勢，傾瀉而下。挑垛人大都葬身水底，但也有不乏技藝高超的幸運兒，竟能化險為夷。我曾被逼著去挑過垛，大難不死，竟然多次死裡逃生。

跟我挨鋪睡在一個工棚的一個小夥子，只有十九歲，已幹了三年木把了，人們都叫他小山東。在一次趕牛爬犁時，在坎上往坡下放行，他被樹棵子絆倒。他很機靈，緊緊攥住牛韁繩不鬆手，任身子在雪地上拖拽，才未被軋在爬犁底下。但下面還有一段坡路，有個急拐彎，還有迎面樹，他時刻有翻爬犁撞迎面樹的危險，但他已經無能為力，只能聽之任之了。我的爬犁緊挨他的後面，待他的爬犁放到平穩處，我的爬犁才能往下放行。見此情景，我疾速抄捷徑向坎下飛跑，我竟然超越了迅疾飛奔的牛爬犁，一個箭步沖上前，扯住牛韁繩，把他一腳踹出爬犁道外，狠煞滑桿。牛爬犁減速了，終於安全地停在坡下平穩處。

我和小山東的交往由此開始，我的故事也由此又掀起一個波瀾。

十、鴨綠江是魔鬼之江

我救了小山東，小山東很講義氣，對我感激不盡，我們成了最要好的朋

友。我們互相關照，無話不說。從他的口中我才知道，他是被曹大巴掌從山東費縣騙來的。曹大巴掌去招工時說得滿嘴抹蜜，天官賜福。說到了這兒，管吃管穿，還能掙多少多少錢。他就簽了合同，成了「包銀工」，即包身工。哪知到了這兒，就不是那麼回事了。吃的穿的都算錢，就是採伐用的刀、斧、鋸也算錢，記在賬上，而且價格高得驚人。木場還開個小賣店，木把買東西，價錢要高出山外市上十多倍。把頭們見誰有錢不花，就想方設法掏空你的腰包。有時開賭局，逼你去賭，你必然得輸；再不就勾結棒子手綁你的票，把頭拿錢去贖票，這錢自然還得由你償還；到了安東，縱著你可勁兒去花錢，及至欠下店錢、飯錢、逛窯子錢，人家揪住你不放行時，把頭就出面調停，代你還錢，賬自然記在你的頭上。木把幾乎個個都債台高築，還也還不清。你想跑？沒那麼容易，在這深山老林，不是麻達山凍餓而死，就是被山牲口吃掉，若被抓回來就施以非刑：數九寒冬，剝光你的衣裳，綁在樹幹上，往身上澆涼水，人活活被凍死，稱之為「珍珠汗衫」；用房簷上的冰凌亂扎肛門，稱「八寶璃璃翠」。這木場就是人間地獄。工人生活極度貧苦，平時互贈一頭大蒜，就算貴重禮品。工人喝酒，買不起菜，就抓幾個鹽粒放嘴裡唆囉唆囉，再不就舔鐵釘，借鐵釘的咸腥氣就酒。在鴨綠江上放排更苦更危險。鴨綠江共有一百多棚險哨，什麼「孩子哭」「媽媽叫」「紡線車子」「老虎哨」，多少張木排被撞散，多少個木把成了水中冤魂。鴨綠江就是一條魔鬼之江。當時有這樣一條諺語：「鴨綠江一年三千六百個抵賬鬼，大賬不夠渾江湊。」就是說鴨綠江一年被淹死的木把達三千六百個，如果不夠這個數，加上在渾江裡被淹死的木把，總數也還是三千六。有一則木把歌謠這麼說：

只聽咔嚓一聲響
木排上了砬子腰
大鍋小鍋水上漂
大水沖散木頭

這回「南海」去不成
這樣的木把當夠了

　　我幹了一年木把，曹大巴掌就是不讓我去放排，而我是多麼渴望去放排，巴不得馬上見到媽媽和姐姐，馬上到索家去，找他們母子掰扯掰扯，算清這筆賬。而曹大巴掌就是不給我這個機會，我自然想到此中有鬼，也就更擔心媽媽和姐姐的安全了。

　　鴨綠江開江了，又到了放排季節。小山東被指定去放排。我寫了一封信交給他，怕有閃失，又口授了信的地址和內容。我求他一定設法找到我的親人，把信交到她們手中。我盼啊盼的，霜降一過，終於盼回了小山東。見到我，他很沮喪、羞愧，默默地把信還給我。原來他幾次到於家溝山頂，打聽了多少人，都說這家人不知去向，也沒見到那個小打，索府大門不是那麼好進的。

　　我痛哭流涕，預感到災難和不幸可能降臨她們身上，我站在山頂，望著如波似海的莽莽林海，悲愴呼叫：「媽媽！姐姐！你們在哪裡？」

　　我再也不能在這兒待下去了，我想念親人，我要報仇雪恨，我要弄清令我難以排解的謎團。

　　幹什麼都行，即使當土匪也未嘗不可。

　　我選擇了九死一生的逃跑路線。

　　後來我才知曉，我選擇逃跑的主張是正確的，因為我再不逃走，下一年的鴨綠江放排，我將面臨殺身之禍。

　　我要逃走的打算，就小山東一個人知道。我早就把我的身世、我的冤情、我的打算對他說了。他支持我逃走，還給我湊了三個玉米面大餅子，還把積攢幾年的一百元金票塞進我的衣兜裡。我流著淚，緊攥他的手，不停地搖動著。我說：「小兄弟，我若逃出去，得好那天，一定來搭救你。」

　　他眼含淚水哽咽著說：「沙哥，我等你。」

　　在山上趕爬犁時，我把牛拴在林子裡，我自己沿著結冰的鴨綠江向上遊走

去，走出十多里路，然後爬上岸，進入了漫無邊際的原始森林。沒路徑，也沒目標，就那麼在齊腰深的白皚皚的雪窩子裡行走，說得準確些，我是用雙手披分雪粉，在雪窠裡艱難泅行。

那三個玉米面大餅子支撐著我，走了三天三夜，三天三夜竟然沒遇見一個人，沒見到一幢房屋。

黑的夜，狂風肆虐，林濤呼嘯。忽然林隙間閃過一點燈火，還似乎夾雜著犬吠聲。

心中一陣狂喜，忘記了恐懼和疲倦，豁出去了，即使是一團鬼火我也要撲奔過去。我再也耐不住這種孤寂了，我需要見到人，需要聽人的說話聲，我要狂笑、說話、吵罵。空曠的四野，寂寥的林海，已壓得我快要窒息了。

也就是在這一瞬間，我一腳踩空，腦子一陣暈眩，我似乎跌入了無底深淵。頓覺左腳鑽心疼痛，是被什麼叮咬了？使勁一抬腳，又是一陣疼痛。用手一摸，黏糊糊的，是血，我受傷了。

我是掉進哪裡了？立即想到獵人的陷阱。還算幸運，如果是扯動了閻王碓或大挑桿的機關，我將立時斃命。又餓又冷，渾身乏力，腳傷流血不止，疼痛難禁。用手摸索著四周，是個倒圓錐形深坑，坑底立著削刻得鋒利的木樁。無疑，這是獵人用以捕殺野獸的地窖。也是萬幸，再稍偏差一點，就會扎穿了我的五臟六腑。關鍵是如何爬出去。我試著往出爬，只爬出二尺，就出溜回坑底。這是很危險的。我狂呼號叫，林海中傳來的是我的模糊的回音。我預感到我的末日到了，我的冰冷的臉頰上滾動著灼熱的淚滴。

我昏厥過去。

十二、陷阱裡復生

當我甦醒過來時，映入眼簾的是兩雙灼亮的目光。

「醒過來了！醒過來了！」

是一個年輕女人的響脆話語聲。

我面對著兩個陌生人：一個老頭兒，一個姑娘。室內光線暗淡。刻楞的木房。口面不大的窗櫺上糊著毛頭紙。牆上釘著獸皮，樑上垂著熊膽、蛤蟆。室內氤氳著煙火味和肉香味。是個典型的獵人之家。

我是怎麼來到這兒的呢？

「小夥子，算你命大，掉進獸窖，還沒穿成糖葫蘆。」

是那位老人在跟我說話。

「我？你們？」

我支棱身子要坐起來，但左腳一陣疼痛襲來，我又跌倒炕上。

「別動彈，靜心將養，我有藥，不會落下殘疾的。」

老人一邊說一邊審視著我。

從他們的敘述中我才知道，是他們的獵狗發現了我，跑回家向它的主人們發出狂吠，他們跟隨獵狗來到獸窖，以為是窖到了黑瞎子、梅花鹿或老虎呢，拽上來一看，居然是個人。是他們把我背回家的。

因禍得福，我遇到了救命恩人，脫離了虎口。

是父女兩人。住著一明兩暗的木刻楞房，室內還算寬綽。他們都慈眉善目的。當著真人不能說假話，我把我的身世、遭遇向他們和盤托出了。我涕淚滂沱，泣不成聲。他們父女二人卻平靜地坐在那兒，臉上毫無表情。難道這就是獵人的性格？任什麼也難以撩動他們的鐵石心腸？或許他們經歷的苦難比我的還多還慘？老人吧嗒著煙袋，沉思一會兒說：「在我這裡先養好傷再說。」

姑娘什麼話也不說，忙去燒水做飯。

這是我進山一年多來第一次吃的最豐盛的飯食，全是山區特產：餡黏豆包、黏火燒、土豆燉蛤蟆、酸菜凍豆腐燉狍子肉、飛龍炒咸黃瓜。以後的那些天，幾乎全是這樣的飯食。

他們告訴我：他們祖孫三代都在長白山打獵，姓江，父親叫江振海，女兒叫江海蛟。這地方叫嗡圈（也是古代狩獵時留下的名稱），離木場很遠，諒他

們也不會找到這兒來。這兒是原始森林縱深處，是幾個縣的交叉點，屬三不管地區，日本鬼子和漢奸隊從沒到過這裡。我可以在這兒安心養傷，傷養好了，走人也行，在這兒待下也行。說到在這兒「待下」時，江老漢深情地看了我一眼，目光的內容很模糊很複雜，我一時也捉摸不透他這話的真正意思是什麼。他接著說：「你是唸大書的，留過外洋，這樣的人我佩服。你攤上的這些事，是叫人上火惱怒，想報仇不？」

「報！一定要報！我要知道媽媽和姐姐的下落和准信兒，我一定要找到媽媽和姐姐。」

這席話是我一口氣說完的，可見我內心的憤怒和心情的急切。他一定感覺到這一點，就放緩語氣說：「先別急，得慢慢來，我自有辦法。」

老漢身材不高，瘦乾乾的，腰有些弓，長臉，蓄著嘎牙胡，眼睛不大，卻炯炯有神，還透著某種機靈和陰鷙。

江海蛟，典型的山裡俊姑娘。中等身材，面色黝黑泛紅，尤其是那雙眼睛，不算太大，卻靈動晶亮，眼仁漆黑，簡直就像從油罈子裡撈出的黑葡萄。整個看去，透著健美、幹練和剽悍，一種令人生畏又野性十足的美。

他們全是山裡人打扮。著棉穿皮，穿套褲，出門時頭戴貂殼皮帽子，腳上都穿牛皮烏拉。

我的腳傷很快就痊癒了，無處可去，只好暫且在這兒住下。我把小山東給我的百元金票遞給老漢，說：「你們救了我的命，這大恩大德我不知怎麼報答才好，這點錢拿不出手，放我這也沒用，送給你，算表我一份心意，以後我發財騰飛那一天，一定重謝你老人家。」

他卻推拒了，不以為然地說：「小事一樁，何必掛齒！我見過大錢碼。還是那句話，走人請便，留下歡迎。」

我頗感不好意思，欠人家這麼大的人情債，心裡總覺得挺不安生的，再則，老漢的談吐舉止不凡，也令我犯尋思。這人不同凡響，不僅僅是豪爽，還有我一時難以用言語概括的內涵。江海蛟也是個謎，跟我若即若離，不卑不

亢，不冷不熱，寡言少語，但那火辣辣的眸子又是那樣的撩人勾人。

　　只有假以時日我才能靜下心來去回憶、琢磨、聯想這一年多不遑去想的人與事。我想念遠在鴨綠江出海口城市安東的我的母親和姐姐，想念已變得模糊的服部真子。我愧對這位金枝玉葉的日本姑娘，我多後悔跟她產生了愛情。多嬌美多清純多善良的姑娘呀，怕是今生今世再也見不到她了。她怎麼也不會想到我會落魄到如此狼狽寒酸的地步。我默默地遙祝她，願她選一個中意的郎君，把我從心口剜掉，徹底忘記我。這對我雖說是痛苦的不情願的，但也是一種心靈上的慰藉和平撫。

　　我同他們父女上山打柴，還一同去狩獵。打野豬打狍子，尤其是在空筒樹裡掏倉打黑瞎子。江海蛟掄動開山大斧去敲擊藏著黑熊的空筒樹（獵人稱為「叫倉」），聽到樹筒裡有響動聲，她馬上跑開，躲在稍遠處的江老漢就舉槍瞄準，等黑熊從樹洞口探出上半個身子，他扣動扳機，那黑熊就應聲墜地。接著是剖腹取熊膽，幹得那麼麻利那麼熟練，饒有趣味。我對狩獵也產生了興趣，也學著辨認獸蹤、叫倉、舉槍射擊。江海蛟也是個好獵手。在他們父女指點調教下，我的槍法日見長進，空中的飛禽、地上的走獸，也能彈不虛發，槍槍斃命。

　　我愛長白山大森林，我愛大森林中淳樸厚道的長白山人。

十三、邂逅響馬

　　我必須承認我愛上了江海蛟，我敢斷定她同樣也愛上了我。我們倆經常出去打獵，追捕野獸的樂趣似乎也加快了我們相戀的速度。經常的耳鬢廝磨，肌膚碰觸，常弄得我倆激動顫慄。終於有那麼一天，我們突破了感情防線，擁抱在一起，互相親吻、撫摸……此刻，我何嘗不想到服部真子，但那已是遙遠的模糊的夢境。如果我真心願她幸福、快樂，我就應當忘記她，別連累她，用佛教的話說就是「放生」她。我已經沉淪到此種地步，再奢望她的情和愛就是對她莫大的褻瀆和不尊重，那樣做我也太自私了。原諒我吧，服部真子，我們之

間的愛情悲劇，不怨你和我，造成這種悲劇的是這可憎惡的時代和我獨特的人生經歷。

我和海蛟的恩恩愛愛，精明老到的江老漢不可能不察覺，奇怪的是他不僅不防範不制止，還裝作不聞不問與己無關的樣子，對我反倒更親切更關心了。有一回，他笑眯眯地對我說：「你是個正經人家的好孩子，我喜歡。」

難道他要我入贅？難道我就這麼老死在這深山老林裡？但是我怎麼也不會想到，我已經陷進匪窩裡，我狂熱擁抱親吻的竟是個女匪，我是在與魔鬼打交道。我仍然在綠色的魔窟裡。

剛剛跑完桃花水，正是趕河穿排的季節，接著就是鴨綠江水上放排的黃金季節。

這天晚上，江老漢神神祕祕地對我說：「少庚，你不是想要報仇嗎？」

「想！」我說，「我做夢都惦著這事！」

「你今晚就和海蛟在家等著，我早考慮好了，先拿十二道溝木場的曹大巴掌開刀祭旗！」

他臉色鐵青冷酷，彷彿變了個人似的。

我膽兒突地問：「就你一人去？」

他呵呵一笑，含而不露地說：「這你不要問。再說一遍，你和海蛟做伴，老實在家待著，多劈些木柈子。」

完全是命令的口吻。

他收拾一下行裝，關上房門，行色匆匆地走了。

我如墜五里霧中，瞅一眼睡眼惺忪的海蛟，她只是含蓄地笑著。我再追問，她卻張開雙臂攬過了我，用滾熱的唇舌堵住了我的嘴巴，瘋狂地吸吮著我，雙臂箍得我喘不上氣來……她的氣力好大。

第二天，天高雲淡，我們又度過平靜而甜蜜的一天，就是在這天的黃夜時分，我正睡得迷迷糊糊，忽聽外面人喊馬嘶，燭天的火光照亮了窗戶紙。房門一下被撞開，江老漢手擎松明火把闖進屋來，聲音高亢，透著欣喜和激動：

「少庚，起來，看看去！」

我麻利穿好衣裳，走出屋門外。

這場面好不令人吃驚。幾十支松明火把劈劈啪啪燃著，幾十張興奮的臉被火把映得通紅，有欣喜狀，有激動狀，有憤怒狀，有嘲笑狀，有訕笑狀，有木然狀，有憨態狀，有嚴厲狀，有冷漠狀……個個都操著長短傢伙。還有十幾匹戰馬，在揚首奮蹄咴咴嘶鳴。只聽江老漢大喝一聲：「摘罩子！」

「哐喇！」眾人齊聲接應。

幾個人衝到背影處，掄過來二十幾個裝得鼓鼓囊囊的麻袋，狠勁摜在地上。麻袋裡立時傳出哼叫聲。解開麻袋口兒，拽出二十幾個被牢牢捆綁的人來。這二十幾個被綁縛的人都戴著眼罩，嘴巴被破布堵塞著。及至摘下眼罩，掏出口中的破布，我不禁大吃一驚，原來竟是以十二道溝為核心的八道溝、十九道溝、冷溝子幾個木場的把頭、賬房先生、森警和跑腿學舌的勤雜人員。曹大巴掌在其中。曹大巴掌跪在地上，叩頭如搗蒜，口口聲聲哀求道：「大當家的饒命！只要留條小命，錢財的事好說，錢財的事好說呀！」

早有人搬過一張凳子給江老漢坐了。此刻的江老漢威風凜凜，殺氣騰騰。他哼了一聲，用手指著我，對曹大巴掌大聲喝道：「你可認識這人？」

曹大巴掌眯細眼睛，湊前端詳我半天，冷不丁現出恍然大悟的樣子，巴結諂笑地說：「認識！認識！沙爺原是我們木場的人，不知怎麼的就沒影沒蹤了。我還怪惦想著呢。大當家的，我不知沙爺是你老人家的人啊！」又轉向我，討好地說，「沙爺，求你了，那些事全不怪我，是少東家臨走時留下的話呀，說是老太太的意思，我一個下人不辦行嗎？」

我再也遏制不住悲憤了，吼道：「我與他相處多年，他為什麼這樣待我？」

曹大巴掌眨巴著小三角眼說：「這個，小的確實不知，好像，好像你們兩家有底火，小的確實說不清楚，說不清楚！」

我又喝道：「底火？有什麼底火？」

他見我憤怒已極，忙改口說：「那小子不是東西，那家人壞透腔了！」又邀功討好地說，「不瞞你說，幸虧沙爺你走了，不的話，今年就叫你去放排，就把你推哨口裡淹死。這是去年女東家在安東親口囑咐我的。這女人蠍蛇心腸，我心裡怕她。」

「啊——」我聲嘶力竭，大聲喊叫，「我的媽媽呢？我的姐姐呢？」我拽住他的衣領。

他渾身抖動，叩頭求饒：「沙爺，小的確實不知道呀！」

我又問：「那麼小山東呢？」

「嗯——這個——」他支支吾吾。

我大喝一聲：「說！」

「嗯，」他囁嚅著，「你走了，查出三個大餅子的事，與他有關，是從伙房裡查出的，我——我——他，他——沒了！」

「你把他害死了？」我打了他一記響亮的耳光，他連聲討饒：「沙爺饒命！沙爺饒命呀！」

我氣得暈了過去。

十四、娶女匪為妻

見此情景，江老漢怒吼一聲：「呔！」

眾人齊聲發喊：「大當家的有話說！」

一片寂靜。

淚水模糊了我的雙眼。

「少庚，你看怎麼處置？」

江老漢徵詢我的意見。

怎麼處置？我有點兒發蒙，實在拿不出個准主意。我沒殺過人，今天第一次搧了曹大巴掌一個耳摑子，至今手掌還隱隱發燒灼痛。

他見我遲遲疑疑，猶猶豫豫，就臉兒一沉，一揮手：「全插了！」

我不明白什麼是「插了」，茫茫然不知所措。只見幾個人上前，拽起那二十幾個人，拉到門外柴垛前，在喊咔咔嚓的槍栓拉動聲和「饒命」的哀叫聲中，響起二十幾下沉悶的槍聲。那二十幾個人平躺在地，血流如注。曹大巴掌、山把頭、頂房子把頭、賬房先生該死當誅，可另外幾個木場的把頭、賬房先生我並不認識，也無任何恩怨可言，還有十二道溝木場的幾個勤雜人員也與我沒有丁點瓜葛，這些人也都不明不白一命嗚呼，委實叫我吃驚。我被這場面嚇得心驚肉跳，半天說不出話來。

早有人把屍體拖出扔下山澗。這邊就在院內架起大鍋，從爬犁上拽出幾個豬肉桲子，用水沖洗一下，用大斧解開，就扔進大鍋裡煮上了。另一口大鍋裡燜上大米飯。一個時辰過後，飯熟了，肉也烀爛了。沒有桌凳，每人一大碗大塊燉豬肉和一大碗玉米燒酒，屁股下坐一塊木桲子，就在冰天雪地裡唏溜呼嚕吃喝起來。

我也有一份，可我端著碗舉著筷子直髮愣，想起剛才殺人的場面，我直反胃。

海蛟與這些人都熟，有說有笑的，她也端著碗大口喝酒，大聲說話，大口啃著肉塊子，嘴巴油亮亮的。她見我站在角落髮愣，就端著酒碗過來，高聲大嗓地說：「愣怔個啥？大塊吃肉，大碗喝酒，心裡多暢亮，來，喝，今兒個就叫你開開齋！」

說著就舉起碗強兒巴火地灌了我一口。喝得我嗓子發麻，五內灼熱，不得不啃一口大塊燉肉，還真就又香又解饞，胸中平增了一絲豪氣。

這一切全收進江老漢的視野裡。他溫和地一笑，捋捋嘎牙胡，倒背著手，走到院心，輕咳了一聲。

正在吃喝說笑的眾位馬上靜了下來，把酒碗、肉碗和筷子放在雪地上，豎起耳朵，靜聽大當家的說話：「今天是今年春天做的第一宗買賣，做得漂亮做得利索，咱得慶祝慶祝！」

早有人端過一個大碗，裡面是燙過的玉米燒。江老漢接過酒，舉過頭頂，

在院心轉了一圈，說：「喝！喝他個痛快！」

眾人喝喊一陣，就又吃喝起來，就行令划拳。海蛟拉著我，同眾人猜拳行令。她的酒量很大，划拳時反應機敏，著著得手。我若輸了拳，她就代我喝酒。

正在酒酣耳熱之際，江老漢又輕咳了一聲。院內立時鴉雀無聲。果然江老漢又說話了：

「眾位弟兄們，這一位——」他用手指點了我一下，眾人的視線馬上向我聚焦，「大家都見到了，也能猜出個八打。只是按絡子規矩，眾位不好問而已。我就當眾把話說明了。他——他是海蛟的男人！」說到這兒，他的聲音提得很高，臉膛激動興奮得通紅。他望了眾弟兄一眼，眾人的臉上也露出高興之色。他又接著說下去：「他是個唸大書的，留過外洋！」眾人驚得張開嘴巴，老半天合攏不上。「被逼無奈，投奔我來了。」院裡響起噼里啪啦的掌聲。「以後，對咱的絡子用處大哩。暫時他先不『掛柱』（入夥），就跟海蛟在老窩裡守著。他還嫩，全仗眾位弟兄指點調教了。」

那幾個四梁八柱立時站起來拍著胸脯子表態說：「既然是大當家的姑爺，也就是我們的至親，誰敢碰他一根汗毛，我們『插了』他！」

江老漢一拱手，滿意地笑了：「弟兄們多關照，弟兄們多關照！」

院內又掀起一陣哄笑聲。酒香和肉香在寒冷的長白山雪野上空氤氳、飄蕩。

同這些江湖漢子相處幾天，我才知道江老漢報號翻江龍。他原先唸過幾天私塾，後來就幹上祖傳的老本行，以狩獵為生。他的妻子很漂亮，被九道溝的一個保董看上了，就給強搶了去。他妻子是個本分女人，死不相從，被搶去的第二天就自刎而亡。江老漢帶著一個不足十歲的女孩，就當了鬍子。他拉扯的這個絡子已經近百號人。下有炮頭、糧台、水香、字匠、助賢（擅長多種技藝）、上線的（擅偵緝的，分內線、外線，內線是打入敵方內部臥底的，外線是從事尋常的軍事偵緝的）、總催（作戰時手執布旗——紙花——的指揮官）、

花舌子、翻垛的等，全是他的把兄弟，鐵哥們兒。我們所住的地方其實是秧子房，海蛟是秧子房掌櫃的。秧子房即監押人質的地方，秧子房掌櫃的是個重要職務，也屬於四梁八柱。

他拉起絡子的第二年，就攻進九道溝區公所，生擒了那個保董，把他零刀剮了，保董一家也被斬草除根。九道溝區公所也被放了一把火，燒了個溜光溜淨。海蛟始終沒離他身邊，是他一手拉扯大的。她跟這些江湖漢子很稔熟，有的她叫叔叔，有的她叫伯伯，有的她叫哥哥。她是這絡子裡年紀最小的唯一的一個女鬍子。

沒想到我竟落進匪窩，而且還娶了個女匪當老婆，那麼我是什麼人呢？

十五、掛柱入夥

在這裡鬧騰幾天，這夥人像一陣風似的，眨眼間就消失得無影無蹤。是翻江龍帶領這些人走的。大森林又復歸空蕩寂靜。我和海蛟過了一個月平靜甜蜜的日子。

這一天，海蛟抑制不住興奮地對我說：「你就等著瞧吧，待些天就會帶回無數的錢財和東西，好吃好喝海去了，備不住還有秧子。把秧子往秧子房裡那麼一關，就『養秧子』，就『拷秧子』，還怕他們不剮肉出血！到時候你就瞧我的手段吧，那才好玩哩，真叫過癮！這些老財，就得狠勁兒收拾！」

有一天，她點燃明子火把，領我到所謂秧子房裡去看看。在一個很隱蔽的山澗，她扒拉開擋在一個石洞口的柴草，我們來到山洞裡。洞裡很黑很潮，幾乎透不進光亮。這時候已經沒有了秧子（人質）了，但洞裡的情景仍讓人毛骨悚然。有牲口椿似的木架，海蛟說是吊秧子的架子。秧子被捆縛吊起，失去反抗掙扎的能力，任其捶打、割切、灼燙。以前也聽說過鬍子折磨人質的情形，割耳、割手指、割舌頭、割腳趾，不用說就是在這上面操作的。地上橫著一個二尺見方的長長的木頭，上面刻鑿些小腿骨粗細的凹槽，槽口上有根碗口粗的木槓，木槓兩頭都有粗重的鐵鎖。經過海蛟解說，我才知道，這就叫「木狗

子」，類似腳鐐，人質的小腿放進槽內，上面鎖上木樍，人質只能仰躺或臥躺那兒，被固定住，不能翻身扭動。還有火塘、烙鐵、鐵鉤、彎刀⋯⋯海蛟指點解說著，表情是那樣平淡泰然，甚至帶有戲謔嘲弄味道。一雙俊目偶爾露出凶狠的光，見這目光，我渾身直起雞皮疙瘩。我暗自叫苦，這個心狠手辣的人就是我的妻子？就是我將與之相濡以沫、長年廝守的妻子？簡直不可思議。這時我不僅有悔愧的感覺，心裡還生出逃跑的念頭。當然我知道，這同樣是非常非常危險的。我坐守愁城，竟然不知我以後的日月將怎樣打發。

就在這天夜裡，這些江湖漢子忽然呼呼啦啦地回來了，沒帶回什麼金銀財寶和秧子，個個蔫頭耷腦，神情沮喪，擔架上還躺著一個人，用白布苫罩著，沒見到岳父翻江龍。我有一種不祥之感。這些人一進院就號咷大哭。海蛟跑出屋，這些人齊刷刷跪在海蛟腳下。炮頭衝海蛟連磕了三個響頭，咧開嘴哭號著：

「大當家的，他，他睡（死）了！」

海蛟喊了一聲「爹」，立時昏了過去。

眾人失聲痛哭，哭得悽慘悲絕，哭了足足有一個時辰。這時海蛟已經清醒過來，擤了把鼻涕，瘖啞著嗓音說：「大當家的臨睡之前可有什麼囑咐？」

炮頭說：「有！第一，扶你為大當家的；第二，讓沙先生掛柱；第三，給他報仇雪恨；第四，沙先生在安東的仇也要報！」

於是就重新起局，參拜過土匪的祖師爺達摩老祖和十八羅漢，燃香歃血，重新盟誓報字號。這個絡子的大掌櫃的就是海蛟，報號為海蛟。我正式掛柱入夥，被海蛟封為翻垛的。

掛柱的儀式很莊嚴。我沖達摩老祖參拜後，要在香爐上插香，稱之為「拜香」。共插十九根香，其中十八根代表十八羅漢，當間一根是代表大當家的即海蛟。插法很講究，前三後四左五右六，當間再插一根，然後跪下盟誓：

我今來入夥，

就和兄弟們一條心。

如我不一條心，寧願天打五雷轟，

叫大當家的「插了」我。

我今入了伙，就和兄弟們一條心。

不走漏風聲不叛變，不出賣朋友守規矩。

如違反了，千刀萬剮，

叫大當家的「插了」我。

這時，海蛟在一邊說：「都是一家人，你起來吧，去認認眾哥們兒吧。」

我就到炮頭、糧台、水香幾人面前認哥們兒，求其指點幫助。

我面臨兩難選擇，不入夥，他們肯定不會饒了我，只得掛柱盟誓入夥；入了伙，只能是過河卒子有進無退，倘若私自逃走，他們總會想法找到我把我「插了」。再說我不入夥到哪裡去呢？只得暫且棲身，別的路徑只能容後再見機而行。

其他四梁八柱不變，只把原翻垛的改為秧子房掌櫃的。一切就緒，就按土匪規矩，把翻江龍遺體沐浴過後更換新衣，眾人跪拜祈禱之後，裝入現攏好的棺材中，深葬在大林子裡，不修墳丘，不留一點兒痕跡。

這樣，我就成了貨真價實的響馬了。

我這翻垛的職務又稱反托，在絡子裡是個重要角色。此人必須有文墨，又要精通天文地理和《易經》、相術，得會卜卦和推八門。其實就是軍師，是大當家的參謀長。我有文化，但對《易經》、相術之類一竅不通。既然已被冊封，就不允許打退堂鼓，只能硬著頭皮幹下去。這是萬萬推辭不得的。一旦惹惱了這些殺人不眨眼的人，他們立刻就黑下臉來，「插了」你。

翻江龍是在攻打六道溝燒鍋時被飛彈打中了腹部、絡子撤退時在半路上死掉的。土匪最講究報仇雪恨，但不等於蠻幹。六道溝燒鍋雖未被攻破，自知闖了大禍，定會有所戒備，所以現在斷不能去攻打。要先麻痺他們，繃緊他們的

神經，總有一天這根神經會鬆弛，總有鬆懈的那一天，再瞅準機會打他個措手不及。

海蛟就是這麼分析的，這也正中我的下懷。

這個女人有韜略，不可小覷。

十六、血濺索公館

這一天，海蛟同我商量去安東報仇之事。她替我報仇，在匪行中屬於「義舉」，我自然感激她。我低頭尋思半晌，茫無頭緒，真是老虎吃天——無從下口。我把難處說了：「安東是個水陸大碼頭，人口稠密，跳子（兵）、狗子（警察）和日本守備隊很多，用尋常打窯的辦法，恐怕不行。」

我既想要報仇，又無從下手，只能皺眉嘆氣。

海蛟卻笑著說：「虧你還是個唸大書的，腦子就那麼不開竅！你看這樣行不？眼下正是放排季節，安東城又繁華興旺起來，我們何不化裝成富商大賈闊少爺，把長傢伙先插在山裡，我們只帶短傢伙，明明晃晃進安東，堂堂正正進索府，活兒做得麻利點，再無聲無響地撤出去？」

我高興地跳了起來，攥成拳頭的右手砸在左手掌上，說：「使得！使得！」

我認真仔細地端量著海蛟，想不到這個大山裡的獵人的女兒，在匪窩里長大的小女子，腦子裡竟有這麼多的計謀和策略。

事情就這麼定下了：精選出二十個人，都化了裝，揣上擼子槍匣子槍，在海蛟的帶領下，走出大林子，在臨江城爬上火車，又在奉天乘上去安東的火車。

化了妝的海蛟，簡直讓人刮目相看。風姿綽約，美目巧盼，與嬌小姐闊太太並無二致。原來她竟是個暄麗俊俏的美人，只是眉眼中偶爾透出冷峻和凶悍。

路上挺順利。到了安東，在鴨江春飯店飽餐一頓海鮮，在繁華的七道溝選

了一個高級旅館住下。先派出「插千兒的」（偵探情況的小頭目）去六道口日本租界的索府「踩盤子」（偵查情況）。一切準備妥當，在一個燠熱的中午，我們一行二十人，大搖大擺地進了索府，口稱是來談木材生意的。一進院門，先把把門人看管起來，由我帶隊，進了門過洞，穿過前院，直奔那座青磚樓。先把青磚樓包圍起來，幾個人上得樓來，把還在午睡的表舅母——女東家擒了出來，同時被擒的還有她的幾個兒女，就是不見了索長庚。

我摘下禮帽和墨鏡，把青府綢對襟小褂一裂，露出腰帶上別著的短傢伙，壓抑著憤怒：「女東家，還認識我嗎？」

女東家張目覷了我一眼，當她終於認出是我時，像見到鬼怪似的，不禁「啊」了一聲，身子顫慄，癱倒在地，連聲嚷叫：「不，不，少庚，你是人還是鬼？」

我壓低聲音說：「小聲點，我就是讓你害得人不人鬼不鬼的沙少庚，你好狠心啊！」

我扯住她的衣領，把她提溜起來，盯著她的眼睛說：「說，我們到底有什麼仇口？我媽媽哪去了？我姐姐哪去了？你可是我的表舅母啊！」

一聽到這話，這婆娘卻眼露凶光，歇斯底里狂叫起來：「誰是你的表舅母！我恨你媽，也恨你！她死了，你姐姐也死了，都是些臭婊子！你怎麼沒死？我恨你們啊！」

海蛟一皺眉頭，低聲道：「事不宜遲，別跟她磨道，點（斃）了她！」

她把女東家掄起來，狠狠攢在地上，舉起槍管裹著紅布的手槍，朝她連開三槍。這女人哼唧著，破口大罵。我只聽到「野種」「臭婊子」「強盜」之類。她長嚎一聲：「老爺子，這就是你留下的羅亂啊！」

她腦袋一歪，面肌抽搐，死了。

我急於尋找我的朋友小打，終於在夥計房裡找到了他。他見到我，那份吃驚、欣喜和親熱自不必說。通過他我才知道，索長庚不在安東，三天前同管家的為汽船的事到山東的煙台去了。便宜了這小子了。

小打拉住我的手說：「沙哥，看樣子你混得不錯，這回，你一定得把我帶走，這鬼地方我再也待不下去了，我願意去伺候你。」

我急問媽媽、姐姐的情況，他說：「這個，我以後跟你細說。咱們必須儘早離開安東！」

「見不到媽媽、姐姐我不走。」我說得斬釘截鐵。

他瞅著我，嘴唇翕動像魚吸水，就是說不出話來。

我急得直跺腳：「你快說話呀！」

「我——我——」他還是囁嚅著。

正在這時，青磚樓裡又響起一陣沉悶的槍聲。我顧不得問清媽媽、姐姐的情況，我拉著他向樓上跑去，只見走廊裡、客廳裡倒著十幾具屍體，索家八口和門人傭人全躺在血泊中。幸虧小打被我叫出來，否則也將成為槍下之鬼。

不用說，這是海蛟幹的。

「你——？」

我張口結舌，不知說什麼好。我心下意思很清楚，我只恨母老虎女東家和索長庚少東家，犯不著殺這麼多人，這些人跟我並無什麼怨仇。殺紅了眼的她看出我的心意，不以為然地說，「斬草除根，不留後患！撤！馬上給我撤！」

這活兒做得很利索，前後不過半個小時，我們就撤回旅館。結清賬目，我的意思是乘火車離開安東，而海蛟似乎早有打算。她從腰裡掏出早已準備好的一沓汽船票，她要溯鴨綠江回到長白山。我說這很危險，她卻說這是最安全的辦法，因為官府發現情況後，首先是封鎖火車站、汽車站，要在火車汽車上搜捕，他們絕想不到我們會乘坐日本人經營的汽船在鴨綠江上行走。她說的不無道理。我們還合計，一旦汽船上日本人要搜查盤詰，我們二十個人二十條槍也不怕他們。我們可以武力劫持，讓汽船乖乖地停靠在我們下船的地方。而且我也猜出她另一層意思，對此，我們只是心照不宣地互送一個眼波。

這個有心計的女人啊！

十七、鴨綠江上的沉思

我們當天下午登船，汽船馬上啟動。而這時，索府裡發生的一切很可能不為外人所知。

汽船在鴨綠江上行駛。望著兩岸的山石林海的模糊的輪廓，我感慨萬千，心緒煩亂。上次乘江艇到長白山，我是以索家職員身分，心裡充滿了憧憬和希望，我以為這是我人生行程的重要起點，我對前程充滿了樂觀。想不到不過二年，我本身竟發生如此大的變化。我已經是地地道道的響馬，是個令人聞之喪膽咋舌的土匪。雖然我沒親手殺人，但索府的刀光血影的場景時時在眼前閃現。一下子殺了這麼多的人，全是為了我，我豈不也是殺人犯？天哪，我已經沉淪到這種地步。我覺得我很渺小很脆弱，在命運面前我無法抗爭，我只能像一棵樹枝草莖被命運的大浪推湧著，湧向不可知不可料的所在。

安東，這繁華美麗的邊陲海邊的木城，在我的心目中已勾不起點滴留戀和興味，它周遭發生的一切太刺傷我的心了，傷得我的心時時在流血。我所以在心中時時懸念它，實質是在惦記、懷念我的母親和姐姐。離開安東近七百個日日夜夜，我一日也沒曾忘記過母親和姐姐，我擔心她們的命運。我總預感她們的處境不會比我好哪去。

我拉過小打，請他務必告訴我媽媽和姐姐的情況。他終於如實地告訴了我離開安東以後家中的變故。

其實，在我離開安東的第二天，女東家就派人到我家索債。說我家住的房子是索家出錢買的，表舅送錢送物給我們，這些在賬房先生那兒都筆筆有蹤。限令我家當天搬出，三天之內還清一萬三千銀圓。媽媽、姐姐被掃地出門，淨身出戶。媽媽根本還不起這筆款，他們就強把姐姐拉去抵債，把姐姐賣給平康裡妓院。姐姐入了娼門，聽說第七天逃了出來，人沒見到，卻在鴨綠江邊留下姐姐一雙緞面繡花鞋。姐姐興許投江自殺了，屍首可能被衝進黃海裡。媽媽是徹底絕望了，變得神志不清，投了鴨綠江，屍體被人打撈上來，就埋在帽盔山

下的亂葬崗。

天哪，這是為什麼？可憐的媽媽，可憐的姐姐！我扼腕頓足，悲憤至極。我總也弄不明白，我們與索家到底有什麼深仇大恨？為什麼表舅一去世，瘋狂的復仇和殘酷的迫害就接踵而至？安東，這繁衍著罪惡與醜陋的城市，我一定還要回來祭奠媽媽的墳，尋覓姐姐的下落。冥冥中我總覺得姐姐不應當死，她彷彿還健在人世，她是我唯一的親人啊！

此次安東之行，對滿街流動的木把，我不再感到神祕奇怪了，我理解他們，我愛他們，因為我就曾是他們中的一員。鴨綠江邊的優美風光已激不起我一點兒興趣。只有我才能透徹瞭解在那線條柔和的茫茫的林海中蘊藏著可怕的虛偽、陰謀、暴戾、肆虐、殘殺、墮落和欺騙。汽船經過馬石台、趙四溝、寬甸、岔溝、輯安、臨江。沿江是絡繹不絕的木排，岸邊簇擁著無數招徠生意的飯店、旅店、商號的店員和妓院的妓女。放排人和江驢子的低沉的號子聲，更增加了悲涼的氣氛。鴨綠江流淌著的不是來自天池的碧綠冷冽的清水，而是血，是汗，是眼淚。

我不知道汽船是怎麼來到了臨江的以及我們是怎樣下的船，只知道海蛟一路上一邊警惕著船上的每一個細微動靜，一邊同我倚身相伴。她雖然性格粗放，但也不失柔情蜜意，也會體貼人關心人。她在我耳畔說了些什麼體己話，我已記不清了（因為我沉浸在極度的悲痛之中），只知是款款的，軟軟的，充滿溫馨的。

我們在臨江的一個大客店住下。要休整幾天，考慮下一步的重要行動。我沉沉睡了一天一夜，及至醒過來，已是紅日西下。我要酒要飯，我飽餐一頓，又到澡堂燙了個熱水澡。體力恢復過來，神志清醒過來了。

臨江縣城也是長白山下鴨綠江中游的一座木城，也很繁華熱鬧。弟兄們在這兒盤桓了幾日，該吃的吃了，該玩的玩了，也有些膩味了。大家也還聽話，竟然沒出什麼紕漏。這些山裡的響馬又懷念起林海深處的劫掠生涯了。

其實有個問題這些日子一直在我的腦子裡翻騰。我們的出路是什麼？總不

能老這樣打家劫舍渾渾噩噩混日月。尤其我本人，一個知識分子，偶然落草為寇，已是老大的不情願，也不習慣於土匪的生涯。現在，日本帝國主義的侵略步步加緊，姦淫殺掠，無惡不作，中國人民處在水深火熱之中，有血性的中國人是不會甘心當牛做馬為奴隸的。共產黨及其領導的抗日聯軍是真正打日本的，深受廣大群眾的尊敬和歡迎。我在日本早就接觸過科學社會主義學說，此時對壓迫、剝削、侵略及反抗鬥爭理解得更為具體和深刻。看來投奔共產黨參加抗日聯軍才是唯一出路。有不少山林隊和響馬已走上了這條路。再說，日本人實施集家並屯，我們的給養供應發生了困難，打窯是一種擾民行為，也有難度，且惹得黎民百姓恐懼和怨恨，這樣下去，也只會是死路一條。這些道理我經常跟海蛟講。她這人很有主見，脾氣又暴躁，就是我，也得跟她講點兒策略，生怕她翻了臉。她先是瞪著一雙大眼睛迷茫不解，繼而又說這是先父老當家的創下的家業，不能平白無故地送給別人，不叫日本人招安，也不能叫共產黨招安。她甚至懷疑我是共產黨到她這來臥底的內線。我動之以情，曉之以理，好話說了三千六，最近似乎稍有鬆動。

這一天，她說：「當家的。」最近她好戲稱我為當家的。「當家的」可不是土匪裡的頭頭的意思，在東北方言中即是丈夫、男人的意思。「這事容我慢慢考慮。我只問你一句話，你老丈人的仇你報不報？」

我說：「那還用說，報，一定得報！」

她說：「好！咱們就先打六道溝燒鍋。」

十八、血祭亡靈

現在，就是商議如何攻打六道溝燒鍋，為老當家的報仇雪恨的事情。六道溝燒鍋，一多半的股份是日本人的，與日本人開辦的採木公司勾搭連環，坑拐騙的勾當幹了不少，老百姓對之憤恨已極。老當家的就是死在他們的手裡，此仇不能不報。

我們坐江體子逆江上行到六道溝。江體子靠了岸，我們下了江體子，在六

道溝街裡找了一家旅店打尖，吃飽了睡足了，第二天上午，一行人就奔燒鍋而去。

我們又如法炮製，我扮成日本人，海蛟扮成闊太太，其他人分別扮成商人和下人。我們幹得很漂亮，沒出一點兒破綻，我的日語說得很流利，令作陪的一個日本股東信以為真。就是在燒鍋的大掌櫃的在熱情招待我們的宴席上大誇海口、嘲笑辱罵老當家的翻江龍時，海蛟的毛瑟手槍響了，當場敲碎了燒鍋大掌櫃的腦瓜殼。一聲號令，眾弟兄們同時出手，經過短暫搏鬥，燒鍋裡的人連同那個日本人被分別捉獲擒住。

海蛟紅了眼珠，大開殺戒，四十幾個人連同看家望門的狗，全給抹了脖兒，還放了一把火，偌大一個燒鍋立時變成一片火海。海蛟噙著眼淚，「哈哈」狂笑，大聲喊叫：「爹，海蛟給你報仇了！你的在天之靈就安息吧！」

她的話音剛落，忽然從緊挨燒鍋的一戶人家的房山的氣眼裡朝她打來冷槍。槍打得很準，海蛟「哎喲」一聲彎下腰來，左手搗住腹部，跌倒在地，指縫中汩汩流出殷紅的血。

炮頭馬上指揮弟兄們，包圍了那幢房子，從天棚上抓到了那個打冷槍的人。原來他是燒鍋大掌櫃的大公子，在飯館吃酒剛回來，見燒鍋起了火，響起槍聲，情知是日裡夜裡擔心的鬍子攻打進來。他鑽進鄰居家那幢房子。鄰居家一看是燒鍋大掌櫃的大公子，怎敢怠慢，只好容他進了屋爬上棚。他從氣眼看得真真切切，一個穿紅著綠的女子，雙手持匣槍，在騰騰煙霧火海中，喊叫指揮。他斷定此人不是鬍子頭就是炮頭。有道是擒賊先擒王，只要放倒了她，眾匪徒肯定會像上次一樣作鳥獸散。於是他就沖海蛟開了一槍，倒是打了個正著。

但此時已不是上次的那種局面了，燒鍋已被攻破，豢養的幾個保安隊已被擊斃，其實燒鍋已喪失了抵抗能力。弟兄們見新上來的大當家的海蛟又被打傷，個個氣紅了眼珠，失去了理智，不經命令，就蜂擁撲向燒鍋的鄰居家，沖上棚頂，燒鍋的大公子就被生擒活拿了，這個大公子在鄰居家院裡被氣紅了眼

珠的弟兄們亂槍打死。不幸的是那家鄰居全家四口人也平白無故地做了刀下鬼。

海蛟是躺在我的懷裡嚥氣的。她雙手緊緊勾住我的脖子，臉兒緊貼我的耳畔面頰處，絮絮叨叨地說著：「沙哥，我不能死，我不想死，我還沒希罕夠你，我肚子裡還有咱們的孩子，我要把他生下來。他長大了也要像你一樣，唸大書，留外洋，別當鬍子。仇已經報了，我想好了，就按你說的做，就投奔共產黨，就去當抗日聯軍。你是讀書人，你的話不會錯。我聽你的，以後我什麼都聽你的。」她忽然抓住我的一隻手，死死攥著，臉色青紫，呼吸急促，「沙哥，我造孽了，我殺人太多了，我的孩子呀！我肚子疼，我的肚子疼呀！」

她淚流滿面，氣喘吁吁。我的淚水和著她的淚水濡濕了我們的衣領衣襟。

她意識到自己不行了，忽然抬起頭，喊炮頭、糧台、水香、字匠等四梁八柱。這些頭頭腦腦全都齊刷刷跪在她的面前。她鬆開一隻胳膊，用手捋了捋散亂的頭髮，睖了眼眾弟兄，一字一句地說：「我怕是不行了。這絡子不能散，還得幹下去，就交給少庚了，以後你們要聽他的，就像以前聽老當家的和我的話一樣，你們聽明白了沒有？」

眾人齊聲說：「聽明白了，當家的你好生養傷，就是真有那麼一天，我們就扶沙少庚為大當家的。我們永遠保他，永遠忠於他！」

「你們盟誓！盟誓！」

她說話無力，我感覺她已經氣息奄奄了。

四梁八柱跪在地上分別向她發誓。那一霎令我終生難忘，她的脖頸無力地耷拉在我的肩頭，兩隻胳膊卻死死地勾著我的脖子。

她是在四梁八柱分別盟誓的過程中嚥氣的。

我把她平放在一塊木板上。她的面部不那麼猙獰醜惡，還是那麼平靜，那麼安詳，像睡著了似的。只是那雙黑眸睜得又亮又大。我輕輕給她合上眼皮。她安息了。

我們按照匪俗給她舉行「上神主」儀式，也就是血祭亡靈。碼起一堆木柈

子，點燃了，把寫有老當家的和女當家的姓名的紅紙牌位放在火堆旁。由我主祭，我把蘸有被打死的燒鍋家的大掌櫃和他的大公子的鮮血的牌位投進熊熊燃燒的火堆裡。弟兄們全都跪下，叩首禮拜。

我禱告說：「老當家的岳父大人，女當家的海蛟妻子，我給你們報仇雪恨了，你們就安心地走吧。這個絡子，我一定要帶好，絕不辜負你們二位的希望。」

其實，這套舉動和言語都是字匠（文書）給我規定好了的，我就照他指點的那樣去做去說。

由於我們前後共死了兩個人，所以我就命令朝空放兩槍，並向火堆裡澆上兩大海碗燒酒。血祭完畢就把她葬在六道溝後山的密林中。那兒的地勢很高，環境優美，花叢之中可以日夜眺望滔滔不息的鴨綠江。用我們響馬的話說，她睡了，年僅二十一歲。

十九、長白山裡的鐵旋風

弟兄們立時擁立我為大當家的。我報號為「鐵旋風」，這也是字匠給我起的。從此，鴨綠江西岸，千里長白茫茫無垠的林海雪原就颳起了復仇的鐵旋風。秉承海蛟的囑咐，原來的四梁八柱基本沒動，只把字匠改任翻垛的，頂替我的職位。原來的水香改任字匠。小打是我從安東帶來的，我們倆交情深，這回就任命他為水香。經過整頓，隊伍有了模樣，我就帶領弟兄們出擊，主要攻擊的對像是漢奸隊和與日本鬼子勾結的財主，對日本鬼子的隊伍我還不敢正面攻擊，頂多攻打偽軍和日軍的據點，採取游擊戰的方法，打得了就打，打不了就溜。我們的形象也有所改觀，老百姓對我們的評價也有改變，我深知，其最大的原因在於打鬼子不擾民。

我還要說說我對我的妻子海蛟的評價。她是我第二個戀人，卻是第一個妻子。她漂亮美麗，具有長白山人的野性美。因為她的父親讀過私塾，略有點文墨，這不能不影響她，我發現她身上也有些愛知識尊重知識的因子，因而有些

時候還可以理喻，還有些理智。她很聰明，應變力強，思維敏捷，在響馬行中，堪稱女中豪傑，可惜的是才能未及施展，卻過早死去了。她身上野性十足，匪氣濃厚，又很善於掩飾偽裝，當她無遮無掩坦露她自己的全部時，又令人心寒生畏，即使是我也心裡打怵。後來我常想，她若是生長在正常人家裡，她若是不逢亂世，她若是按部就班地接受正統教育，保不準她真能成個人才。她看似不受什麼禮教束縛，顯得輕佻放肆，但又有點兒傳統的成分。她是個處女，性生活要求很強烈，做愛時她幾乎要把我揉碎吃掉，但在性生活上並不胡來，而且把那事看得很重大很神祕，這是我萬萬沒有料到的。我對她的愛也是真誠的，與她相親相愛我並不後悔，也不感到羞恥和侮辱。她身上集中了許多矛盾之處，除了匪性，她仍然是長白山大森林中野性十足，要愛就愛得無忌無顧驚心動魄，要恨就恨得怒目金剛咆哮暴戾的女性。她在我的心目中，多咱都是個真正的女人。

　　我受命於危難之時，如何帶好這支隊伍，我很費了一些思索。論槍法與經驗，論組織能力和陰險狠毒，比起原先的四梁八柱，我都得甘拜下風。我之所以能被擁立為大當家的，全是沾了翻江龍和海蛟的光，歸根結底，還是江湖義氣和傳統的姻親關係在起作用。但這種作用只能是暫時性的，長久下去總要生變。這一點我心裡非常清楚，而用鐵血手段剷除舊班底換上忠於我的人，我又不願幹。因為我對這個大當家的職務本來就看得很淡，當這些烏合之眾亡命之徒的頭頭有什麼可炫耀的！況且傳統的道德規範在我的腦子里根深柢固，上山為匪總是有辱祖宗的缺德行為，我感到羞恥。我是被命運推到這一步的。

　　對這支隊伍，我有自己的模糊想法：宗旨上要愛民抗日；建制上要逐漸廢除四梁八柱，建立連、排、班制；要改變匪習，廢除匪規匪法，要禁用土匪的黑話，要有基本固定的地盤和支持我們的鄉親。如果還是這樣維持流寇式的活動方式，過著今日有酒今日醉不管他日是與非的日月，這支隊伍遲早要散花。在與四梁八柱商議事時，我提出了反日的口號，不枉殺無辜，不強搶劫掠，給養裝備問題要同商號財主協商，用攤派辦法解決。四梁八柱都不大情願，說打

日本鬼子沒意見，但改規矩可得慎重點兒，覺得不習慣受束縛，不如現在這樣來得自由痛快。

　　但自從挑起抗日旗號後，確實解決了一些糧餉問題。我派出「插千兒的」去找共產黨找抗日聯軍，想與他們聯合行動，但總也未能找到。

　　我們的一系列行動引起日本鬼子的注意。以前他們把我們視為一般的土匪，現在把我們視為「政治匪」，是心腹之患，於是開來大部隊圍剿我們。我們連吃敗仗，死了十多個弟兄。給養接濟不上，天都下雪了，弟兄們還沒穿上棉衣，有時幾天餓肚子。我又不允許隨便出去打窯和搶劫糧食衣服。於是有十幾個弟兄「拔香頭子」開了小差。人心有些散了。我感覺這是最易出事的時候。這些土匪喜怒無常，翻臉不認人，殺人不眨眼，我時刻有被不軌之徒殺死取而代之的可能。我曾想把權交出去，我遠走高飛，但這是非常危險的。匪俗稱此為「拔香頭子」，時刻有掉腦袋的危險。我是大當家的，要「拔香頭子」散夥，手下的人豈能饒我！如果我甘居下位，另選大當家的，新上任的匪首必然戒備於我，隨便找個藉口便可以「插了」我。我左右為難，進退維谷。

　　這一天，崽子們從山下帶來一個「活口」。這人一進屋裡，剛摘下眼罩，就指名道姓找我有話說。他三十多歲，個頭不高。聽說我是鐵旋風，給我敬了個標準的舉手禮，標直地站在地上，一動不動。我叫人搬個馬扎給他，叫他坐下，他這才拔直腰板坐在馬扎上。我端詳他，眉很濃，眼睛很有神，五官端正，透出一個職業軍人的氣質。我說：「我就是鐵旋風，你找我——」

　　他點點頭說：「我們雖不認識，但我瞭解你，可以說是神交已久了。」

　　我說：「怎麼說？」

　　他說：「我想單獨同你說話。」

　　我屏退在場的人。

　　通過談話我才知道，他叫章雪思，是抗聯一路軍警衛團的幹事，是來聯繫收編我們這支隊伍的。他對我們這個絡子的歷史現狀瞭如指掌，包括我的出身、政治傾向及留學日本的情況他都瞭解。他出身於舊軍人，瀋陽講武堂畢業

後當過下級軍官。九一八事變時，他們的部隊還駐防長春的南嶺，對日軍的侵略，曾違背命令作過抵抗，終因敵我力量懸殊，抵抗失敗，他率領部分人員撤離長春到伊通，又轉移磐石縣，在西玻璃河套接受楊靖宇的改編，參加了中國人民革命軍第一軍獨立第一師。

二十、大森林裡火與血的洗禮

我對章雪思說，這對我們綹子來說，是件大事，得容我和弟兄們商量一下才能定奪。他說那是自然，很理解我的心境，只是這事宜早不宜遲。動作遲緩了，一旦我的隊伍裡發生了變故事情就不好收拾了。另外，據可靠消息，日本人最近可能還要對抗聯一路軍和我的綹子發動一次切割圍攻，日本人也擔心這兩股力量聯合，那就更難對付。在這種情況下，我的綹子面臨的壓力會更大，內部也最容易發生分化瓦解，讓我千萬注意。他說的這些話，都是至理名言，可見此人很誠實，也很可信賴。他提供的情況令我大吃一驚，真是一刻也不能坐等了，我必須採取行動了。

我差人送他先去休息，並絕對保證他的安全。然後找來四梁八柱骨幹分子，說明章雪思的來意，我分析了我們面臨的嚴峻而危險的形勢。這些人大都胸無點墨，沒什麼政治眼光和韜略，讓我拿主意，只要有肉吃有酒喝有錢花有女人玩怎麼都行。炮頭和翻垛的有點心計，說咱也不能當一輩子土匪，總得有個歸宿奔個前程。共產黨和抗日聯軍的名聲挺好，咱若能歸順他們，混個好名聲好前程未嘗不可。小打也在一旁敲邊鼓說，共產黨好，就投他共產黨準沒錯，我在安東就聽人說共產黨好，抗日聯軍好，楊靖宇好，這時候不投等鬼子把咱打個稀里嘩啦人家共產黨指不定還不要咱哩。炮頭和翻垛的說，倒是這麼個理兒，只是這人來路不清，他說是共產黨、抗日聯軍，誰知他是啥？別是鬼子派來的奸細，誆騙咱們上了鉤，再一網打盡，咱可就崴泥了。

這話不無道理。

最後我決定，我和炮頭再帶上小打跟他走一遭，去那兒探探虛實，再作計

較。這邊的事由翻垛的照管，提高警惕，嚴加防範，做打仗的準備。一旦是敵人搞的陰謀詭計，我們三人被害了，絡子就由翻垛的負責，做大當家的，再找機會，尋找真正的共產黨和抗日聯軍。

事情就這麼定下了。章雪思聽了我的坦誠的發言，笑了笑，點點頭說：「理解你們，以後咱們處的時間長了，就會互相瞭解的。」

我們一行，由章雪思帶路，翻山越嶺穿大林子，走了兩天一夜，終於來到抗聯的密營——河裡地區。我們見到了楊靖宇、魏拯民、曹亞凡等第一路軍的領導同志。他們熱情地接待了我們，並給我們講了許多聯合起來打擊日本侵略者、解放被侵占的國土的大道理，還詳細介紹了抗聯的戰略戰術和生活情況。

我當即就動心了，就投靠這樣的隊伍。我問炮頭是啥想法，他激動地說：「這都是些正經好人，主張也對頭，隨了他沒虧吃！」

小打也一百個同意。

事情出乎意料地順利，不久，我們這七十多人的隊伍，就從匪窩出發，向長白山西麓的河裡地區開拔。我們的隊伍全部參加了抗日聯軍，被編入一路軍警衛團。

我向楊靖宇總指揮提出，我是一介書生，不懂軍事，不會打仗，就是當上鬍子頭那也是趕鴨子上架，還是發揮我的長處，讓我幹點兒別的工作，就別帶兵了。

楊總指揮笑了，拍著我的肩頭說：「你這人說話倒是挺實在的。」

他沉思一會兒說，「這樣吧，宣傳鼓動工作也很重要，對外聯絡工作也少不得，你就幹這兩宗工作，就在司令部政治部裡。正好你有文化，我們真就缺少這樣的人才！」

我高興地接受了這項工作安排。從此，我就在司令部政治部裡搞宣傳和聯絡工作。

我們這支絡子走上新生之路，我本人也走上了人生的全新路程。我寫標語寫傳單，寫宣傳材料。我還到其他山林隊活動，現身說法，動員九江好、老得

勝等幾支絡子參加了抗日聯軍。還代表抗聯一路軍總指揮部去北滿、東滿開過會，聯繫工作。所以周保中、李兆麟、馮仲雲、李延祿、崔石泉等東北抗聯將領也都認識我。我心情好，工作積極，認真負責，不久就加入了中國共產黨，我的入黨介紹人就是章雪思。

我們的隊伍在高山密林中同日本侵略者展開了殊死的搏鬥，打了許多漂亮仗，攻陷了好幾個鬼子侵占的重鎮，剷除了偽政權，建立了中國人民的抗日政權，殲滅了大量的日偽軍。日本侵略者的頭子驚呼，「滿洲虎」下山了，說我們是「日滿」安全之癌。日本鬼子被打得焦頭爛額，日本關東軍傷透了腦筋。

這是我人生歷程中最得意最高興最輝煌的黃金時期。

這年秋天，我又到外地搞聯絡工作，出去二十多天才回來。剛到密營，章雪思告訴我，要我馬上和新來的一個日本女人好好談談。

日本女人？我想到服部真子，又一想，這是不可能的事情。她遠在日本，養尊處優，怎麼能到這裡來？原來在我外出期間，發生了一次戰鬥，抗聯一路軍第二方面軍攻打日本鬼子在暖泉溝由滿洲林業株式會社北海組合開設的木場，消滅了三百多名日本森林警察部隊，解放了八百多名受苦受難的木把，還俘虜十五名日本人。這些日本人大都是木場的辦事人員，抗聯決定發送路資護送出境。其中一個日本女人，有二十多歲，會說幾句漢話，說什麼也不走，她要求留在抗日聯軍的隊伍裡，決不出山。司令部沒有日語翻譯，只我懂日語，偏又外出搞聯絡工作，就只好等我回來，由我同她談一下，最好動員她出境，再問清楚，她為什麼不想走。

我覺得這個日本女人好奇怪。

想不到我見到的真就是幾年前的戀人——服部真子。

二十一、再逢東瀛女郎

在抗戰期間，的確有不少日本士兵嘩變反正到抗日隊伍裡來參加抗日的活動。也有的被抗日隊伍俘虜後，經過教育，提高了覺悟，堅決留下來參加抗日

的。這些同志在抗日鬥爭中曾經立過功績，有的光榮犧牲，把遺體永遠埋在中國的土地裡。這個日本女人有此舉動，並不奇怪。我對與這個日本女人的談話有很大興趣。除了因為我在日本國待過幾年對日本的風土民情有些感情外，冥冥中我似乎有所企盼和奢望。人真是個奇怪的動物，理智告訴我是根本不可能的事情，但感情上卻還那麼頑固地往那傾斜。我沉睡的記憶開始復甦，我又想起那個日本女人來。與她分手的這些年，滄桑巨變，個人的生活歷程跌宕曲折，我連回憶她的機會都不多。我的感情已變得很粗糙，心也變得很硬。我總這麼認為，服部真子已永遠在我的生活中消逝了，與其徒勞回憶縈懷，莫如全身心地面對殘酷的現實和火熱的鬥爭。

世界這麼大又這麼小。在總指揮部的臨時帳篷裡，我見到了那個日本女人。亭亭玉立，清秀俊美，往細裡一打量，令我吃驚非小，是她，服部真子。她也驚詫異常，瞪大了雙目，立在那兒一動不動。我喊了一聲「真子」，她喊了一聲「少庚」，我們就擁抱在一起了。她熱淚盈眶，嗚嗚地哭了起來。在場的人都很驚異。

激動過後，我們終於平靜下來。

我簡單地向總指揮部的領導匯報了我與服部真子在日本相處相戀的經過。我在日本的情況，包括與服部真子的戀愛經過，在入黨時早已向組織作過交代，所以司令部的首長並不懷疑什麼，只是覺得太奇巧了，也太有傳奇色彩，太感人了，還表示要成全我們的美事，多創造這方面的條件。

但我已不是從前的我了，她還是從前的她嗎？我還有什麼資格向她求婚？她若知道我當土匪頭子和婚戀的經過還能理解原諒我嗎？一時頗為犯難。章雪思建議我如實向她說明情況，以求得她的理解。

總指揮部的人都退出帳篷，這是有意給我們創造條件。一陣相擁狂吻過後，我推開了她，吞吞吐吐地向她述說了回國後的遭遇。開頭，她像聽神話故事那樣聽得入了迷。說到我被騙當木把受的苦難和母親姐姐的被迫害致死，她淚流滿面，泣不成聲。我終於說出了我誤入匪窩、娶了匪妻、當了匪首及海蛟

死亡的情況。我仔細觀察她的反應。此刻，她臉上的淚水已乾，淚痕縱橫。她的眸子睜得很大很大，眼球像似快要噴射出來。俄頃，就見從黑葡萄似的黑眼仁上沁出晶瑩的淚滴，這淚滴逐漸變大增多，終於像斷線的珠子 裡帕啦往下落。

我知道我是徹底傷透了她的心。她一定以為在愛情上我背叛了她，而這背叛又是最可恥最不能原諒的。她是個傳統女性，我能向她解釋什麼？什麼解釋語言此時都是蒼白無力的。

她先是驚異，繼而是惶恐，最後到底是號啕大哭起來。

「你冷靜點兒吧，事情就是這樣，我尊重你的抉擇和決斷。」

我只能向她扔出這麼一句話。

她哭了睡了三天，眼睛紅腫，面容憔悴。我伺候她的起居，但我們都絕口不提這事。總指揮部的領導都很關心我們的事情，我如實作了匯報。楊靖宇總指揮要親自跟她談，但不會日語，還得我來當翻譯，豈不更是尷尬，大家只是為我著急，就是幫不上忙。

第四天早上，她告訴我，她有話要跟我說。

站在她面前我低垂著頭，像個聽判決書的囚犯。她流著眼淚對我說：「我想了三整天，終於變得理智起來。這是個非常特殊的事情。我曾設身處地想過。若是我處在這種境地，該怎樣應付那種局面？況且自你我分手後，三年多來未通音信，你對我們的愛情前途是會有些想法，起碼是失去信心，再次是怕連累我。所以我理解，不是原諒，沙君你注意，是理解，不是原諒，因為你沒有過錯，如果有的話，那就是歷史、時代、日本侵略者和索長庚、女東家。我不理解，索長庚怎麼好意思對你下那麼樣的毒手？僅僅是嫉妒和失戀嗎？如果是這樣，我也應承擔一部分責任，沙君，我向你致歉了！」

她向我深深鞠了一躬。

多麼善解人意的女人啊！

我把她攬在懷裡，失聲痛哭。

我和我的第一個戀人、第二個妻子生活戰鬥在一起了。沒什麼婚禮儀式，甚至連煙卷、喜糖、茶水都沒有。前來賀喜的同志們給我們送來了山裡紅、山梨、山葡萄、榛子、核桃仁，還有野蜂蜜兌山泉水，這就是喜酒。還有就是歌聲、笑語。樸素蘊著真摯，激情伴著篤愛。這儀式像金子那樣富有意義，令我終生難忘。

在那艱苦的戰爭年月，無所謂蜜月和家庭生活。白天是轉移、行軍、戰鬥，晚間就睡在帳篷裡，有時是露天向火而眠。吃的是野菜山果，或用茶缸煮囫圇玉米粒吃。服部真子，這個嬌生慣養的千金小姐，竟然能夠默不作聲地適應這種生活，從沒皺過眉或有過一句半句的怨言。衣服無論多舊多破，她都能縫補得囫囫圇圇的，洗涮得乾乾淨淨的。她不搽胭脂，不施粉黛，但多咱都收拾得乾淨利落，像個瓷美人。多咱都是那麼溫柔賢淑，柔情似水，善解人意。她在野戰醫院和被服廠都幹過，有時用日文寫標語寫傳單，撒向敵人的據點。戰鬥中，她在槍炮聲間歇時，用日語向鬼子喊話。還真奏效，竟有不少日本鬼子放下了武器，挑起白旗，向我們投誠。她工作得快樂、認真，她的工作成績卓著，曾幾次受表彰。

我們都覺得心裡充滿了陽光，生活溢滿了甜蜜和希望。

但我們怎麼也不會想到，一隻魔掌正向我們伸來。

二十二、自殘骨肉

原來我回國之後，服部真子的家裡也發生了巨大的變化。服部正雄先生有反戰情緒，被視為危險分子。一天，在學校步行回家的路上，遭到槍擊，他當場死亡。服部真子到警察局報了案，警察們例行公事地作了現場勘察，認真地走了過場，就無限期地拖了下來，一拖就是三年。服部真子心裡明白父親是被誰害死的，她知道再怎麼找也不會有什麼結局。她要生活，要尋找親人，她只收到我一封信，幾次按我留下的地址給我寫信，均石沉大海，杳無音訊。這時滿洲林業株式會社在東京招聘辦事員，她應聘了。到東北後，她去安東的於家

溝山頂找過我，自然不可能找到我，也打聽不到我們一家人的信息。她不死心，她打算攢一筆錢，然後到東北各地找我。僅僅幹了一個月，木場就被抗聯攻破，她來到抗聯的隊伍裡。

這時，日本侵略者加緊了對東北抗日聯軍的討伐，實行集家並屯政策，東北抗日聯軍處於最艱難的時期。不久，楊靖宇和魏拯民將軍先後犧牲殉國。我們盼望上級能很快派來指揮員，好領導我們繼續打日本。終於有這麼一天，特派員顧劍秋來了，他說他是共產國際遠東部派來的，有正式手續和介紹信。他在莫斯科見過王明和康生，是王明、康生的得力助手。他這次是受命來整頓東北抗聯一路軍隊伍的，清查內奸和反革命。他幾次提到「民生團」分子。起始並沒有引起我多大注意。我們都是來抗日的，有內奸、反革命當然要查清，但我怎麼也想不到，災難竟會落到我和服部真子的頭上。

最近幾年，我專門對當年的「民生團」問題作過調查研究，情況基本弄清。在日本官憲指導下，由漢城的《每月申報》副社長朴錫胤等發起並組織成立「民生團」，以反共為目的，主要以朝鮮人為成員。「民生團」成立僅僅兩個月就自動解散了，並沒有產生什麼效力，但它卻在抗聯和地下黨內部產生了意想不到的巨大的破壞力。很多單位清查「民生團」時搞了擴大化，殺死許多革命志士。許多同志沒犧牲在敵人槍彈下，卻屈死在自己人的刀下。敵人利用了「民生團」的問題搞亂了我們的隊伍。抗聯最後失敗，部分原因是搞了「民生團」擴大化。當時是風聲鶴唳，草木皆兵，一大批優秀的幹部戰士就這麼稀里糊塗地被殺掉了。抓「民生團」分子是先從抗聯第二軍開始的，二軍與一軍合併成立第一路軍後，也在一路軍內抓起「民生團」分子。幸虧楊靖宇和魏拯民將軍及時發現，及時予以制止和糾正，為此楊靖宇將軍還寫了一首歌即《中韓民眾聯合歌》，就是針對這個問題，號召中韓民眾聯合團結，抗擊共同的敵人日本帝國主義。按說這個問題已經解決了，顧劍秋於此時此刻又重提這個問題，怎不令人深思？

形勢急轉直下，第一批被打成「民生團」分子的是章雪思的兩個朝鮮族通

訊兵，原因是他倆曾經用朝鮮語講過話。接著被揪出的是章雪思，他出身舊軍官，他有胃病，吃玉米粒時先用牙把玉米粒嗑碎然後再放茶缸裡煮，這是鑽進革命隊伍內的階級敵人吃不消苦楚的表現。接著被株連的是我。我是章雪思動員下山參加抗聯的，是章雪思介紹我入黨的，我留學過日本，當過土匪頭子，娶過女匪首做妻子，自然是奸細無疑。更糟糕的是我的那些弟兄也都成了「民生團」分子，包括我從安東帶來的那個小打。最可悲的是服部真子，也被打成「民生團」分子。她是我的妻子，顧劍秋說以前我倆即結成反革命聯盟，她到中國來並最終找到我也是有預謀有計劃的。在一個陰雨霏霏的傍晚，我們這些被打得遍體鱗傷的所謂「民生團」分子，被綁縛著押解到一條小河邊的平地上，顧劍秋宣佈了我們的「罪行」，全部判處死刑。

第一個被拉出來的是章雪思，他昂首挺胸，大聲疾呼：「我抗日是真心的，我堅信馬列主義，我沒有罪！我請求組織仔細審查我，或者只處死我一人，對其他同志採取審慎態度！」

這有什麼用？鐵石心腸的顧劍秋還是下達執行命令。

章雪思又請求：「我們的子彈缺乏，留下打鬼子吧，你用刺刀扎我吧。」

顧劍秋一揮手說：「可以！」

縛在樹幹上的章雪思被活活扎死，臨死時仍是高昂頭顱，眼望藍天。

第二個被拉出來的是服部真子。我們幾乎同時互相深望了一眼，她的目光充滿了迷惑、哀怨、淒婉。我一個錚錚男子，此刻竟無力保護我的妻子。

服部真子用不太流利的漢語說：「我參加抗聯是為了反對日本帝國主義，我愛中國。」

顧劍秋全然不理會這位弱女子的表白，他神色冷峻，咬肌突出，喊出兩個字：「執行！」

服部真子這時流淚了，用帶有哀求意味的口吻說：「我已經懷孕，請求緩刑，等孩子生下──」

她的話還沒說完，顧劍秋揮了一下手，她立即被拉到河邊的芳草地上。她

沒再爭辯，彷彿一個口訥而老實的文弱書生在暴徒面前不屑與之爭辯計較一樣，默默地在芳草地上站定。她最後向我瞥了一眼，這目光包蘊的內容是那麼複雜，只有我才能讀懂。淚水已經模糊了我的眼睛。

接著是我的那些響馬弟兄，這些人沒有請求，也不會講什麼道理，只會破口大罵，罵顧劍秋是日本鬼子的幫兇，走到我身邊時向我啐唾沫，有的人罵我：

「你這個敗家的，老當家的和女當家的家業全叫你給毀了！」

「到陰曹地府再和你算這筆賬！」

二十三、血染芳草地

我看事情是無望了，就向顧劍秋提出，讓我和服部真子緊挨著一起去死。她是那樣羸弱，需要我相隨相伴，需要我扶托。我要求和弟兄們一起走，我的血和他們的血流在一起，這也許能減輕我內心的愧疚感。顧劍秋那張冷酷的長臉扯動了一下，擠出一絲冷笑，眨著鼠目說：「殺了你？太便宜你了。你是骨幹分子，國際號的大特務，我要撬開你的嘴巴，挖出更多的東西！」

他狠狠一揮手，喊了聲：「執行！」槍聲響了，服部真子、小打、那些響馬弟兄全倒下了，血水染紅了綠草黃花，涓涓小河流淌著殷紅的血水。

我栽倒地上，嘴巴咀嚼著泥土草莖，嘴裡只能發出簡單的音節：「殺了我吧！殺了我吧！殺了我吧！」

顧劍秋就是不殺我。

我活得很艱難很痛苦。

我屬於重刑犯，被嚴加看管。顧劍秋用盡了各種刑法折磨我，讓我交代所謂國際特務的罪行，交代抗聯內部仍隱藏的所謂「民生團」分子。他用竹籤扎我的十根手指甲；用燒紅的烙鐵燙我的脊背；日夜輪番鬥爭，不許我睡覺，最多竟達到五天五夜不叫我睡覺，致使我昏厥過去，一週才緩醒過來；或者吊在樹幹上，一吊就是一整天，讓蚊子、小咬齧咬我，咬得我渾身虛腫，滿身結

痂，血潤全身。我抱定一死的決心，決不能誣陷一個同志。抗日殺敵需要人，而我們的兵員日漸匱乏。我決不能做一點兒有損革命的事情。我昏厥無數次，竟然奇蹟般地活轉過來。

顧劍秋見從我口中暫時挖不出什麼東西，就決定把我押送到蘇聯。他命令我在押解途中要配合他，否則隨時就可以處決我。

我說：「我願意去蘇連接受審查，搞清我的問題，搞清被你殺死的這些同志們的問題。蘇聯是社會主義國家，講民主講法制，我想我的問題很快就會搞清。」

他陰沉著臉，哼了一聲。

我還是太天真了，其實在中國都不想搞清的問題到蘇聯又怎麼會搞清。我對蘇聯並不瞭解，以為工農大眾當家做主了，自然是最講民主最講法制的國家。以後的事實證明我又是大錯特錯。當然去不去蘇聯不是我所能做得了主的，但由於一心巴火要去蘇聯，結局是，不僅毀了我大半生，而且還要另一個女人和一個孩子付出血的代價。至今回憶這事，還內心揪緊，心臟流血。

我說：「我一定積極配合，但你這樣捆綁押解，在敵人的眼皮底下這樣行走，我們能到蘇聯嗎？」

他狠狠盯了我一眼，沉思一會兒，才不情願地給我鬆了綁，但隨之就咬牙切齒地說：「路上你膽敢逃跑，我就就地正法！」

就這樣，我化裝成日本鬼子，他和他的通訊兵化裝成老百姓，一行三人向中蘇邊境轉移。在穿越安圖縣境一個日軍哨所時，他的通訊兵犧牲了，於是就我們倆結伴同行。露營時我主動搭蓋簡易窩棚，或採集山果野菜給他吃。有時我們竟堂而皇之地在集鎮上行走，我們身上都帶著足夠的錢，可以購買食品和日用品。

這樣同行幾天，我倆的關係緩解一些了，經常嘮嗑，分析敵人兵力佈置情況，選擇最直接最安全的行走路線。他可能已經意識到自己錯了，又把我當成同志了？我心裡稍感寬慰。

是呀，通過這些天的長途跋涉，如果我是敵人，我早已逃跑了，因為這樣的機會太多了。我甚至輕而易舉地就能把他幹掉，因為睡覺時他的鼾聲吵得我很難入眠，我時時刻刻都可以置他於死地，難道他還有理由懷疑我嗎？

有時，看著他醜陋的睡相，想起他殺死那麼多好同志，想起他對我施以酷刑時的凶相，我真想幹掉他，以解我心頭之恨。但不能，必須隨他到蘇聯把問題搞清，給那些被無辜殺死的同志平反昭雪，這是我、也只能是我所能做到的。真相搞清了，我將向法庭起訴他，這個雙手沾滿革命同志鮮血的傢伙必須受到法律的制裁。

我們計劃從琿春的敬信至圈兒河之間的地段穿越國境線。我要求把犧牲了的通訊兵的槍枝給我，由我掩護，他先過境，我緊隨其後越境。他考慮了一會兒，還是同意了。我們都化裝成日本討伐隊的軍官，佯裝追捕一個反滿抗日分子。鬼子的巡邏兵竟信以為真，因為我的流利的日語不由他不信。在邊境逡巡一會兒，趁鬼子兵一轉身之機，我叫他快速奔跑，我在後面邊喊邊追。鬼子的巡邏兵似乎明白了，向我們開槍了。我左臂負傷，流血不止，我一邊向鬼子還擊，一邊向邊界線靠近。我們終於越過邊境。我們勝利了，我高興得狂呼大笑。

這時，蘇聯的邊防戰士向我們跑來，用槍逼住我們。顧劍秋用俄語同蘇軍戰士交談。只見那個邊防戰士狠狠盯了我一眼，把我的槍繳了，把我們帶到哨所，找出一副手銬，抓住我的雙臂，狠狠地給我銬上了。我那隻受傷的左臂沒做什麼處置，還在流血，經這一番扭扯卡銬，直疼得我眼淚流淌，大聲呼叫。

「為什麼這樣對我？」我沖顧劍秋大叫，「難道你還懷疑我還不相信我還把我當敵人嗎？」

他冷笑一聲：「我多咱說你不是敵人來？」

「我一路上的表現還不足以說明一切嗎？」

「能說明什麼呢？難道我能被假象迷惑嗎？」

「什麼假象？那我是為了什麼？」我對他的分析判斷十分不理解。

「這個你應當明白，」他又那麼神氣活現、盛氣凌人了，「我可以作這樣的解釋：為了騙得信任，更深地隱藏，還能打上共產國際的印信！苦肉計，但並不新鮮！」

天哪，可惡的懷疑狂，可怕的唯心論。

二十四、柳暗花明又一村

我和顧劍秋被蘇聯邊防戰士押解到蘇聯邊防軍的哨所。顧劍秋同蘇聯邊防軍一名中尉軍官用俄語交談一番。那時我還不懂俄語，不知他們談的是什麼，我猜測不外乎是我的所謂特務內奸的事情，這從那位軍官不斷地點頭和用警惕的目光掃視我就可以印證。

中尉軍官打過電話，過了好長時間，一輛蘇軍小汽車開了過來。他們把我押上汽車，如臨大敵一般，這位軍官同顧劍秋坐在我的兩邊，把我夾在中間，嚴密地監控著我。

先是到一個類似衛生所的小醫院，給我打開手銬，由一個蘇聯女醫生給我做了處置。我的傷是屬於擦傷，沒傷筋動骨，子彈也沒殘留體內，但手術時也是疼痛難禁，我大聲呼喊。那位女醫生惡狠狠瞪了我一眼，我體會到囚犯被蔑視被虐待的滋味。

我又被推上汽車，向縱深地帶駛去。約莫走了半個小時，來到一個蘇軍據點。後來我才知道，這就是蘇軍邊防站。

我在蘇軍邊防站被監押半年多。是囚徒式的待遇。見不到顧劍秋，我又不懂俄語，既不提審也不釋放，我的心情十分苦悶。

乍開始我很不適應鐵窗生活。我狂呼亂叫，我要求提審我，我要求見顧劍秋。其實這全是白費力氣，因為他們根本聽不懂我的語言。我的生活是：每天刻板式的放風、倒尿桶，還有兩頓沒有一滴油花的一碗菜湯和二兩面包片。

半年過後，我終於安定下來。我自己給自己說，我要活下去，要頑強地活下去。這不單單是為了延續我個人的生命，我清醒地意識到，我肩上的責任很

重，我要為章雪思、他的兩個通訊員、服部真子、小打、那些弟兄們討個說法找個公道。他們的形象總在我眼前晃動，不搞清他們的問題我心中有愧。當初我積極主動要求到蘇聯來，路上吃了那麼多的苦，不就是為了這個嗎？我不能這樣窩囊自己憋屈自己，悒鬱成病含恨而死豈不正中顧劍秋的下懷？

我的情緒穩定了，我想的是如何克服艱難困苦，度過這一關，留得青山在不怕沒柴燒。我的適應鐵窗生活的基本功就是這麼練就的。

這一天，顧劍秋總算露面了。他和蘇軍邊防站一個上尉軍官提審了我。半年多我第一次聽見漢語，即使通過顧劍秋的嘴說得那麼惡毒難聽，我也感到親切。這是被單獨囚禁在異國他鄉的人才會有的反常的感覺。

從此我下定決心，一定要儘快掌握俄語。

顧劍秋臉上罩著陰氣，似乎還有點兒沮喪。他依舊給我羅列莫須有的罪名，並擬了提綱審問我。他要我老實交代。有的我承認，如留學日本、當過匪首、娶過女匪首、與日本女人服部真子結婚，其餘的我都頂了回去。概括地講：我不是特務內奸，我參加抗聯就是為了打日本鬼子，那些所謂罪名都是強加於我的。我倆的問話和答話，顧劍秋都用俄語翻譯給那位軍官聽。

那位軍官面部表情莫測高深，既不頷首也不搖頭，既不橫眉立目，也不喜怒於色，且始終一言不發。

我心下想，真是個老練的對敵鬥爭專家。我有點兒忱他。因為我不知道他想幹什麼和不想幹什麼。聽說蘇聯的肅反很厲害，我擔心他或許打個手勢，或點一下頭，就會有一個士兵闖進來，拉我到外邊，一槍結果了我的性命，再隨便安上個罪名，我可真是無處去說理了。

這樣的呆板無聊的提審進行了一天後，又把我送回監號，一切復歸原貌。自然又不見了顧劍秋。

我不知道顧劍秋的葫蘆裡到底賣的是什麼藥。

這時我的傷口逐漸癒合，竟然沒留下什麼殘疾。我的心情也平靜下來了。因為二十天來我擔心的事並沒發生，他們並沒有對我採取什麼行動。

後來我從俄國女翻譯杜佳口中得知，這半年多來，顧劍秋四處碰壁，事事不順利。設在海參崴的中國駐共產國際遠東部的那個吳同志走人了，連辦公室的門也上了鎖。找不到吳同志，就無法處理我的問題。他還專程去過莫斯科，企圖找到王明、康生。但王明、康生卻早已回到延安，莫斯科的中共中央駐國際共產代表團也關門大吉，只有一個留守人員。這位留守人員，其實是聾子耳朵——擺設，問啥啥不知，請示啥啥做不了主，看樣子此人也懶得攬這無邊無沿茫無頭緒的破案子。

原來中共滿洲省委在一九三二年以前是直接歸設在上海的中共中央領導的。中共中央遷到瑞金後，滿洲省委就直接與中共中央設在上海的上海中央局聯繫。其聯繫渠道有二：一是陸路，即從上海乘火車到東北；二是海上，即乘上海與海參崴的定期客輪，再從蘇聯進入東北。因為此時日本帝國主義已用槍炮製造了個偽滿洲國，陸路無法通行，只能通過海上運輸轉到海參崴再與滿洲省委聯繫。一九三四年，上海中央局被破壞，東北黨與東北抗聯就由駐共產國際的中共中央代表團實施聯繫指導。中日戰爭爆發，王明、康生先後回國，駐共產國際的中共中央代表團形同虛設。而東北黨、東北抗聯就與中央全部斷絕了聯繫。

顧劍秋處於兩難選擇。他找不到正頭香主，到處碰壁，手中的經費也不多了。他拿我沒辦法，如同手中捧了個刺蝟蝟，扔了可惜，捧著又扎手。

正在這時，先後過境到蘇聯的東北抗聯指戰員，與蘇方遠東軍取得了聯繫並達成共識，在蘇聯的海參崴附近和雙城子附近成立了南北兩個野營，把過境的東北抗聯三個路軍的指戰員集中起來。虧他顧劍秋想得出來，他竟把我送到南野營。真是山重水復疑無路，柳暗花明又一村。

顧劍秋鬆了口氣，總算暫時卸下了個包袱，再見機另出招法審查我的問題；我也鬆了口氣，暫時有了個落腳地。

命運把我推向南野營，想不到在我人生旅途上又步入了一個終生難忘的輝煌的天地。

二十五、戰友相逢南野營

南野營於一九四〇年冬天建立，位於海參崴與雙城子之間一個小火車站附近。因為它靠近雙城子，雙城子俄語稱為沃羅什諾夫克城，因為以俄文字母 B 打頭，所以又稱為 B 野營。所說野營，最初稱為東北抗日聯軍臨時駐屯所或訓練營，後來才改稱野營。由琿春過境的一路軍第二、第三方面軍及二路軍第五軍的部分人員都被編在南野營。野營的後勤供應和軍事訓練都由雙城子蘇聯駐軍負責。蘇軍派一名軍官、一名司機和一位名叫杜佳的女翻譯來南野營參與聯絡及日常事務的處理工作。野營過著軍事化生活，主要從事軍訓，並進行思想和組織的整頓，再有就是參加勞動。目的是休整後重返東北戰場，與日本鬼子作戰。

這地方又叫二道溝、蟆蟆塘，山巒起伏，森林茂密，是個理想的休整場所。當時有抗聯指戰員約二百人。條件很艱苦，指戰員們除了正常的軍事訓練及學習以外，再就是伐樹蓋房，採石鋪路，種菜捕魚。

蘇德戰爭爆發後，南野營和北野營合併，成立了抗聯教導旅，實行營、連、排建制，納入蘇聯遠東方面軍編制。教導旅人數約一千五百人，從旅的組成人員看，是中、朝、蘇三國人員混合編成，又以國際主義的名義進行活動，所以又稱國際旅。為了活動方便、供應有著落，才叫教導旅，名義上暫由蘇聯遠東方面軍總部代管，領取了「蘇聯紅旗軍步兵獨立第八十八特別旅」的正式番號，所以又稱之為八十八旅、步兵獨立旅。旅長周保中，副政治旅長（政委）為李兆麟，副參謀長為崔石泉。我只是在南野營待過，組成教導旅是我離開南野營以後的事情，不論是南野營北野營，也不論是教導旅，在抗擊日本侵略者並最後解放東北國土的鬥爭中，都做出了卓越的貢獻。我能成為其中的一員純屬偶然，這個還應感謝顧劍秋，顯然這與他的初衷是相違背的。

顧劍秋為了便於徹底查清我的所謂重大問題，就把我送到南野營，對南野營的臨時黨委作了交代。不外乎我有重大特務、內奸嫌疑，放到南野營羈押監

管，等候進一步調查處理。交割完畢，他又行色匆匆地走了，走之前又對我來了一番敲山震虎：「你必須深刻反省問題，老老實實交代問題，別存在僥倖心理。我決心已定，不搞清你的問題，我誓不罷休。我寧肯花上一輩子時間，不管多困難多麻煩多艱險，我一定把你特務、內奸的嘴臉暴露出來。革命隊伍是純而又純的，決不許隱藏一個階級敵人。如果你現在有所悔悟，能交代問題，還為時不晚，還可以考慮從寬處理；如果你不思改悔，一旦把你的問題搞清楚了，等待你的將是嚴厲的懲罰！我對你的期望值很高，不的話，在芳草地一槍就可以消滅你的肉體，之所以沒那麼做，就是要挖出你背後的人，一個隱藏很深的國內外階級敵人網絡！」

他說得信誓旦旦，又活靈活現，我總以為他腦子出了問題。

我報之以冷笑：「我不會做偽證的。還是那句話，你搞錯了，我不是敵人，你幹的事恰恰是幫了敵人的大忙。我希望你儘快查明問題，否則就無顏對待被你錯殺的那些好同志！」

「錯殺？好同志？」他冷笑著，牙齒磨得咯咯作響，「別以為到了南野營你就有了章程了。你錯了，這是代我羈押，你的命運攥在我的手心裡，誰也救不了你。待你的問題徹底弄清後，共產國際將會爆炸出個新聞，看，國際特務、內奸已打入抗聯核心部門，階級鬥爭是多麼尖銳複雜。我對見到這一天是充滿信心的。」

他陶醉在自我製作的幻想之中。我細心觀察研究這個人，為什麼對製造階級敵人這麼有興趣這麼感到幸福快樂？而我可以肯定，他絕不是特務、內奸、階級異己分子，他應算革命營壘中的人，那麼他的腦子是怎麼了？我對他剛才的一番連唬帶蒙的話語非常反感，淤積多少天的憤怒遏制不住了，我頂撞了他：

「這一天你永遠不會見到的，因為我對我自己充滿了自信！」

「咱走著瞧！」

他鼠目發出的光像錐子，直扎我的眼皮，但我沒眨巴一下眼睛：「我奉

陪！只是請你把速度放快些！」

他悻悻然地走了。

我一撒目朝我圍攏過來的南野營的人，覺得這些面孔都很熟悉。原來大都是一路軍的人，過去我曾跟他們有過接觸，有幾個同志跟我私人關係還很好。南野營的臨時黨委書記我也很熟悉。我感到像到了家。

但我畢竟是顧劍秋押解來的人（顧劍秋說我有重大問題，他們聽了直伸舌頭，十分詫異，繼而又搖頭，不相信），所以只能聽之任之，採取低調的方式，不介入的方式。不過待遇上大有改變，解除了所謂監管，我可以和野營的同志們共同生活共同勞動共同學習。

有一天，一個抗聯戰士問我：「沙幹事，」我在政治部工作時他們都這樣稱呼我，「我總覺得這事玄天玄地的，哪有那麼多敵人？這『民生團』，可搞苦了我們了，要不然我們也不至於慘到這一步！」

我無法回答這位好心同志的話語。

南野營的臨時黨委書記出於對我的關心，這一天找我談了話，讓我說說事情的來龍去脈。

我就把我的經歷複述了一遍。他聽了後說：「這些事一路軍的人都知道呀，楊靖宇、魏拯民同志也瞭解呀，還有什麼可翻騰的？」

我說：「還不是那個該死的『民生團』整得我好苦呀！」

他一聽，臉兒就白了。

二十六、愛情的浪花

我終於落下眼淚來。

我含淚細說了章雪思、服部真子、小打及我的那些弟兄們被顧劍秋殘殺的經過。

他臉色蒼白，扼腕嘆息道：「太凶殘狠毒了，怎麼能這樣整自己的同志呢？」

他也淚流不止。

這位臨時黨委書記是朝鮮族，當初也曾被打成「民生團」分子，被關押，等待處決。他設法逃了出來，找到總指揮部，向楊靖宇將軍面陳自己的冤屈，才撿了一條命。不用說，他最瞭解大搞所謂「民生團」的情況，他對我的處境自然理解，也十分同情。

他說：「如果你沒有其他問題，僅僅這些事，我敢給你擔保。待幾天周保中、李兆麟將軍來南野營視察，我一定把你的情況向他們反映，你也當面向他們陳述一下。他們現在在海參崴辦公，過幾天就來。」

我盼望這一天的到來。

這一天，周保中和李兆麟將軍真的來了，聽了南野營領導的匯報，看了指戰員學習、生活和軍事訓練情況，鼓勵我們練好兵，有了本領，以後好過江殺敵。他們分頭給我們作了政治報告，講了國內外政治形勢。通過他們的報告，我才第一次聽到黨中央的聲音，才第一次知道在黨中央、毛主席領導下我八路軍、新四軍正浴血奮戰在抗日的最前線。我很受鼓舞，激動得哭了起來。

說到此處，周保中將軍冷不丁撒目一下會場說：「沙少庚同志在嗎？」

我答應一聲，站了起來。

他擺了下手說：「你坐下吧。你的事我知道了。有些人就是要亂整，打橫炮，總跟自己的同志過不去。他們要幹什麼？沙少庚同志我認識，有過接觸，工作很出色嘛。什麼特務，什麼內奸，全是胡扯！難道整自己的人還嫌不夠份兒嗎？是日本人給他們開工資了吧？要不為什麼這麼賣力地打擊自己的同志？」

李兆麟將軍插話說：「從現在起宣佈平反，一切不實之詞一風吹了！」

我熱淚盈眶，我盼望的這一天終於來了。沒這個經歷的人就不會理解一個遭誣陷被迫害的同志又重新得到組織的信任和同志們的歡迎的激動狂喜的心情。

兩位將軍跟我緊緊握手，安慰我鼓勵我，要我放下包袱，練好本領，重返

戰場，殺敵立功。

　　就這樣，我成了南野營的正式成員。我被安排在臨時黨委工作，仍然搞宣傳和聯絡工作。

　　我的奇特經歷和遭遇，也像故事傳說一樣在南野營裡流傳開來，連蘇方人員也都知道了。

　　跟我接觸較多的蘇方人員是女翻譯杜佳。她是個藍眼睛紅頭髮的俄羅斯姑娘，皮膚白皙，身材苗條，是個標緻的美人兒。她父親是莫斯科大學的教授，是漢學家、歷史學家，她母親是個工程師。杜佳自幼就受到良好的教育，也攻讀歷史學和漢學。大學一畢業，就參軍來到遠東，在部隊做漢語翻譯。她是中國通，說一口流利的漢語，對中國問題很感興趣，也頗有研究。

　　例行工作之餘，她就向我討教有關中國歷史、宗教、民俗、民族、文學等方面的問題，還請我教授她日語。她想學日語。我答應了。同時我覺得我應該儘早掌握俄語，就向她提出，要她教我俄語，她也欣然應允了。

　　我已經經歷過兩次愛情，結局都是悲劇性的。我對愛情這兩個字心存恐懼。哀莫大於心死。愛情已與我無緣。愛情跟誰有緣誰就去享受愛情吧，我不配再享受愛情。我已是心灰意冷了。我曾分析過我自己，得出的結論是：我心中怕是永遠也激不起愛情的浪花了，因為我的心已死。

　　可是事與願違，我胸中忽又燃起愛情之火，就連我自己也未曾預料到。

　　杜佳，這個俄羅斯姑娘，以她的大膽和潑辣，終於把我這顆死了的心扇活了。

　　後來，我在長時間的冷靜思索中，我把這歸結為不可知不可逆料的命運之神在冥冥作怪；但又一想這一切又很合乎事物的發展邏輯，這不僅僅是古人所說的「飲食男女人之大欲」使然。想想，她，一個漢學家、史學家的女兒，一個同樣是漢學家、史學家的俄羅斯女人，一個十分喜愛中國傳統文化的俄羅斯女人，能對我產生愛情似乎是順理成章的事情。我的留學日本的經歷，我的木把、土匪的傳奇生涯，加以我當時還算瀟灑倜儻的外表，的確能在一個俄羅斯

姑娘的心湖中激起層層漣漪。我的曲折的經歷和兩次結局悽慘的婚姻不僅不是我們互相接近的阻力，似乎反倒成了動力。少女的心就是這麼天真善良。在她的心目中，我是當代英雄，是雄性十足的男子漢。這是我們婚後她親口對我說的。

我們相親相戀了，我們決定結婚了。這樁異國婚姻在當時並不奇怪，也沒太大的障礙。過境的中國人和蘇聯人結成伉儷的事例屢見不鮮。這是特定年代的特定事物。我們很容易就辦完了結婚手續。

不知為什麼，此刻我心中忽又產生迷信念頭。前兩次婚姻都沒什麼莊重儀式，這是否是以後婚姻不幸的預兆？這回我決定，不論經濟如何拮据，條件如何艱苦，也要把婚禮辦得像模像樣。

她的父母從莫斯科趕來，兩位老人對我這位新姑爺很滿意。婚禮是按俄羅斯習俗操辦的，但沒有神父也沒有教堂，是完全革命化的。南野營的全體指戰員參加了婚禮，伏特加喝得很解癮，舞也跳得很開心。同志們給我們的新房佈置一新。我們的婚姻很幸福。杜佳樂得整天又唱又跳，她小小的心房怕是裝不住盛不下這般甜蜜和幸福。

但事實證明這樣喜興的婚禮也沒有阻擋住厄運的降臨，怕是我一生的命運就該是多難而坎坷的，我一生就不該有終身幸福的婚姻。

二十七、南野營被劫持

這一天，一輛蘇軍小汽車停在南野營的門口，從車裡走出一名蘇軍上尉和一名蘇方文職官員。他們徑直走向南野營臨時黨委辦公室。南野營平素很少有汽車出入，來了一輛車，自然引起大家的注意。但我一點也沒想到，來的這輛小車竟和我有關。

大約過了一個小時，野營的領導把我叫到辦公室去，介紹我與這兩位蘇方人員見了面。他們表現得彬彬有禮，也很客氣，並把已經經過野營領導過目的信函又給我看了。這時，我的俄語水平已經大有進步，不僅能讀懂俄語，甚至

可以流利對話。原來蘇聯遠東軍經常和日本關東軍交涉事宜，需要懂日語的人才，現有的日語翻譯不夠用，正好最近有一項活動，想借用我一兩個月。我既懂日語，又懂俄語，這是求之不得的人才。

我望了一眼南野營的領導，從他們的目光中我明白，他們似乎也同意。杜佳也在現場，也沒表示出異議。既然是革命工作的需要，我沒理由不答應。而且，這樣的事情以前也經常有。在建立南北野營之前，中方過境人員不少被派去集體農莊勞動，或到工廠礦山當苦力，有的被派去搞情報工作。野營建立後，這樣的事情不斷，往往在夜半時分，野營裡的蘇聯軍官直接派某某人的差，叫此人穿好衣服立即出發。連長和指導員在起床之後才發現少了某某人，而野營黨委更不知詳情。為此，周保中和李兆麟將軍曾直接與蘇方交涉過，近期這樣的事情少多了。今天人家是帶著介紹信來的，又這麼客氣，中方無法拒絕，我也沒有理由不去。

我當時也很忙，一大堆工作等著我處理，況且杜佳已經懷孕四個多月了，需要我在跟前照拂。我算計了一下時間，頂多兩個月，杜佳臨產前我怎麼也能趕回來。其他工作先放一下，待我回來後再加班處理。我什麼東西也沒帶，跟大家簡單告別就上了汽車。

到了海參崴，汽車在共產國際遠東部的樓前停下。我心裡咯噔一下，就覺得不對勁。我們下了汽車，進了遠東部那間陳舊骯髒的辦公室。室內光線很暗，也很凌亂，卷櫃敞著門，裡面塞滿了報紙、雜誌和一本本卷宗。這時，從另一間屋走出一個中國人，我不認識，他衝我冷淡地點點頭。

「你就是沙少庚？」

「是的。」我說。

他翻了一下眼皮，露出偏多的眼白，面部毫無表情，打量我一眼，沒說什麼。

他轉身同蘇方人員寒暄一陣，我聽懂了他們的話，是感謝蘇方的大力幫忙；蘇方人員說沒什麼，這是尋常的工作。蘇方人員向我告辭，並熱情地握手

擁抱。

「沙少庚，有人要見你！」蘇方人員一走，他就朝我大聲喝道。

我愣愣地豎在那裡。

這時通往裡屋的門開了，先是輕咳一聲，接著走出個人來。我往細一看，大吃一驚，此人正是顧劍秋。

他狠狠瞪了我一眼，徑直走向一張轉椅前坐下，拾起桌上一隻空茶杯，不斷在手裡旋著。他沉思片刻，嘴角蕩起一絲嘲意：「沒想到吧，我們又在這兒見面了。你活得很滋潤呀，又是結婚又是學俄語的，又是搞宣傳又是跑聯絡的，就單單忘了你是老幾。是誰給你這些權力的？遠東部和共產國際可沒下這個指示。」

他又拿出遠東部和共產國際來嚇唬我。我心中有底，我是南野營的人，我的問題已有結論，你顧劍秋再也奈何不了我了。

「是周保中和李兆麟兩位將軍給作的結論，你可以跟他們交涉，他們就在海參崴！」

他咆哮起來：「跟他們交涉？我認識他們是誰？我是共產國際的人，他──」他指了下站在一旁的那個中國人說，「是遠東部的吳同志，是中共代表團駐遠東部的派出人員。我們都是抓叛徒、特務、內奸、反革命的。我就不信你能是好人！我就不信抓不住你的證據！你的問題從案發到現在都在共產國際的視野之中，王明、康生對此事很關心，你是逃不脫的。只有我們兩人才能決定你的命運。將來總有一天，看是我們正確還是他周保中、李兆麟正確！」

我說：「就我所知，王明、康生已回延安了，你能代表共產國際嗎？」

「他們是回延安了，但他們臨走之前有指示，現在也有聯繫。一句話，決不能手軟，堅決查出一切隱藏的敵人！」

我知道他的話有一半真有一半假，他說最近與王明、康生有聯繫我就不信。

「你要把我怎樣？」

我瞪了他一眼，我說話的底氣很足，我自認我不是在長白山裡任他擺佈的那個沙少庚了。

「隔離審查，交代問題！」

「你總不能不和周保中、李兆麟將軍打一下招呼吧。」

我的意思很明白，你個光桿司令竟敢推翻周、李兩位將軍的結論。

「會通知的。」他用「通知」一詞，「至於何時通知用什麼方法通知，這是共產國際及遠東部的事，就不勞你操心了。從現在起你要改名！叫什麼好呢？」他在地上踱步，「就叫沙剋夫吧！」

「為什麼？」我大聲抗議。

「為了審查工作的需要！」

「我要見周保中和李兆麟將軍！」

一提到周、李二將軍，他就氣不打一處來，吼道：「他們救不了你的命！你是在我們掌握之中。」

「你們這是劫持，卑鄙的詐騙！」

他一副小人得志的派頭：「為了革命，也不拒絕運用點兒小策略。」

「手段的卑鄙證明你目的的卑鄙！」我引用列寧的話。

「你——大膽！放肆！」他氣急敗壞。

二十八、相逢在隔離營

我低估了他的能量，事實證明他還是很有根基和活動能力的。

我要求打電話與南野營的領導和杜佳告別。他說：「沙剋夫，記住你的名字，從現在起你已被剝奪了自由，要不要打電話，跟誰告別，這是由我們決定的！」

他向那位他稱之為吳同志的中國人努了一下嘴，吳同志馬上出去，不一會兒就進來幾個彪形大漢，自稱是蘇聯內務人民委員部的人，他們掏出手銬就把我銬上了，推搡出門。門外停著一輛小車，他們硬把我塞入車內。

「你們要把我送到哪兒去？」我極力掙紮著。

坐在前排座的顧劍秋一副得意的神色：「到時候你自然就會知道了。」

顧劍秋一行把我送到伯力城的蘇方內務人民委員部，他是如何交代的，我是不得而知的。反正幾位彪形大漢不見了，奇怪的是從此顧劍秋的蹤影再也不見了。他蒼蠅似的身影在我身邊消逝了，但卻給我留下一連串的災難。

他的行蹤一直是個謎。我曾猜想，他可能還在繼續網羅我的所謂罪行，不達目的誓不罷休；也可能蘇聯衛國戰爭期間一切全打亂了，他死於戰亂，或蟄居居於某個地方；最大的可能是回國了。後來證明我的第三種判斷是正確的。一九五八年回國後我才知道，他離開我不到一年就回到延安了。我的問題他並沒向黨中央作匯報，不知他是否找過王明和康生。反正，他是把我一人扔到蘇聯監獄一走了事。我得知此情況後，真是怒不可遏，氣憤填膺。他對一個人怎麼這樣不負責任？他對一個人的命運視若兒戲，這麼些年他竟能心安理得一點兒也不受良心的譴責。

蘇聯內務人員委員部對我審問了一次就擱置下來，就把我投入監獄，一關又是一個月。

終於有一天，監獄的看守又點我的名字。這回不是審問，卻把我與上千名中國勞改犯集中一起，分頭裝入大型載重汽車，送到伯力近郊的遞解站。在遞解站又住了兩個星期，又被裝入運牲畜的帶篷的火車車廂裡，送往中亞的卡拉干達。車裡沒有床鋪，就睡在滿是牲畜糞便的地板上。其他的客貨車都正點停發，我們這輛車得給人家讓路，插空隙時間運行。只有三四天的路程，我們卻走了半個月。到達卡拉干達，按營、連、排分開，全部到鐵路第一線當苦力。這些中國犯人大都以「託派」「反黨分子」「阿根特」（奸細）和「波哥」（越境犯）的罪名被關押的，大都判處五年左右的刑罪。我的案子始終未決，就以未決犯名義被糊裡糊塗地當作「澤克」（囚犯）投入勞動營。

生活相當艱苦，比我當木把的生活好不到哪裡。住的是用土坯蓋的大房子，每棟房住一百二十人，每天供應六百克面包，外加一碗清湯。

不是說工人階級無祖國嗎？當時我就把自己當無產階級，我不認為我是「澤克」，我是被誤解了的共產黨人。我信奉馬克思、列寧的學說，哪兒都是我的祖國。我奮鬥的終極目標是解放全人類，實現壯麗的共產主義事業。當時蘇德戰爭已經爆發，一切為了前線，一切為了戰爭的勝利，再苦再累我也能忍受，也心甘情願，因為我以為我是為無產階級偉大事業做貢獻。戰勝德國法西斯，也包含著抗擊日寇、解放中國的內容。我內心很充實，渾身上下所有的細胞所有的潛能都調動起來發揮出來，釋放出超人的能量。就是累得餓得倒在地上不能動彈時，我仍然高呼「蘇維埃，烏拉！」我自喻為保爾‧柯察金，雖然我的身分還是「澤克」。

我發現修建火車站地基所用的水泥標號不對，就寫出報告送給蘇方監工人員，請他轉給勞動營的政委。但未被理睬。我感到灰心喪氣，也為工程擔著份心事。果然不出所料，工程還沒建到一半，就發生坍塌事故。我內心非常難過。但怎麼也沒想到蘇方監工人員卻把責任推給我們這些中國「澤克」。不說水泥質量不合格，卻說我們是有意破壞。我們這些中國「澤克」由此就從勞動營被投進「隔離營」。隔離營關押的是重刑犯，四周拉著雙層鐵絲網，崗哨林立，荷槍實彈的蘇軍士兵在隔離營周圍日夜巡邏。沒有床鋪，就睡在水泥地上。每天每人四百克面包，幹的是打炮眼、裝火藥、炸石頭的又累又苦又危險的活兒。稍有反抗，就可以就地正法。

隔離營分左區和右區。右區監押男「澤克」，左區監押蘇聯的女「澤克」。

這一天我出工打石頭，遠遠地見一個年輕的女「澤克」用異樣的目光瞅我。其實我已經感覺到這雙目光瞅我好幾天了。她是誰？她身上的線條和習慣動作我覺得好熟。我心想可別是她。又一想這是不可能的。我的杜佳此刻正在南野營做翻譯，等我的案子了結了，我就去找她，夫妻團圓。我想哪去了，杜佳怎麼會到這鬼地方。

但這女人確實是杜佳。有一天，我們這些男「澤克」列隊出外幹活，恰好與同樣列隊出外幹活的女「澤克」們擦身而過。幾乎是同時，我們互相認出了

對方。我們不顧一切禁令和可能招致的辱罵、毒打和處決，相擁相抱在一起。

她紅色的頭髮散亂，失去了耀眼的光澤。穿的是不合身的襤褸的囚服，消瘦不堪，幾乎弱不禁風，顯然是管養不良的結果。僅僅半年，她就蒼老了許多，皮膚黧黑，魚尾紋已爬上眼角。

監押我們的蘇方士兵先是一愣，繼而如臨大敵一般衝了過來，強行分開我們，我倆同時挨了無數拳腳。我分明見到杜佳嘴角淌血，但竟衝我淒然一笑，露出一排雪白的貝齒。

杜佳怎麼能到這裡來？這事攪得我五內疼痛。她懷孕了，那麼孩子呢？還有她的父母呢？

二十九、相聚又別離

隔離營的情況突然出現了可喜的改觀。火車站坍塌事故終於有了結論。蘇方請來有關專家到現場進行勘查，作了技術、質量、材料方面的鑑定，結論為造成事故原因不在於施工方面，而是水泥標號不夠。又查出我寫給勞動營政委的那份報告的下落。原來這份報告由施工人員轉給政委的秘書，而這位秘書卻把它壓下了，就是說政委壓根兒沒見到這份報告。我們這些中國「澤克」的冤案平反了，又都從隔離營回到勞動營。我本人也受到勞動營的表揚。因為我屬於未決犯，又找不到原單位，也就談不上減刑了。但從此勞動營的領導對我有了好印象。我就趁這機會向政委匯報了我與杜佳離散又相逢的經過。這位政委挺熱心，就與隔離營領導通氣，破例讓我與杜佳見了一面。

這是怎樣一種令人肝腸寸斷的場景呀！她，一個天真稚氣的小女子，承受這樣的打擊和迫害，卻又顯得那麼豁達開朗，還是那麼淒然地微笑，沒有哀傷悲切，沒有抽噎哭泣。除了形象發生巨大變化以外，彷彿什麼都未曾發生。這反倒使我更悲哀更痛楚。

我以為她是強裝出來的剛強的樣子，一是蘇軍士兵就在近旁監視，二是怕增加我精神負擔。其實不盡然如此，以後的結局證明，我的這個判斷是錯誤

的。

　　她告訴我說，她的父母背叛了祖國背叛了人民，成了可恥的德國內奸，得到應得的下場，被處決了。她要與反動透頂的父母劃清界線，好好改造，將來成為對蘇維埃政權和建設共產主義事業有用的人。

　　她對生活對未來充滿信心。

　　我問她為什麼被投進隔離營？她說很簡單，這樣的反動父母自然要影響並連累自己，自己只有脫胎換骨，加強改造，才能回到人民中來。

　　看來她是心悅誠服地接受了血統論。

　　我問她對我的看法。她很坦然地說，我是好人，是被誤解被冤枉了的好人。南野營的領導和戰士都這麼認為。南野營的領導壓根還不知道我被監押，還盼我回去工作哩。

　　我問她，她的被收監與我有無關係。她說可能有，因為內務人民委員部的官員在審問她時曾提到我是日本特務，是打入抗聯內部的奸細。

　　我告訴她，我是被欺騙被劫持到這兒來的，是那個顧劍秋搞的鬼。

　　她睜大眼睛，頗為驚奇：「難道還有這樣的事？」

　　我說事情就是如此，我太天真太傻氣了。我說這話既表白了我的心跡，也暗示她要多動腦筋，獨立思考，我總覺得她的父母不像德國內奸。蘇聯的肅反我可是知道一些。尤其進了勞動營、隔離營，聽得見的更多了，簡直叫人怵目驚心，不可想像。從中央到地方的內務人民委員部就是製造冤假錯案的大小衙門。單以素有紅色拿破崙之稱的原國防人民委員圖哈切夫斯基元帥為例，在二十世紀三〇年代大清洗時被定為德國內奸被處決，他的妻子、兩個兄弟和女兒也同時被處決，他的三個姐妹也被關進集中營，他的母親和妹妹就是死於流放中的。由此株連面之廣更令人膽顫心驚：軍隊中五個元帥有三個被殺，五個一級集團軍司令有三個被殺，十個二級集團軍司令全部被殺，一百八十六個師長有一百五十四個被殺，六十四個政委有五十八個被殺，四百五十六個上校有四百零一個被殺。

這些話又不能對她明說，只能點到為止。想不到她天真得有點兒發愚，純潔得太透明，她根本就沒從另幾個角度去理解我的話。她最多的是詛咒希特勒法西斯和類似她父母的那些內奸、破壞分子和反蘇分子。

我嘆了口氣，只好轉移話題。

「那，我們──」我在掂對詞句，「孩子──」

她咯咯笑了起來，說孩子好玩極了，小男孩，漂亮極了。

我急不可耐地問：「孩子在哪兒？」

她這才想起孩子，揉了揉乳房，說孩子該吃奶了，可是沒有奶，只能嚼面包屑給他吃，面包也不夠吃，很瘦很弱。

「怎麼？」我大吃一驚，「孩子在你身邊？」

蘇聯的法律也規定，哺乳期的女犯可以假釋，不收監，而她竟帶著孩子服刑，其苦其慘可想而知。

我流著眼淚說：「杜佳，這不行，你和孩子都要垮的。」

我腦子裡閃出一個念頭：我屬於勞動營的未決犯，勞動營的領導對我還不錯，我應該把孩子接過來，由我撫養。我向她提出了我的想法，她側著頭倒是認真地思索一會兒笑著說：「你會帶孩子？」

我說我可以學著來，我這邊的條件比你那兒好些。等孩子大了，我們的案子了結了，咱再團聚，可以在蘇聯住，到中國去住也行。

她天真地笑了：「去中國看看行，但最後還是要回蘇聯居住，社會主義蘇聯是我的母親，是我可愛的祖國。」

我被她的真情感動了，竟淌下熱淚，順著她說：「就依你說的辦！」

「那麼你就把孩子接去？」她笑得很甜蜜。

「就這麼定了！」我說。

會見時間到了。我們相擁吻別。我含著滾燙的熱淚，她漾著純真的笑意。

我向勞運營政委提出要帶孩子的請求，他竟然應允了。第二天，一個不滿週歲的小男孩送到我的手中。我打開包裹孩子的破舊小夾被，發現了杜佳寫的

一張紙條，是孩子的名字和出生年月日。孩子的名字叫沙佳。

從此我再也沒見到杜佳。她像一縷輕煙似的消逝了。大概是孩子送來的第三天，隔離營左區的女「澤克」們被分散流遣各地。杜佳自然無法同我和孩子告別，好在那張紙條的背面寫著清秀的俄文：「吻你！」這也算是我們有意義的分別吧。

三十、雪墳前的鮮花

沙佳黑頭髮黑眼珠，高鼻樑深眼窩，皮膚像她母親一樣白皙光澤。勞動營多了這麼個小生靈，給大家平添了不少樂趣。大家都爭著抱他，說他長得漂亮。他不認生，誰抱他都笑。這可能是在隔離營養成的習慣。犯人們口糧不足，但沒有虧待小沙佳，幾乎每個人都口挪肚攢送給他一小疙瘩面包。沒有乳品，我只能嚼面包屑喂他。他大口大口地吃。沙佳竟然活了下來，而且面部也有點兒紅顏色，身體也胖了些。我從蘇聯回國後讀過長篇小說《紅岩》，小說中小蘿蔔頭的形象很感人，我邊讀邊流淚，因為我想起了我的小沙佳。

蘇德戰爭日趨激烈。德軍包圍了列寧格勒和莫斯科。形勢極為緊張，發生過集體處決獄中犯人的事情。我們希望蘇聯紅軍打勝仗，那樣我們才能保住性命。但形勢急轉直下，大片蘇聯土地被德軍占領，蘇聯紅軍的傷病員和來自敵占區的難民紛紛東撤，這更增加我們內心的恐懼和悲哀。

我們擔心的事情終於發生了。這一天，勞動營的氣氛很緊張。士兵全員出動，荷槍實彈。我們被命令收拾好行李物品，等待命令。最後命令下來了，讓我們分批轉移到不同的地方，並沒有發生我們擔心的集體被處決的事情。

我們這個連，約百多人，被裝上載重汽車，向北轉移。向北，一直向北。從較為溫暖的南方，走到寒冷的北方，穿越過只有冰雪的地方，還是向北走。路上補給困難，面包供應有限，冬裝也不齊全，但還是往北走。寒冷和飢餓嚴重地折磨著我們。求生是人的本能，在這種情況下我們竟然能夠堅持下來。這需要一種什麼樣的毅力和戰勝艱難險阻的決心啊！別人是怎樣的心理活動我不

得而知，我只知一切為了孩子，為了孩子能安然活下去，我的死活倒是無所謂的。一定要沙佳活下去，只要他活下去，生活總會有好轉的那一天。他來人世間一遭，總應讓他嘗到人世間的正常生活。

沙佳就是在顛簸流徙中，在飢餓嚴寒中長大了，並且過了三週歲。

這時，我們已停止了前進，我們總算定居下來了。

從卡拉干達出發，路過鄂木斯克、新西伯利亞，最後到達葉尼塞河出海口的迪克孫。從卡拉干達到迪克孫乘飛機要一整天時間，可是載重汽車整整走了一年半。

展現在眼前的是一片覆雪的丘陵，沒有道路，也沒有行人和車輛。眼前是昏昏茫茫的灰色世界。面對著浩瀚無垠的四季結冰的喀拉海，感覺不到一絲春的氣息，也沒有動的感覺。一切都凝固，包括人的思緒。

北極的冬天無晴日可言。從冬至起進入極夜期，長達一個半月的時間沒有太陽；而從夏至起又進入一個多月的極晝期，太陽二十四小時不落。

我們被押解進一個集中營裡，同囚犯和德軍俘虜關在一處。滿目是冰天雪地，沒有綠色，甚至很少見到裸露的黑土地。這是一個冰雪的世界，寒風肆虐，飛雪飄舞。沒有鮮花綠草，沒有人煙，動物也少見。吃的是粗糙的赫列巴和咸腥的海豹肉。沒有圖書，頂多只能讀到遲到半年的《真理報》。

沙佳不適應這樣的氣候，加上嚴重營養不良，本來已經會走會跳的他，忽又不會走路了。腦袋很大，四肢枯瘦。

我給他講故事，講中國的故事。那兒有平原，有高山，有江湖河海，有富饒的物產，有森林，有鮮花，有綠草，有蜻蜓，有蝴蝶，還有小鳥。他簡直以為那是神話世界，聽得入了迷。

我告訴他，我是中國人，他是中國人的兒子，所以他也是中國人。我們的祖國就是中國。講著講著我哭了。我想念祖國，我在異國他鄉只是個囚犯，沒有關懷，沒有憐憫，也沒有同情。什麼工人階級無祖國，騙人罷了。

我還告訴他，熬過寒冷就是春天，春天來了，我們就找媽媽去，一起走，

回到中國去。

他樂得手舞足蹈，喊媽媽，喊中國，喊鮮花綠草，喊蜻蜓蝴蝶。為了給他以形象感，我在白紙上笨拙地給他畫媽媽的肖像，畫中國地圖，畫天空的太陽，畫樹木花草蜻蜓蝴蝶和小鳥。他感到無限的滿足和幸福。

極晝季節，難得能在陽坡的土地上拾到一點兒苔蘚，我採來給他，他珍惜地捧在手裡喊：「鮮花，鮮花！」喊得我鼻子發酸，淚在眼窩裡轉。

偶爾能見到馴鹿、北極熊，這是他見到的有限的動物。

他經常生病，又無醫無藥，我束手無策。新年前後，他連續幾天高燒不退。我把他裹在懷裡，他汗涔涔的，燒得燙人。他其實已經轉成肺炎，囈語不斷。他兩手抱住我的脖子喊：「爸爸，春天，咱們回中國了，陽光多麼熱呀！曬得我都出汗了。花兒開了，草也綠了，小鳥在叫，蜻蜓蝴蝶在飛舞，我看見了，真美呀！」

我知道他是無望了，就含著淚隨他說：「是的，咱們回到中國了，這是我們的國家！看天多暖和，空氣多清新……」

他停止了夢囈，灼紅的臉頰緊緊貼著我的，咯咯笑著，嚥下最後一口氣。

我的可憐的未見到真實的五彩繽紛的世界的孩子呀！

我把他雪葬在離集中營不遠的地方。在他小小的雪墳前我用雪搏幾個雪饅頭，上面用彩紙染上紅點點，這算是給他的祭品。我每年都去看他的雪墳，做些雪饅頭，採來苔蘚擺在雪墳前。如果他地下有知，一定會挓挲著紅紅的小手喊：

「鮮花！鮮花！」

三十一、悲壯的洗禮

我們都關注蘇德戰爭的進展，直至二戰結束；我們更關注國內解放戰爭的發展，直到天安門上升起了五星紅旗。

我的問題該到了結的時候了，我多想立即回到解放了的祖國的懷抱之中。

但我現在不急於回國。這麼些年，我就這麼稀里糊塗地坐牢，沒人真正地審問過我，更不用說見到王明和康生了，就是顧劍秋的影子也見不到了。我之所以不想急於回國，是我心中有個企盼，有個情結。我要尋找杜佳，我要和杜佳一起帶著沙佳的屍骨回到中國。我要把兒子埋在中國的土地上。

但一直沒有杜佳的消息。

我給蘇共中央寫過信，但杳無音信，直到一九五七年，我才收到蘇聯內務部的信函。信函的內容有三：一是杜佳已於一九四三年被處決，經過審查，宣佈予以平反；二是給杜佳被處決的父母予以平反；三是我的問題由中共中央決定，現在予以釋放。

我最後的一個夢幻也破滅了。這些年我只是擔心她的身體健康情況，怎麼也不會想到她會被處死。她多麼熱愛她的蘇維埃祖國呀！連續給內務部去信，要求收斂杜佳的遺骨。過了半年，終於得到覆信：查杜佳屬於集體被處決，未保留遺骨。我又去信，要求到關押杜佳的監獄和處決杜佳的地方憑弔致哀。這個要求很快得到圓滿答覆。

內務部工作人員帶領我去了那個地方，乘的是飛機。看看地圖，再觀察一下現場，我十分吃驚。杜佳所在的隔離營離我們的集中營很近，不過百里，也是在北極圈內，也是在葉尼塞河的出海口。真是咫尺天涯呀！如果我知道她離我們那麼近，在夏日的極晝季節，我完全可以步行到她那兒去，還可以帶沙佳一起去，一家三口可以幸福地團聚，可惜竟失之交臂，這不能不說是人生中一大憾事。

隔離營裡已經沒有一個「澤克」了，只有幾幢長長的木楞房，有幾個留守人員在那兒看守。他們在夏季出去獵海豹、北極熊和馴鹿，並接待旅遊參觀者。很多遊人迷醉於北極風光，欣賞美麗的北極世界，他們不可能想到從前這兒曾經有過血腥大屠殺。

問起杜佳，他們都知道。隔離營只有幾百名「澤克」，監管人員同她們都很熟。在杳無人煙的極端惡劣的環境下，人和人之間除了腦中的階級鬥爭芥蒂

外，還有一種親和感。他們彼此之間都有感情。一位蘇聯老大嫂一提起杜佳就淚流不止。她絮絮叨叨說：「那是個好姑娘，多咱都不愁。她說她有丈夫，有孩子，將來去找丈夫和孩子。一提起丈夫和孩子她才流淚。可誰也沒想到，竟會發生那樣悲慘的事！」

戰爭還吃緊，什麼意外情況都可能發生，這不足為怪。但在遠離戰爭硝煙的這兒發生這樣一椿事情卻實在令人不可理解。令人毛骨悚然。原來內務人民委員部通過逼供信得知，杜佳所在的這個隔離營有一個女性德國間諜，但又提供不出姓名和具體長相。當時的內務人民委員部在情急之下做出了那令人痛心疾首的決定。

我回到中國以後，讀過安娜‧路易斯‧斯特朗的《斯大林時代》。書中揭露了蘇聯肅反的慘狀，其中一個事例最令人吃驚：如果一個集體裡隱藏一個壞人，又一時難以查出，那麼其餘的人為了蘇維埃為了革命的利益要勇於去死。這也是一種獻身革命的精神。這與杜佳的慘死又何其相似啊！

內務人民委員部的人說，隔離營肯定有德國女內奸，這個內奸若隱藏下去將會留下巨大隱患。為了革命利益，只有集體處決。

杜佳，這個單純善良、富有正義感和獻身精神的小女子是最積極的響應者。她宗教徒式地經受了一次神聖的洗禮。她第一個站起來，表示她勇於去死，只要能徹底消滅內奸、反蘇分子，為了革命隊伍的純潔，她什麼都捨得出。她認為為此而死，死得光榮，死得值個兒。

在她的帶動下，許多人積極響應。

不必押解驅趕，士兵們不必佈置崗哨，「澤克」們自動自覺站在一起，悲壯而喜悅地面對黑洞洞的槍口。杜佳高呼口號：「祖國烏拉！蘇維埃烏拉！斯大林烏拉！戰勝法西斯！」

眾人也山呼海嘯地響應。

槍聲響了，女「澤克」們倒在血泊中。

但每個人的檔案裡仍然寫著：「被處決的蘇維埃的敵人。」

沙佳的屍體不必遷移了。好在她離她母親就刑的地點很近，就讓她們母子遙相張望吧，互相照拂吧。

　　一九五八年，我第一次給中共中央和國務院寫了申訴信。只有在這時，中國的黨組織才知道在北極圈內還有我這麼個中共黨員，才知道我在長白山區和蘇聯受了那麼嚴重的迫害吃了那麼多的苦。

　　一九六〇年，我回到國內。組織部門找我談話說，經過調查核實，所有懷疑的問題均不存在，宣佈平反，繼續過組織生活，酌情安排工作。當徵詢我對工作安排意見時，我表示，我不計較工作職務和工薪收入，我只要求到我曾經戰鬥過的長白山區，我對那兒有感情，我要到那兒搞黨史和軍史的研究。就是這樣，我來到長白山下這個小縣城的紀念館裡當一名普通館員（地師級待遇），搞我的踏查和研究工作。我是帶著一腔仇怨和激情投身於這一工作的。我以為，這是對戰鬥並犧牲流血在長白山區的先烈們的最好的悼念。

三十二、沉重的歷史頁碼

　　我在整理沙少庚自傳時，對涉及的人物、時間、地點都做了仔細認真的研究。這一認真卻發現了幾個懸而未決的問題。此時沙少庚已下落不明，又無其他資料參照佐證，於是我想到了那個叫倪春馨的老嫗，現在只有她才能破解我心中的謎團。我第二次去了遼寧省東部山區的賽馬集，但已經太晚了，老人已於一年前故去。我的希望破滅了。我又想到索長庚。賽馬集離丹東很近，我當天就到了丹東市政協。索長庚仍健在，活得很滋潤，紅光滿面，談笑風生。此時，「文革」並未結束，外調及寫證筆之類的事情還很多。見了我的介紹信，他皺了下眉頭，但還是接待了我。我請他說說沙少庚殺害他一家人的問題。

　　他沉吟片刻，終於開了口：「這是個老問題了，我看就不必再翻騰了。他是殺了我一家八口，我也險些成了他刀下之鬼。這些年的外調核查，我也總算明白了個大齊概。我覺得這事沒什麼政治背景，況且已是幾十年前的事情了。我們兩家的恩恩怨怨一時半時也說不清，我們家也有不對的地方，不，是很錯

誤的甚至犯罪的地方。通過這幾年外調材料得知，我母親也害了他家兩口，是我們先對不起人家的。再說殺死我家八口人也不是沙少庚動的手，主意也不是他出的。所以我鄭重聲明，不再追究沙少庚殺我全家的問題了。如果你能見到少庚（請注意，他用「少庚」稱呼）請把我的意思轉給他。」

他為什麼來了個一百八十度大轉彎？我感到意外。我追問他們兩家到底有何仇恨，他又拒絕回答。我腦子裡立刻閃出沙少庚自傳中一些精彩微妙之處。沙少庚寫作時無心，我卻窺出端倪。索長庚——沙少庚，沙秋香——倪春馨，難道這是隨心所欲起的名號嗎？尤其索天壽去世前見到沙少庚的反常舉動，更令人深思。我懷疑是否與「錢財」及「遺產繼承」相關涉。

我知，但是我不言。

我來到組織部門，瞭解一下索長庚的自然情況。沒看檔案，管人事的幹部簡要介紹了索長庚的歷史。

家庭發生突變後，索長庚惶惶不可終日，日夜處在驚恐之中，擔心被人殺害。他把家業交給管家掌持，隻身躲避在外，過著流浪生活。不知何故，他糊裡糊塗地參加了由鄧鐵梅、苗可秀兩位將軍領導的東北民眾抗日救國自衛軍。他是大學生，懂日語，出入山海關方便，就被鄧、苗二將軍派往北平，成為東北民眾抗日救國自衛軍派駐設在北平的東北民眾抗日救國會的聯絡員，參與抗日救國會募集的錢款、槍彈的運送轉遞工作，連張學良將軍獎勵給鄧鐵梅的虎皮手套，都是由他轉遞的。北平淪陷，救國會星散，鄧鐵梅、苗可秀二將軍先後犧牲殉國，他就在北平隱匿下來，用手頭的一點兒錢，開了個小買賣，維持生計。直到「九‧三」光復，他才回到安東老家。他是抗日功臣，又重操舊業，經營柞蠶、木材和水上運輸。公私合營時，表現積極，人們稱他為「紅色資本家」。

索長庚、沙少庚，同一歷史背景的人，本應在同一起跑線上向前衝刺，但由於說不清道不明的原因，卻被歷史塑造成兩個不同命運的人。由於生活中的偶然移位，就改變了兩個人的終生走向。在某種意義上說，人在歷史面前是十

分渺小、無能為力的。

　　粉碎「四人幫」以後，國內形勢好轉，各項政策逐步落實。我捉摸沙少庚的問題也該有個眉目了。我又一次去了長白山下那個小縣城。真是物換星移，世事巨變。不見了工、軍宣隊及專案組的陰險輕蔑、不可一世的嘴臉。縣領導很客氣地接待了我，並告訴我沙老已調往省文史館工作。我大喜過望，沒想到我與他竟近在咫尺。

　　我帶著他的自傳原稿，很容易找到了他。他一眼就認出了我，欣喜激動之情無法用言語形容。他簡約地告訴我分手後這些年的情況。他是被當作有國際政治背景的要犯關押在監獄裡的。在這裡他大開了眼界，見到了在北極圈坐牢的中國同志和幾名抗聯老戰友，還有南野營的老朋友。在酷刑和屈辱面前他沒屈服，沒作假證，也沒違心地寫交代材料，實事求是，凜凜正氣，一如自傳所記述的那樣。我說，不還是那些誣陷不實之詞嗎？還有啥可翻騰的？他搖搖頭，苦笑一下說：「原來是六頂帽子，這一翻騰又多了一頂——階級異己分子。」

　　乍聽頗感蹊蹺，不過立即就聯想到自傳中的一些精彩之處。我不便刨根問底。「文革」中，凡是家庭有問題而入黨的同志通常被冠之以「階級異己分子」的帽子，而沙少庚的家是沒有問題的，這是肯定了的。那麼——我終於明白了個中的原因。

　　我告訴他：「倪春馨老人已經作古了。」

　　他臉上罩著一層陰霾，眼圈有些發紅，聲音低沉地說：「我知道了，謝謝你！」

　　這部自傳，在我手頭保存十年，我思考研究了十年，今天總算完璧歸趙了。他珍惜地接過，我分明見到他的雙手在微微發抖，眸子中耀出濕潤的亮點。

　　還有個人物我應當見他一面。這似乎是歷史賦予我的神聖使命，但也含著要出口惡氣的意思。

顧劍秋，這個風雲小人，運動中最早被解脫，已辦了離休手續，屬於被打擊被迫害的革命老幹部，享受司局級待遇，在家賦閒。他保養得體，心寬體胖，下垂的眼袋更顯飽滿厚重，幾乎把他的鼠目擠得只餘一條細縫。便便大腹贅得他步履更加遲緩艱難了。

　　我向他攤開了介紹信，說明是來詢問沙少庚的情況的。他身子一陣顫慄，顯得緊張警惕起來，用細窄鋒利的鼠目把我從上到下掃瞄一遍，終於沒認出我是何許人也，便煩躁地哼了一聲。

三十三、蒙古榆的風骨

　　我向顧劍秋說了沙少庚同志的處理結果，他眼皮一抹搭，面有忿忿之色，說：「無風不起浪，事出必有因。誰又能說他那六個問題——對，以後又增加了一個——沒根據呢？」

　　我有些激動了，說：「那就要看是什麼『風』了。誰又能證明那六個問題確確鑿鑿存在呢？到了實事求是、還人以本來面貌的時候了！」

　　他無可奈何地搖搖頭，無限感嘆地說：「現在可好，一說落實政策就全一風吹了。像他這樣歷史背景這麼複雜的人當初就不應當往革命堆裡扎！你說怎麼辦？肯定是那麼回事吧，當時國內國際政治鬥爭那麼複雜激烈，真就拿不出可靠的證據；否了吧，這又是埋在革命隊伍裡的隱患，叫人不放心，是對革命的犯罪啊！唉，難道說我們一丁點兒成績也沒有了？」

　　他這席話包含的內容十分複雜：既有趙太爺式的不許別人革命，又要在反動錯誤路線上找成果，還有悲天憫人、庸人自擾的成分。我實在氣憤不過，就頂了他一句：「那只有殺了他才乾淨利索，省卻很多麻煩！」

　　「什麼意思？」他警覺地抬起眼皮瞪了我一眼，「你沒權力對我們當年的革命鬥爭指手畫腳、說三道四！」

　　我想起了一九六八年冬批鬥沙少庚大會上他的醜惡表演。他大概忘了，就是在那個大會上，他違心地承認自己是蘇修特務，還胡編亂造說曾經發展了沙

少庚為蘇修特務。他還有一點兒革命者的品質和良心嗎？現在他還在抱殘守缺，還在以救世主的身分悲天憫人。他還有資格有權力來說三道四、指手畫腳嗎？他只考慮他自己在政治漩渦中的得失，就沒認真想一下那些受盡冤枉吃盡苦頭甚至搭上身家性命的好同志。似乎不要指望這樣的人會良心發現、自責自譴、幡然悔悟。我這樣想。

「那麼『民生團』問題呢？」我簡直要按捺不住激憤了，「黨組織已作了否定的結論，連敵人當時都承認沒產生過什麼影響呀！」

他白了我一眼，擺出一副不屑與豎子辯論的架式說：「年輕人，你還不理解那個年代！我也看了敵偽資料，是說沒產生什麼影響來，但畢竟有過『民生團』呀！這就是影響！怎麼能百分之百地肯定他沙少庚就不是？只有天知地知了。」

他在偷換概念，這不叫辯論，這是要無賴，是詭辯。這人已是不可理喻，已是一具冥頑不化的政治殭屍。我與他已經沒有共同語言了，只能悻悻然拂袖而去。

我經常到沙少庚家裡去。每逢新春佳節，必去拜訪他，我倆經常用俄語交談。他的身體漸漸不如從前，畢竟是八十多歲的人了。政府指派專人照顧他的生活。他的晚年還是幸福的，還將自己多年積攢的一萬五千元錢交了黨費。

一九九一年夏天，世界上一個國家發生一起巨大的變故，這就是蘇聯的解體。只一夜工夫，他忽然變得神情恍惚，失去記憶和思辨能力，思維斷條，語言混亂。我去見他，他連我也不認識了。照顧他生活的那位同志告訴我：「那天晚上看完電視，他痛哭流涕，一晚上唏噓哀嘆不止，第二天早上就變成這個樣子。到醫院檢查了，醫生說是過度精神刺激導致老年性痴呆。」他還告訴我，「就是在那年的春天，他神志還正常，丹東市一個叫索長庚的人來看過他，求他原諒，說那碼事是老太太一手所為，全是婦人之見，自己不知就裡根由，昏了頭。他反駁說，正因為你一無所知還那麼幹，這說明你更惡毒。還說就是死了也不原諒你們母子，我也決不認你！索長庚是含著眼淚哭著走的。他

們的談話，聽得我糊裡糊塗。」

沙少庚老人已形容枯槁，手足亂動，口流涎水。見了我，他直眉愣眼，似乎認出是我，但只一剎那，又糊塗起來。他高唱《華沙未央卡》，用漢語唱，用俄語唱，反覆就唱開頭那兩句：「敵人的風暴在頭上吼叫，黑暗的勢力還在咆哮！」唱得那麼激動那麼投入。這是十月革命時彼得堡起義工人唱的一首革命歌曲，這首歌曾經鼓舞激勵無數革命志士奔赴沙場，作殊死的鬥爭。

他忽然淚流滿面，掩面哭泣，斷斷續續地念叨：「姐姐……春馨……海蛟……服部真子……杜佳……沙佳……」

我流淚了，為他這個人，為那個時代的苦難深重、拚搏不息的人們。

看著他那譫妄躁動的樣子，我想起莎士比亞的悲劇《李爾王》中的偉大瘋人形象。繼而腦子裡映現出科爾沁草原上的高高的蒙古榆。科爾沁草原土地貧瘠，乾燥缺水，生長在草原上的蒙古榆，終年被風雪冰雹吹打，被飛沙走石碰磕，被牛羊駱駝啃齧，樹幹上布滿疤痕，樹身扭結彎曲，肢臂張舉，奇形異狀，有如飽經滄桑、歷盡憂患的老人，但還是那麼頑強地生長著，生長著，長得枝葉扶疏，長得枝幹虯結，長得有如錚錚鐵骨，長得別有一種神韻，別具一種嬌美。站在它的面前，你會對它產生偉岸雄渾、高山仰止的感覺……

人生長恨水長東

一、耄耋老人的惆悵與嘆息

我已是耄耋老人，革命一生，尚孑然獨處。許多人認為我是個奇人怪物，不可索解。「文革」中，這也是我的一條罪狀。不少我的上下級與同事，背地裡也對我做出種種揣測，不外是「生理可能有缺欠，不適宜過夫妻生活」「情場上的傷兵敗將，受了刺激，終生誓不再娶」「默默地等待著生死未卜的情人」……等等，不一而足。在一些人的眼神裡和面部表情上，我分明讀懂了這些語言。我自己何嘗不流露出苦悶和悵惘。知我者謂我心憂，不知我者謂我何求。我抱定一個宗旨，自己的夢自己圓，苦果甜果自己吞嚥。是甜果？還是苦果？我一直品評不定，難以確斷。這不是我的味覺神經出了毛病，也不是我的神經系統的某個環節出現什麼障礙。有些事真是「剪不斷，理還亂，別是一番滋味在心頭」。

回憶往往會給人以撫慰和心理上的平衡。回味戎馬倥傯、喋血苦戰的生涯，時時有激越壯懷之感；那不可言傳的情真意切的戀情，也會給回憶塗上永不消退的斑斕色彩。它像永不枯竭的醇酒，也像受用不盡的佳餚美饌，消用不盡，其樂無窮。這是精神會餐嗎？否，我確確實實覺得甘美香甜，尤其在日薄西山之際，這種感覺就更為強烈。

但回憶有時會出現矛盾和錯位，如入迷津，幾十年來無法排解，無法詮釋，更無法清理。有時良心受到譴責，感到怦然心跳，悵然若失，心肌絞痛，甚至感到心臟在流血。想當年，我是那麼偏執，那麼自信，採取那樣的果斷措施。我有時安慰自己，為了革命事業，為了民族解放，我只能大義滅親，只能這麼去做。撼動著我巋然如泰山一樣的推理判斷的是幾年前讀過的一篇小說。這篇小說是這樣強烈地感動著我。讀完了它，我渾身震顫，淚泗如注。

這是一個醫生講的故事。一個患者手背上的皮膚有一塊紅，奇癢奇痛，多次醫治無效。這位患者向這位醫生講出了患病的原委。原來，他與一位少女經過戀愛結婚了。過去她曾給一個貴夫人當傭人。她是那麼嬌美俊逸，又是那麼

賢惠忠貞。他們相敬如賓,如膠似漆。她對他忠貞不貳,沒有點滴的隱私和悖逆,甚至做個夢都要向他如實複述。但是,他發現她有隱私。她有一個做工精美的小匣,終日裡封鎖關閉,不向他展示。有一天,他乘她不在家之機,撬開了小匣,發現有許多信箋。他逐件覽閱,不禁潮血湧腦,怒火中燒。原來都是一個男人向她求愛的情書,寫得那麼狎褻肉麻,不堪入目。原來她不僅失去貞潔,而且糜爛透頂。他再也無法忍受了。這一天,乘她入睡之機,他向她伸出鐵鉗一般的大手,掐住她的喉嚨。她睜開了眼睛,呼吸緊迫,滿面紫漲,但還是朝他微笑著。她窒息而死了,從嘴角淌出一滴殷紅的血,滴在他的手背上。她死後幾天,那個貴夫人乘坐馬車來到他的家,要求索回那個小匣裡的信箋。他這才恍然大悟,原來他的妻子是代這位貴夫人保管這些信件的。放蕩糜爛的不是他的妻子,而是那位貴夫人。他錯殺無辜了。從此,沾上血滴的手背的皮膚上,就變紅了,奇癢奇痛,藥石無效。他告訴醫生說,如果他從此不再來求醫,就說明他已離開人世了。果然,從那以後,這位患者再也沒有來求醫。

我呢?是不是錯殺了那個女人?她的嘴角也曾經淌出一滴殷紅的血呀!

一滴血,一滴血,五十多年來總是在眼前顯現,漫漶,變成血流,血海。

我始終弄不清,這是一滴女人的罪惡的血,還是一滴女人的善良的血。

但是,在五十多年以後的今天,在我行將就木之際,歷史對我的疑惑卻做出了無情的回答。

歐陽靜子,你解開了我心中的謎團,卻也敲碎了我這顆衰老的心!

二、歐陽靜子的造訪

站在我面前的女人,皮膚白嫩,睫毛修長,目光深邃而炯亮,乍看上去,只有四十歲左右。多年的地下工作和人事工作經驗告訴我,她的實際年齡已五十開外了。

她,就是歐陽靜子。她撳響了門鈴。我從門扇上鑲嵌的「貓眼」往外看去,站在門外的是一個中等身材的女人。我獨自生活,沒什麼更多的積蓄,退

休在家，不用安什麼「貓眼」來防盜防搶。本單位的總務處長硬要給我安上「貓眼」，我推脫再三，拗不過他，還是同意安上了。先是不習慣，門鈴一響便爽直開門了事。時間一久，就習慣了。尤其這些年，孤獨感壓抑得我既空虛又煩躁，門鈴一響，心裡透過一絲歡快，定要透過「貓眼」朝外望一下，看看來者是何許人也。

我拉開門扇，她站在門外，畢恭畢敬地行了個最敬禮，低聲而和氣地說：「打擾了，請問，歐陽靜先生住在這裡嗎？」

我向來以記憶驚人而聞名，即使老之將至，記憶力也未曾稍減。我迅速斷定，這是個我未曾謀面的女人。但不知為什麼，從她的聲音、舉止，到臉盤身材，我又覺得很稔熟。她彬彬有禮，表現得既有教養，又有知識，還有點兒異國的情調。我沉吟片刻，說：「對，我就是，你——」

想不到她面部表情驟變，面頰緋紅，眼圈潮濕，嘴角下扯，兩手輕輕顫慄著。看得出，她是在用最大的努力抑制著自己，又深鞠一躬，用標準的東京都日語說：「我從東京來，通過北京外事部門到了本省，又通過本省外事部門打聽到您的住處，特意專程來訪問您。」

「你——從日本來？找我？」我愕然了，囁嚅著。

「是的。」她顯得畢恭畢敬。

我把她讓進會客廳裡。我要給她沏茶。她顯得十分慌悚：「不，不，要喝水我自己弄好了。」說完這話，她轉身奔出門外，在樓道門後提進一隻長方形玫瑰紅色的萬向滑輪旅行提箱，放在沙發前。

我讓她坐在茶几對面的長沙發上，她卻拘謹地坐在沙發的一個角上，抬起黑而長的柳葉眉，端詳著我。那眼神是迷離的，模糊的，難以捉摸的。我仔細地打量著她。她蓄著中國城市中年婦女的波浪形短髮，上穿質地良好的銀灰色女式毛料西裝，下身是普通中國婦女的咖啡色毛料褲子，足蹬高跟紅色牛皮涼鞋。總之，是典型的中國中年女知識分子著裝打扮。莫非她是旅居日本的華僑？我在心裡暗自琢磨著。

「你──」我在掂掇著詞句。

她站了起來，用日語跟我說：「我住在東京都港區南麻布 6-4-3-555，我叫歐陽靜子。」

「歐陽靜子？」我心裡犯了嘀咕。

我早年留學日本，與日本青年中廣交朋友，對日本的風俗習慣也瞭解不少，對日本的姓氏、名字也頗有研究。我還沒聽說日本人有姓歐陽的。更奇怪的是，我姓歐陽，名靜，而她卻叫歐陽靜子，這是怎麼回事？我又仔細地打量著她。那一對雙眼皮下的大大的眼珠，那深邃的黑眸，那筆直秀巧的鼻子，那元寶形的棱角分明的小小的嘴巴，還有那蔥藕似的白嫩的手指……我是那麼熟悉。再看她那寬闊白亮的額頭，那寬肥適中的耳垂，頗有我青年時代的影像。我腦海中忽然幻化出一個女人的影子，莫非是她的──不可能，不可能，她早已離開人世，這是我親手所為。

眼前這個女人是個謎，我如墜五里霧中。

這時，鍍在窗簾上的曙色已經褪去。我撩起窗簾。窗前垂柳的嫩條隨風擺動著，遠天是碧藍的，有如澄碧的大海。我隨手拾起一支香菸，點燃了，深深吸了一口。我冷不丁想起她說的「港區南麻布──6-4-3-555」，這個地址我太熟悉了。她，那個女人；他，那個女人的父親，一位鬚眉斑白的老教授，跟「侵略」「間諜」「屠殺」「欺騙」等詞緊緊聯繫在一起。我緊皺眉頭，咬肌凸起，夾煙的手指在抖顫。

這時，忽然傳來那女人的低低的啜泣聲。我轉身，見歐陽靜子跽坐在地毯上，雙手捂面，雙肩抖動，嗚咽哭泣著。

我把她扶了起來。她很順從，很聽話，從地上站了起來，坐在沙發上，掏出手絹揩著淚漬，連連道歉：「對不起，實在對不起，請原諒。」

她的情緒很快平息穩定下來，順手拎過提箱，打開箱鎖，從中拿出一本印製精美的影集，雙手遞給我。

我接了過來，仔細瞧著影集的封面。這是東京都影畫株式會社印製的影

集，設計美觀大方，裝幀十分考究。我狐疑地看看歐陽靜子，她也眼盯盯地瞧著我，又瞅瞅影集。我翻開了封面，赫然跳入我眼簾的第一枚照片，使我吃驚非小。我一下子癱坐在沙發上，瞅著影集裡的這個男人，瞅了很久很久。我直覺得頭暈目眩，我回憶起半個多世紀以前——

三、她在荳蔻年華時

影集扉頁上的第一幅照片是五十多年以前的我。

我記得很清楚，進入東京帝國大學時，我只有二十歲。我學的是社會學，專修民俗學。我就是在這座大學城裡攻讀民俗學的。那崢嶸的歲月，那充實而甜蜜的學習生活，那些事，那些人，冷不丁衝決我記憶的閘門，紛至沓來，疊印腦際。我禁不住掀過了扉頁，映入眼簾的是一位身著和服的日本男性老者。他臉龐瘦削，精神矍鑠，蓄著仁丹胡，剃著光頭。正是他，我的老師山崎准之助先生。

民俗學發軔於十九世紀四〇年代的歐洲，創立這門學科的弗雷澤、班尼女士等人的目的很清楚，就是為殖民主義掠奪、奴役、壓迫被壓迫民族服務的。不久，這門學科傳入日本，柳田國男是日本民俗學界的泰斗，是舉足輕重的人物。我的導師山崎准之助先生，既是柳田先生的學生，又是他的好友，在日本民俗學界同西村真次、關敬吾一樣，也有一定的知名度。山崎教授是個性情十分古怪的人，但在學術觀點上卻師承班尼女士一派，與柳田國男大相逕庭。他一再弘揚大和魂與大和民族風俗習慣的優越性。不論講學或著書立說，他都掩飾不住對中國民俗的譏諷與鄙夷；而在做學問上，卻又頗為認真嚴肅。我不能苟同他的學術觀點，但覺得他的為人還有值得欣賞之處。他觀點明朗，心地坦蕩，既不矯揉造作，又不掩飾為殖民主義統治服務的目的性。他很喜歡我，這有兩方面的原因：一是他欣賞我的博聞強記、過目不忘的本領。他時常不無感慨地說：「想不到中國竟有這樣的才子！你為什麼不是日本人呢？」二是可以通過我更多地瞭解有關中國的民俗資料，他說這對他搞學問裨益匪淺。

我經常到山崎教授家拜訪求教。他家的住址就在東京都港區南麻布 6-4-3-555。

這是我到日本留學期間過從甚密的第一位老師。他的音容笑貌，至今仍記憶猶新。彈指一揮間，已過去了五十個歲月了。山崎老師該早已作古了吧。

是疑惑，是好奇，是不可名狀的慾望，強烈地驅使我，迅疾地掀翻下去，以解開苦惱我五十多個春秋的那個謎，尋覓夢繞魂縈了我五十多個年頭的那個女人。我經常出現幻聽幻覺，也無數次「眾裡尋他千百度，驀然回首，那人卻在燈火闌珊處」。雖然我明明知道這是不可能的，因為她早已遠而早逝，物化作古了。但在影集的第三頁上，我終於見到了她。

照片裡的她，正是荳蔻年華時。烏黑的稚子髻下的白瓷一樣飽滿明淨的前額，微挑的柳葉眉下的一雙流盼的美目，筆直秀巧的鼻子，元寶形的稜角分明的嘴巴，給人以清秀飄逸而又聰穎稚氣之感。白襟和服外罩深色帶條楨的短褂上繡著梅花家紋，鑲著流蘇，長長的衣袖衣擺垂拂地上。她，就是山崎玖惠，就是我日思暮念的那個女人。

山崎玖惠是山崎准之助的獨生女兒。那時，我作為優等生頗得山崎教授的青睞，我成了他家的常客。他家住在東京都港區南麻布 6-4-3-555，一座日本建築風格的平房裡。山崎教授的妻子早逝，未曾續絃。他既當父親，又當母親，總算把山崎玖惠撫養大了。山崎玖惠在早稻田大學讀書，學的是檔案管理專業。她平日住校，只週六晚上才回家與父親歡聚，週日下午又返回學校。我就是在山崎教授的家裡與她由見面認識到親密相處的。但我們心無芥蒂，兩廂無猜，情同手足。她年少早慧，文靜大方，彬彬有禮。山崎教授是位漢學家，她也精通漢語、古漢語，尤其擅長書道。她書法的基礎是柳體，喜歡近衛信伊首創的近衛書法，並臨摹王羲之的字帖。她對中國的詩詞歌賦也很偏愛，還經常向我討教。她的社會觀與其父大相逕庭，頗為左傾激進，我曾懷疑她是否與社會黨、共產黨有什麼聯繫。在一些重大政治、經濟、軍事等問題上，尤其所謂滿蒙問題上，他們父女二人看法牴牾，常有爭執。我採取的策略是嚴守中

立，絕不介入，甚至表示出右傾親日的色彩。這樣一來，山崎教授對我更為倚重，而山崎玖惠小姐對我的觀點也從未有過微詞和責難。我心中自有底數。我在國內早已參加共產黨，赴日留學，就是要努力學好知識，廣交朋友，瞭解日本學術界情況，不暴露身分，不介入日本國政治，這是黨組織交給我的任務。我是大地主兼資本家出身，有雄厚的經濟後盾，無求於他們，政治上與他們又沒表示出什麼分歧，因此我同他們父女的關係不可能不好。從影集裡眾多的照片上，就可以看出我們的關係不僅是親密，而且融洽。

在節假日裡，我們曾共同遠足箱根。翠峰環拱、溫泉四溢的箱根，這個四十萬年前爆發過火山的地區，蘆湖上的富士山的倒影，大湧谷的火山煙雲，「箱根八里」的雄關古道，都留有我們的足跡，也拍下了值得存念的影照。在一幅影照上山崎教授還用近衛體寫下了日本元祿時代的詩人芭蕉的絕唱：「瀟瀟秋雨過關時，雲遮霧罩山隱姿，不見富士有何憾，幽趣偏生無趣時。」我們還到大阪觀光豐臣秀吉所建成的城堡，大阪灣和瀨戶內海，也都留下了我們的身影。具有古洛陽和古長安建築格式的日本古都京都的古皇宮、二條城、桂離宮和眾多的佛寺與神社等建築群，嵐山春天的櫻花，秋天的紅葉，冬天的雪景，更使我們流連忘返。古都奈良的恢宏瑰偉的建築，東大寺、大佛店、唐招提寺的金堂與鑑真和尚像、王羲之的字帖臨摹本「喪亂帖」，般若寺的十三重石塔等，都使我們歎為觀止，感慨不已。這一幀幀照片，都是那情那景那時心態的真實寫照。它們叩響了我記憶的門扉，使我百感交集，又莫可名狀，難以品味，難以辨析。如果不是一九二九年的世界性經濟危機，如果不是軍國主義分子的鐵蹄踐踏我白山黑水，保留在我腦海中的這些記憶，將永遠是甜美的，是我永世品味不盡消用不完的財富。

但九一八射向北大營的炮聲，接踵而來的是刀光劍影，震碎了我甜蜜的心境，撕裂了我眼簾裡的畫屏，平衡的人際關係打亂了，乾坤顛倒了，歷史和生活的正常進程被攪亂了。我含淚告別了山崎一家，回到了祖國。

想不到兩年以後，我們又相逢了，但不是在日本，而是在松遼平原的長春

城裡。

四、銜命赴魔巢

我回到了東北，被中共滿洲省委安排在鴨綠江林業株式會社工作。我的任務除了蒐集日偽經濟、軍事情報以外，還為抗日隊伍籌集經費，購買轉運軍事物資。我幹得很出色。我流利的日語，我的親日色彩，都很得日本官辦的林業株式會社老闆的賞識和信任。我有超人的記憶，一切情報全通過回憶，再口授給單線聯繫的我黨地下交通員。安東，這北方的小上海，這聞名遐邇的木城，在日寇槍刺籠罩下，還繁衍著虛假的昇平繁華。在燈紅酒綠、紙醉金迷中，我不得不強顏歡笑，與那些魑魅魍魎相周旋。但我的心在流血，我幾乎夜夜以淚洗面，我多麼盼望自己能夠披肩掛甲，奔赴前線，真刀真槍地與侵略者喋血苦戰。

這一天，終於讓我盼來了。地下交通員通知我，要我到中共滿洲省委去報到，另有任用。

我來到了哈爾濱，找到滿洲省委。省委李書記單獨跟我談話。但使我大失所望的不是分配我到興安嶺、長白山地區抗聯隊伍裡，而是讓我到長春（當時稱作新京）去做地下工作。

又是與這些妖魔鬼怪打交道。這樣的工作，有很大的危險性，我不怕。但較之在沙場上與敵人直接拚殺，總覺得不大夠勁兒。我是黨員，黨的需要就是我的志願。而李書記的一席話語更使我動心。

李書記簡要敘述了當前敵我鬥爭形勢的特點後，給我看了一份資料。從這份資料得知，滿洲省委正面臨被破壞的危險。

十九世紀末至二十世紀初，日本的諜報活動有一個有趣的特點：它不僅有國家的諜報組織——海軍省第三局、陸軍省第二局，還有一些由有錢有勢的資本家創辦的私人諜報部門……常掛上「××愛國協會」，「×××株式會社」這一類牌子，背地裡他們與國家諜報機構保持著密切的聯繫。在東京歸警視廳

管轄，警視廳下設特工部，特工部下設外事、特高課等。而外事課下設亞細亞及歐洲兩系。在國外的間諜直屬於參謀本部。參謀本部第二課專司國外間諜的指揮、調遣與組織工作。此外，海軍方面亦有間諜組織，隸屬於海軍司令部，與陸軍的間諜組織形成兩大系統。還有駐屯軍的間諜組織。在參謀本部之下，挑選受過高等教育之士，入東京拓殖大學訓練後，派往外國做間諜工作。尚有領事外交偵探，歸外務省情報部門直接指揮監督。現在，在我國的東北，日本關東軍糾集了在東北的南派北派浪人和櫻會、黑龍會、血盟團、大雄峰會等特務組織，成立一個專門對付東北地區共產黨的地下組織──百獸圖。這些特務組織，現在由關東軍統一起來了。這些特務組織的鼻祖是豆山滿及其弟子香月中將、土肥原賢二、犬養毅、橋本欣五郎及川島浪速等人。百獸圖統由關東軍日本特務機關的阪田大佐指揮。百獸圖的組織神祕而嚴密，分佈於東北各地。日本人大都不直接出面活動，而是通過他們網羅的我黨的叛徒及漢奸充作地下黨員、愛國人士，大搞情報蒐集和暗殺活動。即以撫順市為例，他們把一個叫范建的叛徒，打入我黨撫順特支內部，撫順特支的一切活動完全在日寇掌握之中。甚至連特支起草的文件、傳單的原稿都落入敵人之手，連特支成員祕密開會的場景、人員都被日本特務拍攝下來。而這些情況，撫順特支竟一無所知。因為範建已打進撫順特支內部，攫取了組織委員的要職。撫順特支領導成員及其所屬的黨員及黨的外圍人員全部被日寇逮捕，被押解到奉天監獄，被判處死刑。但在押赴刑場途中我抗聯隊伍成功地組織了一次劫法場的行動，全殲行刑的日偽軍警，捉獲了日本特務范建，被捕的同志也獲救了。從范建的胸脯上竟發現了黑狐的文身圖案。經過審訊，范建供出了特務組織百獸圖的情況。百獸圖成員之間不許有橫向聯繫，每個成員的身上都刺有一種獸類圖案，有男有女，有中國人、朝鮮人，還有日本人。滿洲省委又通過打入關東軍內部的日本共產黨成員獲得了極為可靠的情報：百獸圖歸阪田大佐一人領導，直接對關東軍司令官武藤信義負責。阪田手下有兩個骨幹，不知姓名，都是日本人，一個身上的圖案為火蛇，另一個身上的圖案為金雕。百獸圖有文字檔案，附有照

片，但不放在關東軍司令部內，也不在憲兵司令部內，而是掌握在火蛇和金雕的手中。

「火蛇和金雕有無具體線索？」

對百獸圖我頗感興趣，因為我意識到它的嚴重性和危害性。如果能得到百獸圖檔案，根除這個殘酷凶狠的特務組織，對我們的抗日事業將是何等重要啊！

李書記意味深長地瞅了我一眼：「這任務就交給你了。」

「我？我──我沒做過這方面工作，沒有經驗，再說，從何入手啊？」我實在無所適從，急得撓耳抓腮。

「據日本朋友說，」李書記幾乎是一字一頓地說，「阪田與山崎准之助一家過從甚密。」

「山崎准之助？」我幾乎不相信自己的耳朵了，「那是我的老師啊！」

「正是。」李書記嚴肅地點了點頭。

「他們來到了東北？」

「去年來的，是以學者的身分，專事研究東北各民族的民俗。」

「難道我的老師是間諜？」我在心裡劃魂。說真的，他的學術觀點落後反動，這是毋庸置疑的，但說他是間諜，太出我的意料了。他是那樣寬厚仁慈，對我曾寄予厚望。我與山崎玖惠情深意篤，他裝作視而不見，似乎是首肯默許。如果不是戰火燃起，我與山崎玖惠很可能結成伉儷，他早就成了我的泰山，我也早就成了他的東床快婿。而這樣的學者竟是間諜。他是以前參加的，還是最近參加的特務組織？真是人心叵測啊！

李書記似乎看出我的心理變化，又囑咐我說：「你的任務就是找到火蛇和金雕，拿到百獸圖檔案。黨組織之所以選定你，是基於三方面考慮：一，你精通日語，瞭解日本的風俗民情，有眾多的日本朋友，尤其與山崎一家有特殊的友情；二，你有過人的記憶力，有過目成誦的本領，只要見到檔案，看過一遍，就等於檔案在手，這比尋常的抄錄複製攜帶轉遞要省卻許多麻煩，減去許

多風險，安全係數較大；三，你有較好的家庭出身及社會關係，這是麻痺敵人的最好保護傘。」

李書記的話給我很大鼓舞，我覺得我能夠勝任這方面的工作，尤其我與山崎玖惠的特殊關係會給我的工作提供許多方便。我是個黨員，對黨組織要忠誠老實，我應當在此向黨組織說明一下我和山崎玖惠的關係。

李書記思忖片刻說：「這個情況你已向黨組織匯報過。黨相信你。在堅持原則、嚴守機密、維護民族尊嚴的前提下，你們的關係由你們處理。況且現在還沒有證據能證明山崎一家就是火蛇與金雕。我們不搞什麼美人間諜，但也要警惕美人間諜的羅網。你將與狼蟲虎豹交鋒，與敵人朋友相周旋，這就要看你的眼力、藝術手段和應變能力了。還是那句話，黨相信你。」

「我保證完成任務！」我終於下定了決心。

「我料到你會勇於接受這個任務的。」李書記爽快地笑了。「山崎一家就住在長春城火車站前邊兒玉公園對面的日本海軍俱樂部後邊的一所日本別墅裡，就等待你去登門造訪了。」

他又找了一些資料，我花了一週時間，批閱了近百萬字的有關日本間諜方面的資料。

這一天，李書記向我交代一番單線聯繫的信號暗語，緊緊握著我的手，目光炯炯地盯著我說：「還有一點，在任何人面前，都不要淡化了你的親日色彩。」

我從他的灼人的目光看到了期待、信任和鼓勵，也感知到征途的艱險、困難。

我登上了南行的火車，向長春城的方向駛去。

五、日本別墅敘舊情

到了長春，我當然不能直扣山崎教授家的門扉。我要縝密細緻，不露一點兒破綻，讓山崎父女感到合理自然，順理成章。

我在火車站前一家名叫岩手旅社的日本旅館下榻。我有鴨綠江林業株式會社高級職員的名片，操一口標準的日本東京都口語，住進了只有為數有限的所謂高級中國人才能光顧的高級旅館。我經常到附近的日本「料理」去喝酒。我經常光顧的是海軍俱樂部，在這裡觀看舞伎表演，參加日本人的茶道、書道、花道活動。我相信在這些社交場合裡，是會遇見山崎父女的。果然，在日本天皇誕辰日——「天長節」那天，我終於在海軍俱樂部遇見了山崎玖惠。

四月二十九日是日本天皇誕辰日，這一天，舉國上下要慶賀、祝願。在東北的日本人把「天長節」看得很重，儀式很隆重，神情很莊重虔誠。海軍俱樂部各個活動室都有活動。八紘一宇牌收音機播放著日本海軍軍歌。帶著用以防守貞操的「守刀」的東洋婦人會的女流們，穿著色彩鮮豔的和服，踏著木屐，臉上塗著厚厚的胭脂，和著三味弦，翩翩起舞。少壯軍官們大口大口地喝著櫻正宗、菊正宗等日本名酒。有的參加茶道，有的參加花道，有的參加以永吉錦心為代表的「錦心流派琵琶演奏會」。令人感到不倫不類的是隨營妓女與和尚也混了進來。在一個大廳裡，壁龕中間掛著紅色錦緞大條幅，用金絲繡著「百歲」大金字。左右兩邊擺著松竹盆景。這是在為天皇祝壽。

就是在這個大廳裡，在東洋婦人會的隊伍裡，我發現了山崎玖惠。她穿著粉紅色綢子長袖和服，繫著紅地金絲織繡的腰帶，梳著日本少女髮髻，拿著繪有牡丹花的紙摺扇。兩年不見，她出脫得更苗條了，個頭似乎也高了些，顯得更加俊秀飄逸了。

我們倆幾乎是同時發現了對方。她像一隻花蝴蝶，飛出隊列，撲到我的面前，臉頰緋紅，連呼吸都有些急促了：「歐陽君，你——你是什麼時候來到新京的？」

聲音還是那麼圓潤嘹喨，像碰撞的銀鈴。

我用日語回答她說，我來了好些天了，住在岩手旅社。

她連同她周圍的人立時向我投以友好豔羨的目光。我想，可能我的日語說得標準流利，一舉手一投足，連同氣質神情都充滿了東洋味；再加上我住的旅

社，他們確實把我視為日本人了。日本的岩手縣以出名將而著稱，米內海相、東條英機、板垣征四郎、多田參謀次長，都出生在岩手縣。以岩手命名的旅社，身價自然很高，而我能長住在這樣的高級旅社裡，身世當然不平凡了。

山崎玖惠在同伴面前幾乎忘卻了羞澀和矜持，破例地扯著我的手，端詳著，寒暄著。

「走，到家裡去，爸爸經常叨念你。」

不待我表態，就拉著我的手，走出祝壽大廳，邁出海軍俱樂部的門限，向右轉彎，走出不過百米，就來到掩映在紅花綠樹裡的日本別墅。

「爸爸，」還沒等進屋，她就大聲喊了起來，「你看，誰來了！」

我隨山崎玖惠走進室內。左邊的紙門拉開了。山崎准之助教授弓著腰走出來，眯細眼睛，覷了我一會兒，忽然張開雙臂，開懷大笑起來：「歐陽君，歐陽君，什麼風把你吹來了？」

我強作笑容，與他寒暄著，心兒卻遽然緊縮。做戲，我們都在做戲。那個擁抱我的魔鬼、毒蛇，他做夢也沒想到，我是懷著幹掉他們一夥的決心來會他的。我調整了心緒，面部表情可能也恢復正常了。我覺得我的面肌在抽搐，我可能在扮笑臉。

「到我的書房來。」

他帶著長輩、師長的口吻，是邀請，也有命令的意味。

他的腰有些弓，步履遲緩，顯得有些遲鈍的樣子。

他的書房兼作客廳，書架上擺滿了圖書，臨窗的地上放著一口瓷缸，裡面栽著一株復瓣櫻花。櫻花正粲然開放，落英滿地，異香透骨。

我心頭湧起一股逆反心理。看到這株櫻花，我忽然聯想到櫻會，聯想到間諜，於是就想到山崎准之助。我留心觀看他的雙手，枯瘦枯瘦，還沒染上血漬。是的，這是個高級殺手，殺人是不會見血的。

「王媽，看茶！」山崎玖惠用漢語喊道。

「來啦。」隨著說話聲，走進一個女人，手托盤盞，把茶具放在地上，然

後沖水沏茶。

　　這女人裹著小腳，青士林布褲子，紮著青腿帶，上身著右大襟藍斜紋布上衣，頭髮花白，腦後綰著個疙瘩髻。典型的中國農村婦女打扮，聽說話口音，是山東煙台人。我暗自納罕，山崎教授為什麼要雇一個中國農村婦女做傭人？

　　這時，山崎教授卻搶先回答道：「我的傭人。研究中國民俗，就得多接近中國下層人氏。我是搞學問的，不干預政治，什麼中國人、朝鮮人、日本人，都可以當傭人。」

　　王媽把茶杯放在我面前，向我親熱友好地笑著說：「先生，請喝茶。」

　　「謝謝，」我接過茶杯，放在桌子上，一輪眸子，卻與她的目光相碰。有人說，眼睛是心靈的窗戶。我覺得這個中國農村婦女的目光有些迷離模糊。她畢竟是中國人，我對她自然有些好感。

　　我說：「你是山東煙台人？」

　　她笑了，操著典型的煙台方言：「俺是山東黃縣竹溝村人，日本人打濟南那咱，一股日本兵闖進俺莊裡，老頭兒死了，兒女也散了，俺就闖了關東。」

　　她的眼圈紅了，撩起衣襟擦拭著。我真有點擔心，在日本人家裡這樣說話，也夠大膽的了。「在任何人面前都別淡化了你的親日色彩」這句話又在耳畔響起。同時我在想，她是否是漢奸？她與山崎准之助背後有無政治色彩？我皺了下眉頭，用杯蓋刮著水上的浮沫，一邊用嘴抿著茶，一邊掂量著詞句：「建立王道樂土，建立大東亞共榮圈，做點兒犧牲也是應當的。再說，皇軍也不至於錯殺──」我的意思是你家老頭兒是不是為抗日犧牲的，但話不能這麼說。

　　山崎玖惠卻接過話茬，用漢語說：「歐陽君，別一見面就談這些了。王媽，沒你的事了。」

　　王媽笑容可掬，唯唯諾諾地退著步，拉上紙糊拉門，到廚房去了。

　　我和他們父女邊喝茶邊談話。山崎教授的學術觀點固執反動，這一點我已經絲毫不感到奇怪了。山崎玖惠對我還是那麼親暱，有所不同的是她的政治觀

點更明顯地左傾了。她竟然抨擊軍部發動九一八事變，槍彈製造偽滿洲國，抨擊「日滿親善」「五族共和」。山崎教授則老調重彈，又宣揚一次大和魂和大和民族優越性。說真的，山崎玖惠的話算說到我心裡去了，她說的確確實實是真理。但我不能摻和到他們父女的爭論中去。我覺得此中有詐，我才不上當受騙呢。再說，來此的目的不是爭論什麼問題，弄清什麼是非，我就是要捉火蛇擒金雕。我終於說出這幾年的工作情況：「在林業株式會社經商沒啥意思，想到新京找點事做，最好能搞點學問。」

「這好說，」山崎教授幾乎未假思索，當場拍板，「你與玖惠共同幫我整理資料和卡片索引，這事交給你們倆我最放心。我最近正想物色個助手哩，你來得正好。玖惠畢竟不是學這個專業的，這一年多來，又丟三忘四的，工作得並不理想。你也可以從旁幫幫她。工資嘛，可以在這個研究所開付。你看怎麼樣？」

事情竟會出人意料地遂心如意，但我不能迅即答應，我要表現得猶猶豫豫、二心不定的樣子。山崎玖惠雖然臉頰緋紅（可能是山崎教授的話有傷她的自尊心？還是為我們又能長期在一起共事談心？），向我投來讚許的目光。沉吟片刻，我還是點頭應允了。我們當時就決定下，我搬出岩手旅社，住進山崎教授的家裡。

就這樣，我搬進山崎教授的資料室內。資料室挨著山崎玖惠的臥室，走廊對過就是女傭人王媽的臥室。王媽臥室的隔壁是廚房和浴室。山崎教授的臥室、會客廳、書房、辦公室盡把一頭，幾乎占這座別墅實用面積的三分之一。我覺得這所日本別墅充溢著恬靜和濃郁的學術氛圍。山崎教授的豪爽舉動，山崎玖惠的柔情蜜意，王媽的彬彬有禮、舉措有致，都給人以文靜、優雅、和諧、友誼之感，怎麼也不能與間諜，與火蛇、金雕聯繫在一起。我心下甚至懷疑，滿洲省委的這個情報是否準確，我是否徒虛此行，徒勞無益。

山崎玖惠顯得成熟多了，老練多了。對我還是那麼親暱、友好，那傳神盼顧的秀目，那上翹的嘴角和腮頤邊的又深又圓的笑靨，都給我更深層次的感覺

和暗示。在東京時我們就有較深的友情，兩年之後再相逢，跨過六百多個日夜的空白，這種感情不僅得到了補償，而且有了昇華，變得更加密切，更加熾熱了。只是她的眼睛，有時射出火辣辣灼人的光束；有時那目光又變得迷離模糊，游移不定，像一潭黑水，深不可測；有時又像蒙上一層雲翳，不知她心裡裝的是喜是哀，是樂還是愁。

啊！這一雙難以捉摸的眼神啊！

六、神祕的百獸圖

我是為百獸圖而來的，心思當然都用在對百獸圖的尋覓上，但又不能操之過急，貿然行事，不能不講究方法和策略。從滿洲省委李書記給我翻閱的一大摞材料中，我終於懂得了我將從事的是黨的地下工作，這是一項多麼複雜艱險而又是多麼重要的工作啊！作為黨的地下工作者，無非要解決兩個問題：一是要在敵占區內部安全地潛伏下來，不被識破；二是要能獲取情報並把情報巧妙安全地轉送出去。同時還要研究這方面的學問，掌握這項工作的技巧和藝術。地下工作，有人稱其為間諜戰、祕密戰。不同的時代，不同的國度，不同的政治團體，不同的軍事機構，都在不同程度不同規模採用不同手段和不同策略互相地展開著。我以前並未認識到這種工作有這麼重大的意義。讀完這些材料，使我怵目驚心，激動不已。有一本《日本間諜在中國》的書說：「間諜的活動有時要比戰爭來得殘酷毒辣。一個有才能的軍事間諜，有時也能破壞敵人整個計劃，消滅敵人無數的軍隊……甚至消滅敵人整個國家。」「間諜是以一種機密戰鬥員的身分，負著本國政府或情報機關的使命……以各式各樣的職業或名義為掩護而活動著……這種人即稱之為間諜，英文叫 SPY。但間諜是無名英雄，在戰爭中雖起了極大作用，後來連真實姓名亦難查考，很少有精神、名譽的報酬……就得要立志做無名英雄。」我至今還牢記著這些話，因為它說得有一定的道理，有一定的深度。而日本的間諜戰更使人瞠目結舌，震驚不已。自明治維新以後，日本的一切都步武英美，其間諜工作尤為突出，學者、僧侶、

教徒、娼妓，無不頻頻而深入地活動。在太平洋航行的任何一國的船隻上，必有一個日本間諜。

　　其實，這並不是外國人所杜撰的。使用間諜，尤其是女間諜，在中國的歷史上，已較為久遠，也有這方面的研究著述問世。《孫子兵法》用一章《用間篇》專門論述間諜活動的目的及手段。清代的朱逢甲寫了一部《間書》，專門論述間諜。據《史記》記載，秦國只花了幾個錢，買通一個奸細，就消滅了一個國家。《史記》還記載，淮南王劉安的女兒劉陵就是個出色的女間諜，她憑藉自己的金錢、口才、交際手段，把漢武帝朝廷中的大小機密情報送到父親劉安的手中。但叛亂事發，劉陵志未成身先死。傳說越國的范蠡用美女西施打進吳國，為越王勾踐滅吳創造了條件；三國時的王允用貂蟬巧施連環計，除掉董卓，貂蟬立下反間功勞，這是盡人皆知的掌故。據《間書》考證，早在夏朝的少康時代，就動用了間諜，「使女艾間澆」，計算起來，至今已有四千年歷史。德國、日本的間諜專家也都十分重視對中國間諜史的研究。

　　而我，一個沒有間諜知識和經驗的民俗學者，卻要在諜海之中游泳，與間諜魔怪打交道，只靠那點兒先天靈氣和讀過的一些書面材料，顯然不夠。但我有決心完成這個任務，我相信自己的機敏和應變能力。我會成為諜海中的弄潮兒。

　　我的主攻方向是誰？我選擇了山崎准之助。他過去是我的老師，現在卻是我的死敵。我要和他鬥智鬥法，必要時還可以教育山崎玖惠，使她幡然悔悟，站在我這方面，為我所用。還有那個血管裡流著中國人鮮血的王媽，也可以爭取、藉助。想到這裡，我的自信心更強了。

　　有一份材料說，妖冶的埃及女王克麗奧佩特拉對一代梟雄朱利葉斯．凱撒說過這樣一句話：「祕密戰爭不能沒有女人，除非這個世界上只剩下男人。」而我和我的主攻對象都是男性，這似乎有悖於埃及女王克麗奧佩特拉的斷言。但我的行動方案不能改變，因為任何時候都有特殊和個別。披著學者外衣的魔鬼，你等著瞧吧。你的鼻祖豆山滿的一生，是一連串的冒險事業。而你，將在

中國的土地上敗北，將在你的學生面前鎩羽俯首，丟臉服輸。

於是，我埋頭在案牘和瑣碎事務中去。我並不感到厭煩和無聊，反倒精神亢奮，興趣盎然。我相信在這汗牛充棟的書房裡，會找到百獸圖的。

但，一個月的時間過去了，竟然一無所獲。而敵偽的報刊又大肆宣揚在「間島又破獲一個共產黨分子集團」。我心急火燎，憂心如焚。我的面前又噴湧著烈士們的血。時不我待，我必須加快工作節奏了。

這一天，竟出現了飛躍性的突破。山崎父女各在各自的室內忙各自的事，王媽上街買菜去了。整個別墅顯得十分靜謐。我漫無目的地翻檢著圖書資料。在一隻破舊書箱裡，翻出一本記載世界各國奇異婚葬習俗的線裝書籍。在書的最後一張折頁裡夾著一張三十二開黃表紙條，上面畫著一隻黑狐的圖案。圖案下面有外文字母，還附有人頭像。奇怪的是黑狐圖案被用硃砂筆勾了個圓圈。記憶和聯想馬上使我想到被我除奸隊逮捕處決的范建。他的胸脯就有黑狐的文身圖案，難道說這就是百獸圖中的一隻獸嗎？我受到極大鼓舞。我懂英語、法語、德語、俄語、拉丁語，這圖案下的外文字母卻未讀懂。為什麼呢？這不關緊要，我顧不了這麼多，我還要翻查尋找。終於第二本書最後一張折頁間，又發現一張三十二開黃表紙，紙上的圖案是狼，下面有照片，而外文字母還是沒讀懂。但圖案上卻未見硃筆圓圈。難道這個書箱裡裝的就是百獸圖？我欣喜若狂，興奮得心兒撲通撲通直跳，又一鼓作氣地翻檢下去。共九十八本書，九十八個圖案，唯獨不見火蛇和金雕。事情很明白，火蛇可能是山崎准之助，而金雕呢？真是個神祕的百獸圖。

雖然外文字母未能破譯，但憑我驚人的記憶，每張圖及圖下的字母，我可以背誦如流，還可以一字不誤地書寫下來。

我把這些線裝書按原樣放回書箱裡，蓋好箱蓋，坐在辦公桌前，一邊吸菸，一邊思索著下一步的行動。必須馬上同地下交通員取得聯繫。當初李書記再三囑咐我，只有情報到手，才能同地下交通員聯繫。時間緊迫，不能拖延，必須儘快把百獸圖及外文字母當面寫給他。

我在煙灰缸裡撳滅了煙蒂，剛要起身外出，這時王媽買菜回來了，拉開紙糊拉門，端著茶盤，笑吟吟地進來了，操著煙台方言說：「歐陽先生，請喝茶。」

我客氣地接過茶杯，放在唇邊啜了一口。俄頃，我把茶杯放在桌上，抬眼一瞧，見王媽的目光正覷著那隻舊書箱，又在屋裡逡巡一週，質樸憨厚地笑著說：「歐陽先生是讀大書的人，有大學問，可要愛惜身子骨，別累壞了。」

她順手拿起抹布，擦拭著書架、辦公桌和那隻舊書箱。

她每天都給我收拾屋子，送茶端水，十分勤勉客氣，也很講禮貌。我對她抱有天然的好感。

我們又攀談起來。在言談中她流露出對日本人的憤懣和怨恨。她最後這句話卻頗值得尋味：「山崎一家跟關東軍司令部的人常來往。」她盯了我一眼，笑了笑，見我又埋頭看書，對此不感興趣，也不置可否，就搭訕著，倒退出門，又拉上了紙糊拉門。

我覺得她的神情有點異樣。這不能不引起我的關注和警覺。再掃一下紙糊拉門，發現不知何時被戳了個指蓋大的三角眼。莫非誰在窺測我的行動？是山崎准之助，還是山崎玖惠？抑或是王媽？我是否有些神經質？王媽是闖關東的山東婦女，對日本人有怨恨，剛才那句話是否有意在向我暗示什麼？但她不知道我的政治身分呀！山崎玖惠似乎也不可能，她是我的好友，這些天我們之間的感情有了進一步的發展。說真心話，我愛她；憑感覺，我可以斷定她很愛我。她還是那麼激進左傾。有一天，在月下花前，我們散步談心，她甚至說，一旦我們兩人想要結婚，她父親是不會反對的。那一次，她雙手攀住了我的脖頸，蹺起腳跟，主動地吻了我。我心旌搖動，狂吻著她的眼睛、額頭、頸項……難道說這是陰謀，是手段？山崎這條老狐狸為什麼竟然贊同我們的婚事？是我「不要淡化了你的親日色彩」麻痺了他，解除了他的思想武裝，還是他有意策劃安排？要當心間諜美女。

我必須把情報送出去。

我找到了地下交通，他記下了我口授的外文字母，並約定我三天后再見面，聽候上級指示。但三天后我們再見面時，他緊鎖眉頭，面露戚色，說：「文字破譯不了，上級指示要儘快搞到密鑰。」

這密鑰就是破譯百獸圖的密碼鑰匙。只有找到它，才能譯出百獸圖上外文字母的內容，才能知道百獸圖的姓名、年齡、性別、活動地點等。沒有密鑰，這些外文情報無異於一沓廢紙。

我陷入了痛苦的思索中去。

七、混跡在群魔之中

七月的長春是涼爽宜人的。

七月的大連也並不燠熱，只是空氣有些咸腥潮濕。

大連從建築到市容都充滿了東洋氣。我感到壓抑、惆悵。這有兩方面的原因：一是切膚之痛刺灼著我的心，二是我的任務還沒著沒落。

七月初，山崎玖惠一定要我陪她去大連旅順玩玩，她說順便去會會朋友。她還別出心裁地讓我化妝成日本人，還給我一沓印有日本姓名、職銜的名片。我的流利的東京都方言，對日本的風俗人情的諳然於心，都保證這一設計天衣無縫，不留破綻。

原來關東軍司令部要在這兒，在原關東軍司令部召開一個重要會議。參加會議的大都是佐級以上的軍官和政府要員。原關東軍司令部設在旅順口的海邊，是俄國式建築：兩層樓，花崗岩砌就的台階，鏤花的鐵門，鐵窗柵欄。前邊面臨旅順灣，再往南就是老鐵山、老虎尾，東南面是黃金山，後面是海拔一百多米的白玉山。日俄戰爭後，沙俄軍隊敗北，沙俄的司令部連同軍事要塞，都轉讓給了日本。就是在這座魔窟內，導演出了近代史上幾齣骯髒卑鄙的醜劇。罪惡的東方會議，為侵略中國的田中奏摺描繪了最初的構架。震驚中外的九一八事變也是在這裡由本莊繁司令官醞釀導演出籠的。現在，群魔麇集，又要有什麼舉措呢？

主持會議的是現任關東軍司令官武藤信義大將，高級參謀阪田大佐也是個重要角色。

　　我的名片印著中佐軍銜，名字叫山田蓋岩，竟然沒引起任何人的懷疑。再說我和武藤從未謀面，這個魔酋也不會懷疑我的身分。

　　會議就在原關東軍司令部禮堂裡舉行。那真是群魔亂舞，魑魅橫行，侵華滅華的戰爭狂潮甚囂塵上。

　　在這次會議上，我得到了一份只有將佐級軍官才允許閱讀的《日本人服務須知》。我當時想，如果把這個「須知」公之於世，將是對日本帝國主義的「日滿親善」「王道樂土」的欺騙性宣傳來一個徹底的揭穿，一記響亮的耳光。

　　在這次會議上，還研究如何撲滅東北抗日武裝力量，如何進兵華北，侵占全中國，稱雄東亞。

　　自始至終，山崎玖惠都和我相依相伴。她顯得異常活躍，常與一些少壯軍官跳舞說笑。有一天晚上，在禮堂裡，我們倆依偎在一起看電影。當看到日本侵略軍在撫順平頂山和安東鴨綠江邊的血腥大屠殺時，我再也抑制不住激憤和敵愾的心情，我渾身震顫抖慄，兩手死死抓住她的胳臂，淚泗滴落。「不要淡化了你的親日色彩」的聲音又在耳畔響起。我立即警覺到自己的失態失控。我從她的手中抽出手來，掏出手絹，揩乾了淚痕，裝得和日本軍官一樣歡呼雀躍。這時電燈亮了，我側目盼顧，分明看見她的腮邊掛滿了淚痕。

　　電影散場了，我同山崎玖惠攜手走出禮堂，走出原關東軍司令部，不約而同地向白玉山走去。爬上了白玉山頂，來到了高達六十多米的所謂「表忠塔」前。這是一座為紀念乃木希典大將而修建的呈砲彈形的高塔，這兒是被視為聖潔莊重之處的。我們並肩坐在塔下的石階上，緊緊偎擁在一起。天，碧藍碧藍，閃著銀亮的星星；海，墨藍墨藍，閃出點點漁火。空氣清新，伴著濃郁的花香。萬籟俱寂，只能聽到我倆的心跳聲和呼吸聲。我還沒完全從適才的氛圍中擺脫開來。我覺得心臟緊縮，我感到她的身子在輕微顫慄。

　　「玖惠，你——真心愛我嗎？是真的？」我低聲囁嚅著。

「何止是愛，」她把我摟得更緊了，「我什麼都可以奉獻給你。」

她閉上了眼睛，藉著朦朧的月光，我看見她的長長的睫毛在輕輕顫跳，小巧的嘴巴渴求似的張開著，在等待，在企盼。

我終於下了決心，因為時間不多了，百獸圖還在猖狂活動，多少共產黨員和愛國志士正在遭逮捕，被屠殺。當然我也給自己留下了退路，那就是求知慾，探奇欲。

「這些字母的意思你懂嗎？」我用食指在她的掌心寫出百獸圖中的一個圖案下面的系列字母。

「不，不懂！」她驚慌失措，攥起了手掌。我彷彿掉進了冰窖。我對她絕望了。但稍待片刻，她卻壓低聲音，意味深長地說：「我會設法讓你讀懂，一定！」

「真的？」她衝我點點頭，我大喜過望，把她攬進懷裡，「什麼時候？」

「明天。」她顯得疲憊不堪，忽又狂吻著我，「我，我要你——」

……

兩顆心靈結合了，兩具軀體糅合了。這是否是對大和魂大和民族優越論者的譏諷，是否是對「表忠塔」的褻瀆和蔑視？

第二天一早，我們就從大連登上關東軍司令官的專列，向長春駛去。山崎玖惠英姿煥發，活潑異常，領著我在各節車廂穿行，或獻酒，或獻煙。她又帶我來到武藤信義司令官和阪田大佐的車廂裡，親自給這兩個魔酋斟滿了五加皮酒，又給我和她，也斟滿了杯。她舉起酒杯，帶著甜笑和魅力，與武藤、阪田碰了杯。武藤和阪田瞪著色迷迷的眼睛，呵呵呆呆地笑著，把滿滿一杯酒灌進了肚子裡。

武藤是個矮胖子，臉膛紫黑，剃著光頭，八字眉耷拉著，三角眼眯縫著。他被山崎玖惠的色相迷住了，但不勝酒力，又不甘寂寞，就自彈著三絃琴，哼起了《君之代》。而阪田是個少壯軍官，年少得志，剛愎自用。他乾了一杯，把空酒杯伸向山崎玖惠，山崎玖惠又給他斟滿一杯，他一仰脖，又一飲而盡。

他用手背抹抹仁丹胡，拍拍山崎玖惠的肩頭，嘟嘟囔囔道：「呦西！呦西！」

當天下午，我們回到長春。就是在這天的夜晚，發生了一樁震驚中外的大事。

八、原來她是火蛇而她是金雕

我們雙雙回到別墅裡，山崎准之助和王媽熱情地歡迎我們。王媽特意備辦一桌魯味酒席，為我們接風洗塵。山崎玖惠央求父親破例邀請王媽與我們共席。山崎准之助滿口答應了，王媽躊躇再三，還是入了席。山崎玖惠打開一瓶日本清酒，先取過一隻酒杯，為王媽斟滿一杯，又給山崎准之助和我也斟滿了。我們四人起身碰杯，一飲而盡。山崎玖惠滔滔不絕地講述大連之行的一路見聞，講得繪聲繪色，生動活潑。王媽也表現出少有的興奮，山崎玖惠又給她斟滿一杯，她推拒再三，山崎玖惠卻極力勸酒，她拗不過，到底乾了這一滿杯。

王媽喝完這杯酒就退了席，又去忙著盛飯，收拾廚房，給我們燒洗澡水。

山崎准之助先睡下了。

山崎玖惠嬌嗔地瞟了我一眼說：「咱們共同洗『鳳呂屋』吧。」

我盼望她能把久懸我心頭的密鑰快些告訴我。我從心底熱戀著她。男女同池沐浴的習俗，我在日本也領略過。於是，我們脫掉衣裳，先在池外用肥皂擦身，沖洗乾淨之後，再進池裡浸泡。她的白皙細嫩的肌膚，渾圓的肩頭，凝脂般的皮膚和豐滿的乳房，使我痴迷，也有些害羞。但是，啊！那是什麼？在胸前劍突部位，一隻金黃的東西在翩翩晃動！啊，那是什麼？是一隻舉翼翩飛的鷹，是金雕，是金雕圖案。原來她就是金雕！這一剎那間，我直覺天轉地旋，眼花頭暈，幾乎跌倒池中。這怎麼可能，我所迷戀的少女，竟是百獸之首──金雕。她欺騙了我，她褻瀆了我純真的愛情，她是女間諜。

山崎玖惠浸泡不一會兒，就跳出池塘，披著浴巾，走出鳳呂屋。

我閉目靜思片刻，終於抑制住心臟的狂跳。我在檢討自己，我犯了個絕大

的錯誤，我到底暴露了我的身分。這一對狗父女，是我們民族的災難，是我們民族的死敵。我鎮靜下來，一個應急的措施終於構思出來了。

我跳出浴池，用浴巾擦乾了身子，穿好了衣裳，回到資料室我的臥室，做好了應做的準備。我躡手躡腳地潛入山崎玖惠的臥室。室內的電燈還亮著，山崎玖惠已沉然入睡。我一步步走上前去，就在我正要動手的一霎時，山崎玖惠卻翻了個身，仰面閉目，顯得那麼恬淡安適。在她辦公桌上放著一個硬紙片，上面寫著「通古斯語」四個大字，下面的小字是通古斯語與外文字母對照表。啊，找到了，這就是密鑰。原來百獸圖上的文字是通古斯語，這是我無論如何未曾料到的。憑我的記憶力，記這幾十個字母的對照表，是輕而易舉的事。我的任務終於完成了，只要我能安全走出長春，那九十七隻獸的大限就到了。但眼前的這兩隻獸，兩隻獸首必須幹掉。山崎玖惠——金雕，山崎准之助——火蛇，一個是我曾愛戀過的人，一個是我的老師。但此刻，我顧不了許多，我必須毫不猶豫地幹掉他們。

我湊近床前，懷著滿腔的仇和恨，伸出雙手，死死地掐住她的喉嚨。她沒有一點兒聲息，也沒有一點兒反抗和掙扎，只是睜開雙目，衝我投來一束柔和的光，復又閉上眼瞼，從眼角上淌出兩滴胭脂色的淚，從嘴角流出一滴殷紅的血，滴在枕頭上一方繡著櫻花的絲手絹上。她臉色紫黑，終於停止了呼吸。這時，我發現桌子上還有一張關東軍司令部頒發的紅色硬皮燙金的特別通行證。我拾起來揣進兜裡。有了特別通行證，再加上印有中佐軍銜的名片，這是最安全的路條。

我拉開拉門，要潛進山崎准之助的臥室，幹掉這個惡魔再走。這時，我斜對過的紙門忽然拉開，只見王媽一手扶著門框，一手握著手槍，瞪著血紅的眼睛，衝我用日語喝道：「站住，你走不了啦！」

「你是什麼人？」我大吃一驚。

她痛苦地撕開襯衣，袒露著胸懷，惡聲惡氣地說：「明白了吧！」

在她前胸上，刺著一條金色的蛇形圖案。啊，火蛇，她是火蛇。我氣憤已

極，低聲叱罵道：「你這個不知羞恥的狗漢奸！」

「漢奸？」她嘿然冷笑起來，「歐陽先生，你誤會了，我是堂堂正正的日本人，大和民族，櫻會的成員。你，在我面前還是隻雛。從你來到這所別墅那天起，我就懷疑你了，你偷看百獸圖，可那有什麼用，你破譯不了。你急得團團轉，急得心急火燎，嘿嘿，老娘可以告訴你了！」

「你要怎麼樣？」我做好了一死的準備。

「到關東軍司令部去，阪田大佐就是我的上司。交代清楚，是誰派你來取百獸圖的？是滿洲省委吧。把他們交代出來，你可以成為我們一個成員。正好黑狐范建死了，你就頂他的缺。」

「要是我不聽你的呢？」

「我就開槍。」

我什麼都明白了，拚搏，拚搏，縱使一死，也不能束手就擒。我一彈身向她猛撲過去。她早有準備，扣動了扳機，但槍沒響。她又扣動扳機，槍還是沒響。她慌神了，扔下手槍，卻頹然倒地，兩手搗著胸脯，汗流滿面，痛苦呻吟，隨著口吐鮮血，竟一命嗚呼了。

山崎准之助不是火蛇，我誤會他了，但也只好不辭而別了。我當晚離開長春，乘上亞細亞特別快車，直奔哈爾濱，找到滿洲省委，向李書記口述了密鑰。

不久，分佈在東北各地的九十七隻野獸全部被我除奸隊捉獲處決了。

不久，《日本人服務須知》小冊子印發東北各地，把關東軍搞得惱羞成怒，狼狽不堪。

七月十三日，敵偽報刊登載消息，關東軍司令官武藤信義大將死亡，關東軍司令部高級參謀阪田大佐死亡。

一年後，我國出版的由時遜志編著的《還我河山》一書的一節中，披露了一則重要消息：

武藤死謎

關東軍前任司令官陸軍大將武藤信義，於去年七月二十七日死去，聞其死因，至今仍傳說紛紛，雖經日方否認暗殺，但此地日人亦信其死因不為通常之病症。相傳武藤大將在車中遇刺客，或謂被地雷炸傷，或謂被投炸彈。據其機要方面所傳，此種謠傳均不確實。其實武藤自大連回長春車中，其食品被暗藏砒霜，武藤與其參謀阪田大佐食之同時中毒。但阪田參謀中毒過甚，車到長春，未幾在其家中斃命。武藤毒輕，即延醫解毒，而再延命數日，結果亦一命嗚呼。阪田參謀死後，關東軍密而不發，待武藤大將死後三天，始宣佈阪田參謀枉死。又於武藤遺囑中述其部下分派爭執有害於將來治滿成績，囑陸軍設法解此糾紛，足見武藤死因之複雜矣。

此後多少年來，我一直琢磨不透的有五點：一、通古斯語與外文字母對照表為什麼這麼輕易得到手？二、特別通行證為什麼唾手可得？而且日偽根本就沒追查我；三、火蛇王媽的槍為什麼沒打響？四、火蛇王媽為什麼猝死？五、關東軍司令官武藤和高級參謀阪田大佐何以中毒斃命？是誰以怎樣的方式投的毒？

我一直以為這是永遠也解釋不了的懸案。

九、山崎玖惠的絕命書

此時，我已翻閱完了影集上所有的照片。我又從久遠的回憶中猛醒過來。紛亂的思緒，攪得我五十多年來未曾須臾平靜過。睹物思人，睹物思事，半個世紀前的人和事歷歷在目，聲聲縈耳，使我忘情，令我痴迷，竟然慢待了眼前的這位客人。我淺淺一笑，想表達一下愧疚和歉意。但歐陽靜子的深情迷惘、無限痛楚的目光，著實叫我詫異。是啊，眼前的這個女人，她的名字，她的身姿面容，也是一個未能索解的謎。不待我開口說話，歐陽靜子又從提箱裡取出一個信封，恭恭敬敬地遞給我。她顯得那麼肅穆莊重，帶著無限的虔誠和深

情。我接過信封，未曾拆閱，先自覺得它的神祕、奇異和重要。信封的堵口用糨糊粘得很嚴很牢，信封正面寫著「中國・東北・歐陽靜先生親啟」，信封的背面寫著「日本國・東京都港區南麻布 6-4-3-555。山崎玖惠」。

山崎玖惠，山崎玖惠，難道是那個女人？那個金雕？她還健在人世？

我茫然了，一時腦海裡呈現空白。世上難道還有這等怪事？

我手指顫抖，終於啟開信封，從中抽出一沓質地綿軟堅韌的宣紙。展開一看，上面是用毛筆直書的漢字。書法工整流暢，雋秀精美。一望而知，基礎是柳體又糅進近衛體與瘦金體之精髓，竟自成一家。我記得她臨摹王羲之的字帖，怎麼又學瘦金體了呢？可能不是她的手筆吧。我來不及多想什麼了，展目一看，「絕命書」三個清秀的大字赫然入目。這又是怎麼回事？信是這樣寫的：

歐陽靜君大鑒：

假若你真能讀到這封信，那麼我的在天之靈會感到莫大的幸福和欣慰。臨案奮筆，思緒萬千，不覺潸然淚下。往事如煙如霧，思之如醉如痴，悵然不能自已。癌魔纏身，不久人世，不敢奢求再續琴瑟之音，但願能使你疑團冰釋，我亦死而無憾了。

你可能至今還在恨我怨我疑我憐我，但「孰能察余之衷情兮」？這段因因緣緣，悲悲切切，全是日本軍國主義分子使然。設若沒有九一八事變，君不會輟學回國，我亦不會大學畢業後被徵入「拓殖大學」受訓。進了「拓殖大學」我才知道自己上了賊船，入了魔窟。但我不知道我是在幹間諜工作，更不知道我從事的是危害中國人民的罪惡勾當。在「拓殖大學」受訓完畢，我偕同父親奔往滿洲。說是協同父親搞民俗學研究，掌管資料和卡片，但女間諜們卻將我麻醉，並給我紋了身，胸前劍突上的金雕就是永遠剝刻不掉的恥辱和罪孽。我受火蛇直接指揮，我們的老闆就是阪田大佐。但火蛇是誰我並不知道。阪田說我平常思想左傾，這很好，以後還要這麼左傾下去。阪田這隻色狼，瞪著色迷

迷的眼睛，早在打我的主意。他們揚言，我如若膽敢洩密叛逆，就幹掉我的老父親。父親是個迂腐氣很濃的學者，觀點錯誤，又十分固執，但為人善良正直。為了父親，我只能隱忍強顏，虛與周旋，虛與委蛇。這時，我才知道，我保管著百獸圖。但百獸圖有什麼用場，我並不知道。那上面的文字，我至今也破譯不了，因為我不懂通古斯語。那時，我是多麼想念你呀，多麼盼望你能來到我的身邊。我有許多話要給你說，我要代表我們的國家向你致歉，向中國人民謝罪。明明白白，我國是侵略者，我們的軍人是屠夫劊子手。慘無人道的日本軍人屠殺中國軍民。日本法西斯鐵蹄踐踏著白山黑水。是日本軍人給中國人民製造無數的災難、痛苦、恥辱……日本軍國主義分子欠了中國人民一筆巨債。這一天，終於盼來了，你果真來到我的身邊。我欣喜若狂，激動得幾乎流淚。但這時火蛇投來警告書，正告我要冷靜，不要忘記自己是帝國國民，要我格外留心，切莫讓痴情燒化了理智。這個火蛇是誰？百獸圖裡沒有照片和文字記載。我為你擔心，也為老父犯愁。那一天，你翻閱百獸圖，我發現王媽趴在你臥室的拉門外，透過孔眼窺視你。其實她藏在廚房裡，根本就沒有去買菜。幹完這一切，她躡手躡腳地走到房門前，打開房門，裝作買菜回來的樣子。這一切全暴露在我的視野裡。這個山東女人是個謎，我要解開這個謎。

當初是關東軍的人把她介紹給我們家當傭人。她勤勞節儉，講衛生，懂禮貌，很得父親和我的賞識。自那次事情發生後，我就分外仔細觀察她的言行。我發現她的一些生活習慣頗有日本人的味道。我還發現她能聽懂我和父親的談話。這時，我懷疑她不是中國人，可能是日本人。她那一雙三寸金蓮和她地道的山東話，迷惑了你，也欺騙了我們。終於有一天，她洗澡時，我藉故突然闖進鳳呂屋。她嚇得「啊」地大叫一聲，疾快潛下池內，但我還是清楚地看見了她胸脯上的火蛇圖案，我裝做什麼也沒看見，馬上離開鳳呂屋。我躺在床上，幾乎暈了過去。王媽是火蛇，是間諜頭子。這時我觀察你情緒煩躁，我知道你是在為破解不了百獸圖而日處愁城，苦惱著急。此時我對你的身分也有了懷疑，但我認為你是好人，好的中國人，即使你要幹什麼事，也是作為一個中國

人所應當幹的。你不告訴我，對我保密，這個我理解，因為我畢竟是日本人，是來中國幹事的日本人，況且我自己知道自己的「金雕」身分。我很想幫忙，苦於無計可施，苦於不到火候。王媽肯定已經對你有所懷疑。我猛然覺得，將要有大禍降身。你、父親和我，隨時都會被祕密除掉。我必須拯救你，拯救父親，我必須提前行動，我要勇於犧牲我自己。只是我還不明白，你和王媽為什麼如此看重百獸圖。我必須搞清百獸圖到底有什麼用處。這一天，在海軍俱樂部裡，我破例地對阪田大佐表現得親暱熱情，連灌了他幾杯櫻正宗。他這人，酒一到量，話語就多，稍加疏導，就會和盤托出。從他的口中，我才知道，所謂的百獸圖，就是一百個特務，我就是其中之一。大部分都打進共產黨和抗日團體內部，大搞竊取情報和反間暗殺的活動。他還告訴我，百獸圖上的文字是通古斯語，用拉丁字母代替，其參照表就藏在我家客廳天照大神牌位的底座裡。這時，我才恍然大悟，原來我和王媽均在百獸之列。號稱百獸圖，其實有文字圖像的只有九十八人。這百獸圖只有關東軍司令官武藤和阪田大佐及百獸之首王媽三人才能夠譯解。第二天阪田大佐醒了酒，特意打電話讓我到關東軍司令部他的辦公室去，他劈頭就問：「我昨天都胡說了一些什麼？」我知道他是在探測。我裝作嬌嗔地說：「你很壞，你很壞，羞死人了！」我用雙手搗著臉，裝出羞與人言的樣子。他果然信以為真，笑了，又要動手動腳。我連聲說：「你壞，你壞！」雙手搗著臉跑掉了。不久，關東軍在大連開會，我必須參加，我央求阪田讓你也參加會議。阪田知道你的身世，也瞭解你的政治色彩，但對你偷看百獸圖提出質疑。我說：「他為父親管理資料，能看不到嗎？」阪田半信半疑，又不懷好意地問：「你們是什麼關係？」我惱了，說：「你太小瞧我了，我一個堂堂帝國國民，能嫁給一個中國人？」阪田有一些相信了，但又提出這次會很重要，只准日本人參加，只准佐級以上軍官參加，不准其他人參加。阪田正打我的主意，對於我的要求，他總算同意了，並答應我可以給你印名片，只是對別人要保密，包括對司令官武藤信義。他還說：「這期間，讓他迴避一下也好。」原來他還害怕你在家捅出婁子。在大連會議上，軍方的

醜惡露骨表演你都看到了。看電影時，當放映到日軍大肆屠殺手無寸鐵的中國人時，你激動得渾身顫慄，攥得我的胳臂疼痛難忍。我流淚，在為你流淚，在為中國人流淚。我愛你，也愛中國。我願意為你辦事，哪怕辦成一件也好，就是死了我也心甘情願。白玉山頂的甜蜜之夜，我向你奉獻少女的一切，也下定一死的決心。因為我已經做好了準備，要幹一件大事，不成功便成仁，還要不露聲色，目的是保護父親，保護你。事情幹得那樣得心應手。我把砒霜放在酒杯裡，給武藤和阪田灌了下去。回長春的當天，我又把砒霜放進酒杯裡，灌進了王媽的肚子裡。我還把她藏在身邊的手槍子彈全退了出來。我幹得很順手，我料定這三個傢伙必死無疑。我怎麼辦？我想好了，只有一死才能保住父親。讓誰殺死我？只有你最合適。我為你找出了通古斯語與拉丁文字母對照表，還為你準備好了特別通行證。我倆洗澡時，我有意向你袒露了金雕文身圖案。按照你的性格氣質、民族感情和政治信仰，我估計你會萌生殺死我的決心。這對我是痛苦的，因為我是那樣地愛著你呀！你以為我欺騙了你的愛情，你以為我是個美女間諜，是個窮凶極惡的女妖。我巴望你這樣想這樣做。你果真這樣做了。我嘴角淌出的是鮮血，我眼角流出的是和著血的淚。我終於死在我愛人的手中，這是悲痛的，也是幸福的。

　　生活中有很多偶然性，由於這種偶然與巧合，就構成了戲劇性情節。我沒能英年物化，遽爾早逝，也是個偶然與巧合。我常這樣想，你可能還是從心底裡愛戀著我，因而手勁兒不大，僅僅使我窒息，並沒有用鈍器砸我，用利器扎我。第二天，我終於緩醒過來了。家裡出了大事，一死一傷一失蹤。父親慌了手腳。關東軍司令官和高級參謀也先後死去，亂作一團，也顧不得我們了，只派人到醫院詢問我。我編了一套謊話回答他們說，闖進兩個歹徒，弄死了王媽，綁架了你，我被勒得昏死過去。關東軍也無法查清此事，只好作為懸案掛起。我住了一個月的院。好痛苦啊，我常常哭泣，不知者以為我禁不住病痛折磨，其實我在為你擔心，為你痛哭。你是否安全離開了長春？你是否上山打游擊去了？我今生今世還能見到你嗎？還有一層，我發現我已經懷孕了，這是你

的孩子呀。臨產時誰人能給我以安慰和照拂？孩子出生後，何時能見到爸爸？

出院不久，我和父親就回到了日本。回國不久，就生下個女兒。我把一切全對父親說了。他搖搖頭，深深嘆了口氣，算是對我的寬恕原諒，對我們關係的默許首肯。為給孩子起名，我很費了些心思。想來想去還是在你的名字下面加個「子」字最妥當。歐陽靜子就是咱倆的女兒。孩子長得多可愛呀！稍大一點，她就管我要爸爸。我就說你在滿洲作戰。連親戚鄰居也都信以為真了。日本戰敗不久，父親年居高齡，無疾而亡。他的學術觀點也改變了，經常檢討自己過去的偏激固執。他很喜愛你這個高足弟子，直到嚥氣時還在呼喚你的名字。這些年我沒一刻不在思念你。但我無法尋找你。即使我找到了，又會是怎樣的結局呢？或是給你背上個日本特務妻子的包袱，或是你已另建家室，我又怎好插足其間？我在東北的這段歷史不能公之於眾，當年的軍國主義分子仍大有人在，難免不會對我和靜子下毒手。我只能默默無聞地生活，勤勉地勞作。總算把靜子撫養成人了，大學畢業後結婚成了家。這也是我對你唯一能盡的一點義務。如果你也孑然一身，晚景之淒涼可想而知。你可以到日本來，靜子也可以回中國去，她會很好地照顧你，侍奉你，讓你安度晚年。寫到這裡不禁想到《紅樓夢》中《終身誤》的兩句詞：「嘆人間，美中不足今方信；縱然是齊眉舉案，到底意難平。」青山不老，綠水長流，他年相逢，渺茫無期。情難酬白骨，淚可到黃泉。紙短情長，言不盡意，伏案輟筆，泣血揮淚，心力交瘁，五內俱焚，不勝淒婉，難禁悲感。

妻山崎玖惠頓首泣拜

十、烏夜啼

讀到這兒，我已是五內俱焚，肝膽寸裂了。天下竟有這等奇事這等奇人！說奇也不奇，五十多年來，我冥冥中就覺得事情應該是這樣發展的。只是我錯怪了她，誤傷了她，這是我終生無法挽回、無法彌補的過失。我唏噓嗟嘆，熱淚沾裳。山崎玖惠，我感謝你，中國人民感謝你。

這時，一直靜坐在沙發一角的靜子，驀地站起身來，撲奔到我的面前，屈膝跪跪在我的腳前，嚶嚶哭泣，痛聲呼叫：「爸爸！」

「孩子，」我撫著她抽搐的雙肩，把她扶了起來，「我的孩子，你們母女吃盡了苦，我對不起你們哪！」

靜子逐漸平息下來，又轉身打開提箱，捧出一個方形盒子，莊重地遞給了我。

我接過來，放在寫字檯上，打開紅布包袱皮，原來是製作精緻的骨灰盒。不必細問，這一定是山崎玖惠的骨殖。我心臟狂跳，呼吸緊迫，頭暈目眩，變得木木訥訥，老耄遲鈍。骨灰盒正面鑲嵌的一幀照片吸引了我。這不是五十多年前在旅順灣前她留下的照片嗎？烏黑的稚子髻，微挑的柳葉眉，筆直秀巧的鼻子，元寶形的棱角分明的小嘴巴，白襟和服任海風吹拂著，還是那麼丰姿綽約，風韻可人。對著大海，她目光深邃凝滯。只有在今天，我才明白她那時正在想著什麼，醞釀著什麼，構思著什麼。她天生麗質，性格剛強，要愛，就愛得熾熱、深沉、大膽，要幹事，就幹得勇敢、機敏、果斷。她雖然先我而去，但我總覺得她就依偎在我的身邊，我彷彿聽到了她的心跳聲和呼吸聲，彷彿聞到了發自她身上的特有的馨香氣息。

我忽然又發現，在骨灰盒上面蓋著一方手絹。這引起我的極大注意。我太熟悉這塊手絹了。絲手絹上繡著櫻花，但又渲染上幾塊紅。這是血，是我向她伸出致命的雙手時從她嘴角裡淌出的鮮血。我輕輕拾起絲手絹，托在掌上，又見手絹上有墨筆寫的漢字，用的還是瘦金體，抄錄的是南唐李煜的詞《烏夜啼》。

林花謝了春紅，太匆匆！無奈朝來寒雨晚來風。胭脂淚，留人醉，幾時重？自是人生長恨水長東。

「胭脂淚，留人醉，幾時重？自是人生長恨水長東。」我反覆吟誦著。

山崎玖惠，你我夫妻一場，生不能相濡以沫，死焉能相忘於大海？

一個想法頓時在腦海中形成，我的內心感到一絲慰藉和平衡。我把骨灰盒

緊緊捧在胸前，嘴唇囁嚅著：

「大海，大海——」

凋零的野百合

一

　　她叫百合。是姓百還是無姓氏，無可稽考。

　　她是個沒歷史的人，不知其生於何年何月，歷史似乎淡漠了她。當然這無關緊要。她只記得她曾堂而皇之地結過一次婚。當然，儀式是簡單得不能再簡單了，具體細節，她的心路歷程上沒有留下任何痕跡。她是個不願回憶的人。歷史就是歷史，過去的時間與物事，對她來說已無任何價值。她生活在現實中，可觸摸可體驗的活生生的現實中。

　　所以她沒有憂傷，沒有疑慮。

　　當然記憶還是有的，只不過已經變成散亂無序的碎片，偶爾也能拾擷幾枚。她住的地方叫鹼場溝，可能是打鹿的獵人起的名字。她的丈夫同她一樣年輕體壯。現在，她叫他死鬼。他已死了多年。在長白山一條細長而幽深的溝壑中，幾百里無人煙，只有他們兩人。她是怎麼來的長白大山也記不太清楚了，大概是從關裡逃難來的，或者是未編入八旗的世代藏匿於大森林裡的滿族「陳民」的後裔。她是怎麼與他邂逅（還是經人介紹）相識相愛一直到結婚，似乎也無關緊要。她只記得他是個五大三粗的大塊頭，五官彷彿是一個粗心大意的泥塑匠人酒醉之後隨意捏弄的，比例位置基本沒差錯，就是缺乏精雕細刻的功夫，看上去給人以粗狂、粗陋、粗拉、粗製濫造的感覺。但他力氣彎大，頭一夜弄得她很疼很疼，但也很舒服。

　　他們離不開人間煙火，要活下去就得勞作。木柴、苫房草、泥水有的是，也很方便，他們很容易就蓋起了一幢小房，一明一暗兩間，長白山人叫口袋房。木刻楞，紅松木片做瓦，冬暖夏涼，很舒適。

　　原來那死鬼還是個出色的獵人，槍法好，膽量大，敢於和凶猛的野獸拚搏，就獵獲了許多老虎、黑熊和野豬等野物。於是他們就獸肉當主食，獸皮當布匹，獸毛當棉絮，做單衣製冬裝。不怕長病鬧災，因為長白山裡草藥很多，虎骨、鹿茸、熊膽、獺肝、狼油很多，都能治病。他們識藥性。

那死鬼不是死在病上，是打獵時被老虎一爪抓斷了腰脊樑骨。老虎被他的火槍打中，打到致命的地方，倒在地上，但還沒有就死。他以為老虎是死定了的，就奔了過去，坐在老虎的身上，掏出煙口袋，從煙荷包（還是結婚時她給繡的）裡往出挖煙末，用火鐮打著了火，就吸了一口。只吸了那麼一口，那縷煙還在肚子裡串，還沒等從鼻孔裡舒舒服服噴出來，那老虎忽然一翻身，吼了一聲，他跌倒在地，老虎伸出前爪，只抓了他一下，他就斷了脊樑，老虎也死了。他四肢著地，匍匐爬行。半路上遇到前來迎接他的她。是她背著他回到口袋房裡的。他身子剛落炕，未及說一句話，就嚥了氣。死鬼就是這麼走的。

她伏在他身上號啕大哭，踏地捶胸。

她想他，想和他在一起的那些美好甜蜜的歲月，雖然很短暫。

但活人想死人，傻狗攆飛禽。他是永遠地走了。

她要活下去，在幾百里無人煙的密密的大森林裡。於是她獨自一人就經常哼唱關東小調：「你鍘了包勉不要緊，未來的大事誰承擔哪！」反覆就唱這麼兩句，唱得很認真很投入，尤其在結尾的甩腔處，她的眼窩裡含著晶瑩的淚花花。

二

可能是她叫百合的緣故，她對長白大山的野百合花分外喜愛。她的房前屋後長滿了野百合。每到春天，野百合粲然開放，映紅了樹幹林梢，映紅了她的木刻楞的一明一暗的口袋房，也映紅了她的黑裡透紅的臉膛。野百合花香醉了蜜蜂蝴蝶，也香醉了她。野百合給她以慰藉，熨平了她心上的傷痕，她似乎感到了一些充實。

她的生命力很頑強，這不僅僅因為她體格健壯，還因為她聰明好學，能吃苦耐勞。和死鬼在一起過的日子裡，她不只是會伐木劈柴，會做飯會料理家務，她也學會了狩獵。冬天，腳穿皮烏拉，同死鬼一起上山打虎打熊。在狂風暴雨中，在同野獸的頑強搏鬥中，她平添了豪氣和雄風。她也是個好獵手，是

長白大山中出色的女獵手。她的槍法准，她的狩獵經驗豐富，她具有真正意義上的長白山獵人的膽量。

但是，她煩躁，她苦悶，她活得沒滋沒味。孤獨的困擾同由於物資匱乏而遭受的飢寒一樣令人無法生活，尤其對於一個精力充沛的結過婚的女人，簡直與下地獄並無二致。所以當他闖進她的生活中時，她毫不猶豫地就投進他的懷抱。

第二個男人叫老根，連他的姓氏她都沒認真問過。年歲肯定大她一些，大多少？是二十還是三十，她未去認真計較。反正老根是個好男人，老根床上功夫極好，伺候得她很滿意，這就中。物以稀為貴，凡事哪能十全十美。她可以養活他，她自信能養活得了他。她曾想過，有個男人就中，能過得像戶人家就中。沒承想，老根還同樣是個好獵手。別看他長得瘦乾牙的，還留一撇細細溜溜的山羊鬍，刀條臉，小眼睛，尖下頦，但他的勇氣、智慧、經驗一點兒也不亞於死鬼。當然死鬼身強體壯力氣大，但秤砣雖小能壓千斤。老根百能百巧的，不大動槍弄刀，專會擺弄套子、關子、排子、大挑桿、地槍、閻王碓、地窖啥的，捕殺的野獸比死鬼的還多還全科。她陶醉在幸福中，沉浸在甜蜜中。

她跟老根又學會了許多狩獵的方法。她成了長白山裡獨一無二的優秀女獵手了。

三

她同老根到底在一起過了多少年，她無法記得清楚。一年一度秋草黃，一年一度寒暑易，在這與世隔絕的原始森林中，他們沒法也沒心思去計數流逝的歲月。她只知道，用空筒木做成的大桶裡塞滿了虎骨、鹿茸和熊膽，新的壓陳的，新陳複雜在一起。他們竟然不知道到哪兒去換錢能換多少錢。他們不需要錢，在他們的頭腦中沒有錢的概念。他們生活中所需要的一切都從長白大山要，只要付出勞動和膽量就中。他們唯一需要的是鹹鹽和火藥。生活沒鹹鹽不成，就是打鹿茸、鹿胎也離不開鹹鹽。把鹹鹽撒在地上，這就叫鹼場，鹿來舔

鹽，開槍擊斃，這就叫打鹼場。鹹鹽和火藥是他們僅有開銷，而且是一筆不小的開銷。

為了弄到鹹鹽和火藥，老根每年去山外一次，冬天去，驅趕著獵狗，拉著爬犁去。帶上獸肉和玉米煎餅，再順便帶上幾塊虎骨和幾隻熊膽、幾苗長白大山的野山參，來回一個月，用長白大山的土特產到山外集市上換回鹹鹽和火藥，幾百斤，用狗爬犁拉回來。

外面的世界很繁華，但老根不貪戀那些。他同樣喜愛長白大山，他離不開長白大山，他更離不開激情滿懷的帶有長白大山野性氣的那個漂亮的娘們兒。

時間是怎麼流淌的？他們不知不覺。反正老根的山羊鬍染上了白霜，腰也有些弓，一動力氣活就氣喘吁吁，步履也有些蹣跚。他的身體不大如以前了。這時他倆才意識到，老根是老了。

是呀，連他們豢養的獵狗都換了兩茬了。那些狗大都是老死的。它們老得掉了牙，啃不動骨頭，跑不動路，更別指望它們去圍捕野獸了。狗是他們的命根子。這些狗都為他們立下汗馬功勞。他們不忍心遺棄這些老狗，就把獸肉得爛爛的餵牠們。這些獵狗都很自珍自重，它們都不願吃閒飯，更不願倒斃在他們的一明一暗的木刻楞口袋房中。在彌留之際，幾乎無一例外地都悄悄地離家出走，走進茫茫林海，在茫茫林海中壽終正寢。每出走一條狗，他們都流一次淚。

由獵狗的紛紛老死，他們才意識到他們也老之將至。但她——百合，並不怎麼見老，頭上沒華髮，臉上沒褶子，還是照舊上山下地、挖陷阱、安置閻王碓，照舊同老根一起去掏倉殺熊，去打林子裡黃昏的野豬半夜的虎。因為這時候的野豬老虎最凶狠最難對付。

老根雖然力氣有限，但他有經驗，他可以支嘴。他們的狩獵生活仍然那麼富有情趣。

老根不能幹床上那事了。不能幹就不幹唄，不吃飯不穿衣不行，不幹那事照常活人。她就不去想。

終於老根已經無能力趕著狗爬犁到山外集場子去用土特產換鹹鹽換火藥了。只好顛倒過來，老根看家望門，她趕起狗爬犁，按老根指點的路線，走出大山，走進山外的繁華世界。

而這，給她和老根的生活和命運，帶來了根本性的變化。

四

老根年年去山外換鹹鹽和火藥的集場子叫荒草甸。地勢平坦，長滿了塔頭草，幾條小溪穿過塔頭甸子，彙集成一條大一些的溪流，這就是五尺河。五尺河，河床就五尺寬，河水澄澈碧亮，能看清水下潛動的魚蝦、蛄和蛤蟆。荒草甸的集場子就坐落在五尺河兩岸，河上架三棵又粗又長的百年老榆樹，這就是連接五尺河兩岸的橋樑。集場子有百十戶人家，有幾家買賣，每到秋冬季節就變得繁華起來。山外的商人進山收購人參、虎骨、鹿茸、鹿鞭、紫貂皮、灰鼠皮、黃鼠狼皮、獺皮、獺肝、麝香、熊膽，以及木耳、元蘑、蛤蟆油等長白大山裡的土特產，也運來鹹鹽、火藥、刀、斧、鋸、鎬、鍬、鐵鍋、鐵鏟、棉布、綢緞等生產生活必需品。基本上是以物易物。商人盤剝得厲害，早先用裝滿一口鐵鍋的那麼多貂皮才能換一口鐵鍋；後來則用貂皮頭尾銜接圍圓一匝鍋沿的那幾張貂皮換一口鐵鍋；再後來就變成一張貂皮換一口鐵鍋。現在的價碼是：一隻熊膽換十斤鹹鹽，一斤蛤蟆油換一斤鹽，一隻飛龍換一根針，一架虎骨換一丈綢子，一苗足兩的長白大山的野山參換一支老洋炮。山裡人願意以物易物，他們對金錢的概念很淡泊。甚至這些商人把這些彌足珍貴的土特產運到山外什麼地方牟取十倍百倍的暴利，他們並不知曉，也無心去過問。只有在秋冬季節，荒草甸集場子才變得活躍熱鬧起來，有限的幾家飯館、雞毛小店和雜貨鋪生意火爆興隆起來，連唯一的一家低等妓院也門庭若市。但一交年根，客人們就像季候鳥似的，星散無影。

百合趕著狗爬犁，走了十多天，才到了荒草甸子集場子。住上店，卸下狗爬犁，把東西搬進店裡，把狗拴好餵好，就到飯館去吃飯。她已經習慣於深山

老林的靜謐和安適，小小的集場子就晃得她眼花繚亂，怪鬧心的。飯館的飯菜香滋辣味的，但引不起她多大胃口，她吃慣了清水　煮狍子肉、野豬肉、鹿肉和野雞肉、飛龍肉，喜歡吃肉乾，就那麼撕扯著，放在嘴裡慢慢地嚼，越嚼越香，越嚼越有滋味，強過烹炒煎炸的味道。她甚至對花花綠綠的綢緞和棉布也沒太大興趣。她穿慣了用獸皮縫製的衣裳和鞋襪。用魚皮縫的衣裳，再用野花的花汁按魚鱗的整齊細密的排列結構染上各種花紋，一樣的光彩絢麗，鮮豔美麗。她就喜歡獸皮衣、魚皮衣。老根幹這行最拿手，每年都下河捕些巨大的遮鱗魚、細鱗魚甚至鰉魚，魚肉吃了，魚皮一定剝下，晾乾了，用土硝泡上，就製成柔軟如羹的魚皮。就是那些獸皮，也被老根用土硝炮製得又軟又薄的。

　　她住在旅店裡，想家，更想老根。她想急著把事辦完，快點回家。她惦心著老根。

　　但就是在此後的一天裡，她遇見了將徹底改變她命運的那個人。

五

　　百合帶來的土特產都是上品，交易很快做成，換足了所需的鹹鹽、火藥和零星日用品，拾掇拾掇就要趕路回去了。

　　這一天，她正在飯館裡吃飯，忽聽跑堂的衝著一個人叱叱嗒嗒的，又嘲笑又挖苦的。她抬眼一看，見一個正在揀菜底的男人被跑堂的推推搡搡的趕出店門。她是從深山老林裡來的，在長白大山裡年月見不到一個人，冷不丁路過個陌生人，都感到非常親熱，像賓客一樣待承。今天這一幕，她感到奇怪。這長白大山裡富得很，還犯得著去揀菜底？再則說，人和人都應當相親相敬才是，怎麼能像對待狗似的對待他？她不理解，也著實可憐這個揀菜底的人。

　　她向跑堂的打聽這個人的來路。跑堂的帶著輕蔑的神氣，幾句話就介紹完了這個人情況。

　　這個人好像也沒名沒姓，人們都喊他老疙瘩。老疙瘩有一副好皮囊，可啥用不頂。他給福聚合山貨莊收購山貨，每月的薪水也不薄，但由於眼力不濟，

竟把豬骨當成虎骨收了下來。東家一下子賠了百十塊銀圓，就辭了他。他沒著沒落，啥能耐沒有，這就抱了蹲。說到這兒，跑堂的神祕兮兮地衝她小聲地說：其實呀誰都知道，老疙瘩跟福聚合東家的姑娘有那麼一腿，人家福聚合的老闆能看上這窮光蛋？也不搬塊豆餅照照自己！其實福聚合老闆是拿這事扎筏子，做由頭。收山貨眼高眼低的，受騙上當的多了，不光他一個，再說他也沒少給福聚合抓撓錢財，賣山貨的山裡人遭他哄騙的遠去嘍。那銀子像淌水似的往福聚合的錢櫃裡流，把福聚合成全了，他倒落了這麼個下場。福聚合東家跟我們東家過了話，不許他揀菜底，要把他擠對出荒草甸集場子。

跑堂的像是在講述一個與己無關的遙遠的故事，然後就忙著招呼新來的客人去了。

他的這番話卻在百合的心裡掀起一層漣漪。

六

百十塊銀圓是多少錢？一架虎骨、一苗大山參總該頂上了吧？可那又當得了什麼？小菜一碟。跟他家姑娘有那麼一腿又能怎麼的？母狗不掉腚，公狗就不會往上爬，兩個人的勾當，都樂意，作啥把屎盆子全扣在老疙瘩身上？

她很為老疙瘩抱不平。是不是惺惺惜惺惺她說不準，但她當時心裡確曾湧上一股激情，她要搭救這個落魄的老疙瘩。

荒草甸集場子就百十戶人家，很容易就在一個燒餅鋪門前把弓著腰湊在烙燒餅的烘爐前伸出兩隻污黑枯瘦的雙手烤火的老疙瘩找到了。

她扯起老疙瘩的破襖領子把他提溜起來。老疙瘩瞪起大眼睛，露出驚恐惶惑的神色。他以為自己不知道又犯了哪家子的規矩章法又要被辱罵痛打，或者吃官司。但是，他看見的是一個五官端正的中年女人。這女人的眸子如漆一樣黑，像剛從水中撈出的黑葡萄，黑得發亮，但卻透出和善、剛毅和野性來。不待他反應過來，她就先開了言：「不瘸不瞎的男子漢作啥受這份窩囊氣？此處不養爺，自有養爺處，一個勁兒在這兒死靠多暫會有出息！」

她從老疙瘩的狐疑猶豫的目光中才意識到自己這番話說得太唐突，就把語言的節奏放舒緩了些說：「我叫百合，住在鹼場溝，家裡沒外人，就一個老頭兒，日子過得算不上富，可也不缺吃不少穿，不嫌棄就跟我走！人挪活樹挪死嘛！」

話說得侃快利落，擲地有聲，不容再商量。

老疙瘩身處絕境，冷不丁見到一束陽光，一線希望，有如絕處逢生，自然要不假思索地往亮處撲奔。

百合當即領著老疙瘩到了那個小飯館吃了飯。要的是大魚大肉好酒好飯。老疙瘩掄起旋風筷子，狼吞虎嚥，幾次被飯菜噎了，被湯嗆了。坐在一旁的百合盯盯地瞅他這副貪婪吃相，心裡湧起陣陣痠痛，汪在眼眶裡的淚水差點滾落下來。她輕聲囑咐他：「慢點兒吃，不夠咱再加菜。」

立在一邊的飯店跑堂的，目睹了這一幕，驚愣得張開黑洞洞的嘴巴，半天沒能合上。

吃完了飯，百合又帶老疙瘩到剃頭棚給他剪了頭修了面。走出剃頭棚，百合認真仔細打量一眼老疙瘩，不禁暗暗稱奇。原來這老疙瘩長得一表人才：高高的個頭，白淨淨的容長臉，濃眉大眼，元寶形的嘴唇，瓜貼帽下的那根長辮，烏黑油亮，渾身透出一股清秀之氣。他竟是個標標緻致的美男子。百合瞧了心裡不由一動，再瞅自己的穿戴打扮，立時覺得土氣老氣。不知是出於什麼心態，百合動了要梳洗打扮自己的念頭。她帶領老疙瘩二返腳回到剃頭棚，給自己絞了臉修了眉洗了頭，臉上還搽上官粉，眉也描了。又到布衣莊給自己添置一件紅綢子面棉袍、綠緞子面棉褲，又買了一雙繡花紅棉鞋，一條豔紅豔紅的毛線大圍脖盤在脖子上。她又給老疙瘩從頭到腳換了新衣新帽新鞋子。

出了布衣莊，老疙瘩無意間睃了百合一眼，不由得吃驚地吸了口氣。就在不久之前，他還把她當作老嬸、老姑、老舅母之類，轉瞬間，站在他面前的竟是活脫脫一位女嬌娃。她渾身的野性土氣消逝得一乾二淨，臉蛋兒粉裡透紅，嘴巴小巧，美目流盼，有一股勾人魂魄的魅力。其實她比他大不過六七歲，只

是山裡人的裝束穿戴和不諳於裝飾打扮，顯得黯淡老氣，初看上去她似乎比他大出二十來歲。

他們拾掇好爬犁，裝載好應買的一應物品及路上人和狗的食品等，套上狗爬犁，百合甩起了皮鞭，「咔」一聲響，那狗爬犁就駛出店家大門，碾上了窄小的鋪滿冰雪的街道，一眨眼工夫，就出了荒草甸集場子。

這時，狂風大作，煙泡大雪飄飄飛舞。天空溟濛，冷氣逼人，而坐在狗爬犁前轅上的百合，在朦朦朧朧的背景襯托下，活像一束嬌豔鮮活的百合花。

而坐在貨物堆上的老疙瘩，衣冠楚楚的，驚奇地撒目著迎面撲來的林海雪原。對未來，他充滿了憧憬和希冀。

七

從荒草甸集場子到鹼場溝，狗爬犁要走十多天。一路上隨處可見獵人、挖參人搭建的臨時住處地窩棚，夜晚，地窩棚就是他們的住處。天擦黑時，他們就找一個地窩棚，把爬犁上的東西拿到地窩棚裡，卸下狗爬犁，喂飽了狗，然後就地薅些野草，捆成草把，把窩棚的透風處塞巴好，再揀些乾柴，在窩棚地當央籠上火。大林子裡有拾不完的乾柴，隨燃隨添，一直能燃到天亮。這樣不僅能夠驅寒取暖，還可以驚嚇前來騷擾的野獸。他們又採些松樹撓子，鋪在地上，把鋪爬犁用的熊皮、虎皮拿來，鋪在松樹撓子上。地窩棚裡暖暖和和的。他們就躺在獸皮上，放心大膽地睡安穩覺。

剛一躺下，他們的心裡就像小鹿在衝撞。百合是個身體健壯、情感亢奮的女人，老根不管用了，她幾年沒幹那事了，有時湧起一股情慾，但一見老根那無能可憐的樣子，她就嘆了口氣，把燃起的慾火硬是壓了下去。今天跟老疙瘩這小白臉子肩挨肩膀挨膀地躺在一起，她立馬春心激盪，渾身燥熱，就有一種強烈的難以壓抑的渴望。她的呼吸急促，渾身躁動不安。

老疙瘩也是個風月場中的老手。他給福聚合收購山貨那咱，每月掙九塊銀圓，再加上他在賬目上做點手腳，又是一筆不小的進項。平時在東家吃飯，唯

一的花銷就是買衣襪鞋帽。按說他應當攢下點兒嘎兒碼的才是，可他手裡是崩子皆無。為啥？他把錢全扔進荒草甸集場子那家低級妓院裡了。勾搭上福聚合東家的姑娘沒幾個月，事情就敗露了，他就被趕了出來。如今，天仙似的一個美人兒就躺在身邊，他心裡早就蛄蛄蛹蛹的了，只是不敢造次，不敢有啥非分之想。這女人是他的救命恩人，他以後的歲月全靠她拉巴了，若是不慎弄砸了鍋，他唯一的一條生路就堵死了。所以說飢渴難忍，也得下狠心去忍。

但百合卻忍不了。她野性十足，沒有什麼傳統道德的規範和約束，她從沒受到這方面的勸說和教育。是她先動了老疙瘩。老疙瘩先是一陣驚懼，當他明白了她的意思時，他就瘋了似的，一虎身躍起來，把她壓在身下……

東方已現曙色，地當央的乾柴還在畢畢剝剝地燃著。他們起來了，烤熱了隨身帶來的黏豆包、大煎餅，就著化好的雪水，飽吃一頓。喂飽了狗，套好了狗爬犁，裝好貨物，他們雙雙坐在狗爬犁上。百合沖老疙瘩深情地睃了一眼，就把他拽到自己身邊，兩人依偎在一起。百合掄起鞭子，甩了一下，大山響起「咔」一聲響。狗似乎很理解主人的心情，撒開四蹄，飛跑起來。雪爬犁像箭打似的，疾速飛馳。伴著雪爬犁摩擦雪地的唰唰聲，她的野性蠻足的笑聲在茫茫林海中迴蕩。

八

十多天的行程，就有十多個夜晚。每個夜晚他們都沐浴在愛的漩渦中。曠野莽林，浩渺無垠，只有他們兩個人，盡情地樂，盡情地愛。

他們的狗爬犁在鹼場溝那座小房前停下。她甩了一個響鞭，老根喜出望外地奔出屋。眼前的情景竟使他瞠目結舌，變呆變傻了。她消瘦了許多，但人兒全變了，變得讓他不敢認識了。無論是身上的穿戴，也無論是眉眼神情，彷彿換了個人似的。未及問寒噓暖，猛不丁又瞅見一個眉清目秀的小夥子，他不由得又是一怔。他木木地立在那兒，像個木樁子。

百合咯咯笑著，拍了一下他的肩頭說：「發什麼呆！我在荒草甸集場子請

的幫手，叫老疙瘩，幫咱們一塊過日子。往後咱就是一家人了。」

老疙瘩眯細眼睛覷著這個奶油小生，覺得有點面熟。他挖掘著記憶，終於想起來了。他們曾經打過交道，就是在賣山貨的時候。老根對老疙瘩並沒有好印象，一是他輕佻奸猾，二是他勾勾心眼。每次以物換物時，老根明顯覺得他好打馬虎眼，拿他當冤大頭。好在東西是自家產的，多了少了的，他不在乎，但不等於心裡沒有數。老根想，為人處事總得把心放平呀！

老疙瘩也覺得老根挺面熟的。他收山貨接觸的人多了，買賣一旦成交，就各走各的，再就井水不犯河水。沒想到這老白毛兒竟有這等豔福，嬌嬌嫩嫩的小娘們竟叫他占了先。他心中泛起一陣醋意。

百合見老根和老疙瘩木木怔怔的樣子，沒往別處尋思，就說：「都愣著作啥？還不快卸爬犁喂狗往家搬東西！」

兩個男人就不再遲疑，就卸爬犁喂狗搬東西。

一切都拾掇停當了，老根就去做飯。不一會兒就端上了熱氣騰騰的鍋貼苞米面大餅子和一盆　得又香又爛的狍子肉。老疙瘩頭一回吃這樣的飯菜，直吃得嘴丫子淌油臉上流汗。百合有一個來月沒吃家中的飯菜，也是吃得有滋有味，不願撂筷兒。老根卻顯得心事重重的樣子，吃了半塊餅子幾小塊肉，就撂下筷子。

收拾下碗筷，就該休息睡覺了。

老根怯怯地望著百合，那意思很明白：怎麼個睡法？

百合輕皺一下眉頭，臉上飛起一片紅雲，用命令的口氣說：「北炕不是也挺熱乎嗎？你就睡那兒吧。」

老根什麼都明白了，趕忙溜嘰溜嘰地把北炕收拾妥當，把自己的行李捲兒搬到北炕。

百合就和老疙瘩堂而皇之地睡在南炕。

夜深了。南炕的響動很大，像砸夯，傳來呻吟聲和哼唧聲。北炕的老根翻來覆去的，直打咳聲。

他似乎認了，誰叫自己不頂楞呢？人就這麼回事，對付著活吧。他不怨恨百合，他們本來就不是名正言順的夫妻，他也不怨恨老疙瘩，人家歲數好，有那份能耐。

百合還年輕，不這樣咋樣？他理解原諒了她。

老根似乎終於呼呼睡著了。

南炕那兩位幹完那事，百合還情緒亢奮，沒有睡意。她知道老根其實並沒睡，就壓低聲音說：「老根，人得活，日子得過，你不能動彈那天總得有人上山打圍到集場子趕集。你得教他，從碼蹤、馴狗、放鷹、下地槍、挖地窖、安放閻王碓直至叉魚、抓蛤蟆，都得傳給他，你聽見了嗎？」

「聽見了——」老根回答得不情願。

百合又摟了一下睡熟的老疙瘩，在他的臉上「吧」地親了一口，她終於發出了輕微的呼吸聲。

老根在北炕上翻身折餅，一宿也未曾闔眼。

九

三個人就這樣相安無事地生活下去。

老根很信守諾言，他真的就教他狩獵的營生。在這種時候，他就像一個慈祥而嚴厲的父親，老疙瘩倒像個唯唯諾諾的孩子。從碼獸蹤、各種獸類的捕殺辦法到熊膽、鹿茸、鹿胎、獺肝、麝香等貴重藥材的加工製作，他講得仔細教得認真。老疙瘩雖說不是專職打圍的，但也是個二半吊子，尤其槍法還真有一定基礎，在老根的指點調教下，射擊水平大有長進。那時用的是火槍，打槍砂和彈丸，用火繩引燃。老疙瘩經過一個時期的練習，技法已見成熟。他能在短時間內用火鐮打火絨引燃火繩點燃槍藥；無論天上飛的還是地上跑的，只要他遞上槍，幾乎是槍槍命中。老根也打心坎裡佩服這小子聰明伶俐。老疙瘩或許年輕氣盛，他對下套子、下地槍、下閻王碓、挖陷阱等不感興趣，覺得坐等野獸中埋伏太被動、太慢，不過癮，只有槍聲一響，野獸應聲墜落倒地，垂死掙

扎一會兒，地上汩汩流淌著鮮紅的血水，那才叫快當，那才叫過癮，那才像個頂天立地的真正的獵人。他瞧不起夾子、套子、排子、大挑桿、閻王碓、地窖之類的狩獵方法，因而也就沒有心思去學。老根見他志趣只在槍法上，也就不勉強他，人各有志嘛，就隨他心意去幹他自己願意幹的營生好了。

從此，老根照例用他擅長的技術捕虎逮鹿殺熊，獵獲的成果輝煌，老疙瘩既豔羨又有些妒意。尤其見百合照舊對老根那麼知疼知熱的，他心裡就不是滋味，隱隱滋生著醋意和嫉恨。

這一天，老疙瘩跟隨百合到苞米樓子裡取東西。百合掀開用空樹筒做成的圓桶的木蓋，他發現裡面裝著滿滿一下子已經加工好了的虎骨、鹿茸、熊膽、水獺肝、麝香等貴重藥材，立刻亮兒他的眼睛都直了，木木地站在那兒發呆，老半天說不出話。還有幾個吊在橫樑木頭上的大棒槌甬子，一望可知，裡面是幾苗特大的長白大山裡的野山參。他收購過山貨，懂得行情。他當即就粗略估算出這些藥材的價值。他的呼吸急促，眼睛盯著這麼多的山貨發怔。百合幾次喚他，他才緩過神來，佯裝啥事沒發生，訕訕地跟隨百合走下苞米樓窄小的簡易樓梯。

他的這些舉止神態沒逃出百合的眼睛。

這天晚上，他頭一回翻身折餅難以入眠。

「喂，我說。」他碰了一下百合說。

「說吧，我聽著呢。」百合懶洋洋的。

沉寂片刻。他在掂對著詞句：「咱有那麼多財寶，何必在這兒窮熬？」

「窮熬？」她不解，她習慣於長白大山的疏野粗糲的生活。

「怎麼不是窮熬？」他在爭辯，「你也到過荒草甸子集場子，看看人家吃的是啥？穿的是啥？住的是啥？用的是啥？玩的是啥？再看看咱們。」

「咱們咋了？」

「不說你也知。」

「我知足，我就愛這麼活著。」

他嘆了口氣說：「你還是見識少。你再往遠處走走，到北京、天津看看，能過上那樣的好日月也不枉在人世上走一遭。」

「有那麼嚴重？」她打了個呵欠，睡意襲來，她要睡覺了。

「喂！」他使勁扯了一下她的胳臂，「說話呀！」

「你要怎樣？」

「搬家，把東西折變成錢，就是成天躺在炕上也不愁吃和穿。」

「那老根呢？」

他猶豫了一會兒，終於吞吞吐吐地說：「他願在這就叫他在這待著，反正不缺花銷不短吃喝。」

她推開他的撫摸著她的手：「他老了，蹦躂不動了，沒法活人。」

他沉思一會兒，不情願地說：「那──就帶上他也不是不可，只是──。」

「只是什麼？」

「我──」他斟酌著詞句：「這樣過法不中，一家不一家，兩家不兩家的，好說不好聽。」

她的口氣變得不耐煩：「我就願意這麼個過法，誰管得著！他離不開長白大山，我也離不開長白大山！」

那意思很明白：要走你走，我們不走。

她折轉身，給了他個光脊樑。

他心底騰起一股慍怒，但又不敢發作，只好放緩語氣說：「你是跟我好還是跟他好？」

「跟你好，跟他也好，連那個死鬼我都惦想著。」

她語音哽噎，憑感覺，他知道她眼窩裡汪著泡淚水。他很失望，嘆了口氣，再不作聲。

北炕的老根也長嘆一聲，翻了一個身。

「算了。」他扳過她的身子，他們臉對臉側躺著，「我只是一時這麼想想，肚裡存不住話，就咧咧出來了。既然你不同意，就權當我沒說，一切都依你還

不中？咱還照常過日子。」

　　她把頭拱在他的胸前，蹭著他的柔嫩的胸肌。他就勢把她摟得緊緊的。

　　南炕上，傳來呻吟聲和哼唧聲。

　　北炕上的老根也打起了鼾聲，誰知他是真睡還是裝睡。

十

　　老根發現了一隻白色的海東青。海東青來自庫頁島，是馳名海內外的珍貴獵鷹，而白色的就更為奇缺，史書上稱為「玉爪雕」「白玉爪」。對獵人來說，鷹狗無價，而白玉雕更是極品中的極品，其價值是無法估算的。吃飯的時候，老根興奮地說：「我要逮住這隻玉爪雕，把它馴養成一隻出色的獵鷹！」百合懂得捉鷹馴鷹的事，聽說能逮住玉爪雕，她當然很高興。過去這種獵鷹是晉給皇上的貢品，這回能自己有一隻玉爪雕，那該多美！她說：「就叫老疙瘩給你打下手吧。」老根卻說：「捉鷹這事，需要靜，人多了不中。海東青可是最機靈的鳥兒呀！」百合一尋思也是這麼回事，就沒再說什麼。老疙瘩在心裡卻繚了個扣兒，心想：他這是背著我幹他那絕活，是怕我學藝呀！自打跟百合嘮扯要搬家那天起，他就覺得老根有些變化，見了他總是繃著臉，平時嘮嗑也是話裡帶刺。他竟鬍子拉碴地去親百合的嘴巴，用枯乾的老手摸百合的乳房，似乎是有意無意地讓他撞見。他的心像被蜂子蜇，他隱忍著胸中騰起的怒氣，暗自罵道：「你個老棺材瓢子，還能蹦躂幾天！」他還發現，不論下夾子、下套子，還是挖陷阱、安閻王碿，老根都獨來獨往，即使他在場，涉及關鍵的活計，老根總是把他支開。他畢竟在山區長大，對狩獵的事知道一些，尤其經過老根、百合的點化，大有長進，也可以稱得上個獵人了。但他對夾子、套子、排子、關子、閻王碿、大挑桿等這一套壓根就看不上眼，更無興趣可言，他熱衷的是火槍。但老根假假咕咕地來這一套，他就怨恨，就惱火，就氣憤。

　　老根捉了一隻野雞作誘餌，帶上捕鷹的大網上山了。第三天傍黑，老根果然真就逮住了一隻白色的海東青。這就是玉爪雕。這隻玉爪雕形體不大，渾身

雪白，銀爪鋒利，銀喙尖銳，眼珠血紅。老根抑制不住興奮地說：「這玉爪雕飛速如箭，可以逮天鵝、大雁、野雞，還可以捕捉山兔、紫貂、狐狸，它甚至可以與獵人巧妙配合，打黑熊、老虎，因為它專會用利喙啄老虎和黑熊的眼睛。老虎黑熊沒了眼睛，獵人就可以生擒活拿。」

從此屋子裡就響起百合帶有野性味兒的笑聲和老根的拿五坐六的裝腔作勢的咳嗽聲。

老疙瘩產生了失落感，五臟六腑彷彿都被掏空了。

老根就在屋裡院外馴鷹。通過「熬鷹」「開食」「架鷹」「過拳」等過程，不出一個月，玉爪雕真就叫他調教馴化得服服帖帖，聽從召喚。

老根就背上背筐，架著玉爪雕，獨自上山狩獵了。傍黑回來時，背筐裡裝得滿滿登登，沉沉甸甸的，倒出一看，紫貂、天鵝、大雁、樹雞、野雞、山兔，還有一隻火狐狸。

老疙瘩直眉愣眼。

百合樂得合不攏嘴。

老根顯得很老到很矜持，躊躇滿志地說：「這天鵝的肚子裡還有寶貝哩！」他抽出短攮子，劃開天鵝的嗉子，倒出一些沒消化淨的魚、蝦和蚌肉。老根就用樹棍在這攤污物中撥拉，竟然撥拉出幾個圓圓的東西。用水沖洗一番，竟是銀亮透明的珍珠。老根炫耀地說：「老蚌肉裡有珍珠，天鵝吃了蚌肉，珍珠就進到它的嗉子裡。這就是東珠，又稱紫珠，貴重著哩！」

當晚，小屋裡瀰漫著濃濃的肉香味，直打鼻子。老根盤腿坐在炕桌的堵頭前，背倚窗櫺，儼然當家人。炕桌上擺滿了大碗大盤的天鵝肉、飛龍肉、野雞肉。老根手捏錫製酒壺，喝著關東老燒，吃著飛禽肉。酒滴和油滴在細溜溜的山羊鬍子上淋漓。他是那麼愜意、自豪，很有派頭。

老疙瘩直覺得窩心、噁心。他沒吃多少，就撂下筷兒。他睡得很早，半夜時分醒來小解時，用手一探身邊，沒了百合，側楞耳朵一聽，北炕上傳來吧唧吧唧的親吻聲和放浪的調笑聲……

十一

　　這樣的光景並沒有維持多久，這個畸形的家庭就被一層烏雲籠罩了。

　　那一天老疙瘩背著火槍先走了，到西山打圍去了。老根背著背筐，架著玉爪雕後走的。他跟百合親熱了一陣，磨蹭了一會兒，才出去的，到他慣常去打鷹獵的東砬子去了。那玉爪雕睜著血紅的眼睛，搧動著有力的翅膀。它發現獵物了。老根就給它解開縛繩。玉爪雕像箭打似的向一片灌木叢飛去，並俯衝下去。只聽「嘎」一聲淒厲的尖叫，悲劇發生了。及至老根氣喘吁吁跟頭把式地跑過去，已經什麼都晚了。玉爪雕被地面上的灌木楂子劃破了肚皮。灌木楂子茬口挺新，是最近砍割的，不過五七天。地上有一隻活野雞，雙腿被藤蔓絆住，動彈不得。海東青飛速特快，眼睛又最尖。它發現獵物，俯衝而下，沒料到地面上會佈滿刀錐似的樹楂子。而海東青最怕的是玉米楂子和灌木楂子。獵人都懂這個。白玉雕就這樣斃命了。

　　老根捧著死了的玉爪雕哭了，哭過之後終於冷靜下來，一團疑雲湧上心頭。他認為玉爪雕是被暗算了。野雞偏偏就拌在灌木叢中，這是偶然的嗎？幾百里無人煙，是誰來割的灌木楂子？他悲傷，他憤怒，但又不知火氣沖誰發。

　　僅僅一天，老根就顯見老了不少，頭上的白髮又添了許多。躺在炕上幾天，足不出戶，不思飲食，總是唉聲嘆氣的。

　　他的體力不比從前了，他的精神頭也大不如從前了。

　　這個家裡沒了歡聲笑語，很沉悶，很壓抑。

　　有一天晚上，百合跟老疙瘩沒滋沒味地幹完那事，她口氣挺嚴肅地說：「你能跟我說實話嗎？」

　　「我跟你沒有藏著掖著的事。」

　　「那——海東青是不是你害死的？」

　　「這從哪裡說起？」老疙瘩委屈的聲音變高了，「那天我去西山水曲柳川裡打了一隻鹿，方向一個在東一個在西，不挨邊兒的事，是哪個往我身上扣屎

盆子！找茬咋的！」

說到末尾，他的調門更高了。

「你小點兒聲不行嗎？」

「這事放在你身上你能不火冒躥天嗎？是哪個下的蛆使的壞亂嚼舌頭根子？怎麼，要擠對誰咋的？看我不順眼我可以走人嘛！」

百合用雙唇堵住了他的嘴巴，用赤裸的身子跟他親熱著，息事寧人地說：「是我自己瞎猜的，誰也沒這麼說你。我估摸著你也不能那麼幹。你說，咱是不是還是挺好挺刡刡的一家人？」

老疙瘩不吭聲。

「你說呀，我就叫你說！」

老疙瘩「哼」了一聲。

百合咯咯笑著，把老疙瘩摟得緊緊的。

她離不開這個男人。老疙瘩看出了這一點。

北炕上的老根直打咳聲直嘆氣。

這一夜他失眠了。

十二

生活又復歸平靜。可能是百合從中斡旋起了作用，兩個男人終於未抓破臉皮，表面上還是那麼相安無事，照常各幹各的營生，有時還互相商量著如何安排好家庭生活和狩獵生產等事。見此情況，百合懸著的心才安落下來。

又是大雪封山。

這一次是老疙瘩自個兒趕著狗爬犁出山，到荒草甸子集場子辦置一年的生活、生產用品。來回一個月，需要的東西都足數運回來了。路上也沒什麼閃失。

老疙瘩離家這一個月，百合簡直如同丟了魂一樣。這個家沒了老疙瘩，就顯得憋悶，死氣沉沉的。只有在這時，百合才發現她是多麼深地愛戀著老疙

瘩。晚上她經常做惡夢，不是夢見老疙瘩被胡匪綁了票撕了票，就是夢見老疙瘩被山牲口給禍害了。她的脾氣變得異常暴躁，見了老根就氣不打一處來，老根幹啥營生她見了都不順眼。她渾身疲憊乏力，還噁心，老根做好的飯菜，她一聞就想吐。弄得老根像木偶似的，站在地當央瞪著眼，低聲下氣地說：「再不我去找他？」她卻明知故問：「你去找誰？是我叫你還是誰叫你去找誰？你少給我扯犢子！」老根只好蔫啦吧唧地出去躲避一會兒。老根剛一出去，她又粗聲大氣地吼：「老根，我是鬼還是妖？你總躲著做啥？」老根只得顛顛地返回，在窄小的屋地裡急得直打磨磨，兩腳直畫圓圈。百合不識字，但會用小刀在門框上劃道道，每一條道道就標誌著老疙瘩離家的天數。當她劃到第三十條道道時，那天眼擦黑，遠方響起炸響的鞭鞘聲和狗們的汪汪聲，接著是爬犁擦著雪地的唰唰聲。

老疙瘩趕著裝滿著貨物的狗爬犁衝進院子裡。她頭髮散亂地衝了出去，不管老根是否在場，不管不顧地撲進老疙瘩的懷中。老疙瘩身上的男人氣味和裹著的寒氣，她聞了那麼熟悉，那麼醉迷。

屋子裡立時有了生氣。多麼好的一個家和一家人哪！

夜裡，她摟抱著老疙瘩，激動得淚流滿面。她有許多話要說。又不知該說什麼好。這時，這個口袋房裡彷彿只有他們倆，老根已經不復存在，隱退到遙遠的所在。忙活完了他們倆該忙活的那樁事，她抑制不住心跳，扯過老疙瘩的手在她的小腹上按摩。老疙瘩不懂：「咋？這兒疼？」「傻蛋！」她吃吃地笑，「有了！」老疙瘩還是茫茫然：「有了什麼？」她嬌嗔地說：「孩子！你的種！」

老疙瘩很激動，就認真地摸索，卻什麼也沒摸到。

「你別是下謊蛋吧。」

「人家都覺出伸胳膊蹬腿呢！」她的語氣充溢著驕傲和滿足。

老疙瘩這次在荒草甸子集場子出現，令那兒的人們耳目為之一新。他懂得行情，一爬犁的山貨他知道該賣多少錢，奸商甭想蒙他唬他。他不搞什麼以物換物，而是先賣貨，再用錢去買東西。他出手大方，飯店妓院裡出盡了風頭。

人們都視他為人堆裡的一棵高草，恭維阿諛之詞灌滿了耳朵。他頭一遭嘗到了腰纏萬貫的充實、幸福、自豪和榮耀。連一向不拿黑眼珠瞅他的福聚合的東家，見了他也滿臉扯笑，點頭哈腰，一臉的巴結討好相。他把脖子一揚，鼻子一哼，不理不睬的，那架式那神情都是無聲的語言：你搬大爺我下巴頦說話我還不鳥你呢！甭說你姑娘出嫁了，就是沒出嫁，你倒找我幾百吊我還得尋思尋思呢。福聚合的東家碰了一鼻子灰，他卻趾高氣揚，志得意滿，那種滋味，特美，特滋兒，特得意，也就是在這時，他更加堅定了搬家的決心。他心中立時萌生一個念頭，他要開山貨莊，他有這個資本，有這方面的經驗。他要發大財，他要和福聚合對著幹，要把他幹垮幹趴下，叫那老狗趴在腳下給我磕頭。此仇不報誓不為人！他感受到報復後的快慰和滿足。他清楚，搬家有阻力。他開始動腦筋了，設計克服阻力的種種方案。通過一段時間的相處，他把百合的心理秉性摸得透透的。現在絕對不能貿然提出搬家的事情，凡事得有個過程，水到自然渠成，他要等待時機。他對於自己的未來也作了種種設想，當然全是充滿陽光、喜興和溫馨的。百合很有特點很有個性也很漂亮。他也愛著百合。但她的過去和現在，也令他煩惱和痛苦。難道真就和這樣的女人過一輩子嗎？所以當他得知百合懷了他的孩子時，他心裡很矛盾，既欣喜，又有點茫然不知所措。他想：如果這孩子不是在長白山而是在山外的集鎮上生的呢？如果這孩子不是百合而是另一個年輕漂亮的女人生的呢？他不敢往下想了，他眼前是一片模糊和無奈。

百合一往情深，沉浸在無限幸福、喜悅和激動之中。老疙瘩的複雜的心理活動她根本無從知道，即使知道了她也無法理解。

她愛長白大山的一草一木，她須臾離不開長白大山，她滿足這樣的近似原始人的生活。

此時此刻，她憧憬著美好、甜蜜、溫馨、粗狂而幸福的未來。她覺得眼前霞光萬道，絢麗無比。她覺得自己是世界上最幸福的人。

十三

　　隆冬數九是打熊的好季節，這時熊的皮毛好，熊掌肥，熊膽也易於烘乾保存。天暖時不宜打熊，一是難碼到熊的蹤跡，二是熊膽容易腐爛變臭。冬天時在樹筒子冬眠（稱「蹲倉」），易於發現，也便於捕殺。

　　這一天，老根從山上回來說，他找到了一隻熊，可以捕殺。說這話時他拿眼睛瞅著老疙瘩。那意思再明白不過，希望與老疙瘩一起上山捕熊。打「蹲倉」的熊叫「掏倉」「殺倉」或「刷倉」，一個人幹不了，必須得兩個人。百合有孕在身，不能上山。老根身體一天不如一天，眼神也越來越不濟，「掏倉」時讓他掌槍實在太危險。老疙瘩槍法不錯，眼神好，腿腳靈便，他掌槍最合適，老疙瘩卻低頭不語。他心裡害怕，他不敢打熊。「一豬二熊三老虎」，熊比老虎難對付。大山裡被黑熊咬死咬傷的事他聽了很多。這時百合卻發了話：「那就老疙瘩同你一塊兒去吧，你當他的下手，負責叫倉，老疙瘩就掌槍。」

　　在這個家庭裡，百合有絕對的權威，她的話，兩個男人都得聽。

　　老疙瘩非常不情願地同老根上了山。

　　老疙瘩扛著火槍，槍藥、鉛丸子、火鐮、火繩、火絨都準備得妥妥噹噹的。老根腰上系一根麻繩，拖著一張小爬犁，準備打死了熊後，把熊捆在爬犁上往回運。爬犁轅上還拴著一把開山大斧，這是準備「叫倉」用的。

　　他們蹚著積雪，爬上東大砬子，來到楊樹溝。原始森林裡即使冬天樹葉落光了，也顯得那麼幽暗邃密，給人以陰森恐怖的感覺。

　　老根把爬犁放在一棵爛倒木旁邊，解下爬犁轅上的開山大斧，沖老疙瘩打個手勢，讓他跟隨他走。他們來到一棵楊樹下。這是一棵特粗的老楊樹，當地人叫憨大楊。樹的上半截被風颳斷，只有下半截，有一丈多高。老根用手指指樹幹，老疙瘩果真就見到了樹幹上有熊爪抓挖的痕跡。爪跡向上，卻沒有下滑的痕跡。再隨老根指點的方向看去，只見樹筒頂端掛著白霜。這些都說明黑熊就在空樹筒裡冬眠。老疙瘩跟隨老根離開這棵空筒楊樹，在一個比較隱蔽的地

方站下。老根低聲說：「洞口在上頭，這叫『天倉』。咱今天就掏這個『天倉』。我去叫倉，你在這兒把槍藥、鉛丸裝好，火繩點燃，對著樹筒子上邊瞄著。熊剛露出頭來千萬別開槍，一定等它的身子探出一多半，露出胸前的白色護心毛，這時才能開槍。打它的護心毛，你記住了嗎？」

老疙瘩一邊裝槍、打火鐮，一邊用目光掃了一下空筒樹椿的上端，答應著：「記住了。」

老根又千叮嚀萬囑咐一陣，才拎起大斧，向空筒樹椿走去。老疙瘩瞅得很清楚，雖然他身材矮小，步履蹣跚，但卻透出一股勇氣和力度。只見老根掄起大斧，用斧背狠勁敲砸空筒樹椿，「咣咣——咣咣——」的巨響震破了大森林的寂靜。就這麼敲砸二十多下，只見老根耳朵貼在樹椿上諦聽著，見無動靜，又掄起大斧敲砸起來。這一回樹筒裡傳出明顯的聲響，連遠在百步外的老疙瘩都聽見 哩嘩啦的聲響。他估計黑熊是在往筒口上爬了。老根掄起大斧，疾快地捯動腳步，想跑得更遠些。老疙瘩端起火槍，屏住呼吸，槍口瞄準樹椿的洞口。只見洞口先探出黑熊的腦瓜蓋，繼而整個腦袋都露了出來，轉動著，四下里撒目著。黑熊終於發現了正在雪地上奔跑的老根，就發出刺耳的嘯聲，身子奮力上躥，露出頸項，露出前胸，終於露出一條白色的護心毛。這時正是開槍的絕好時機。如果一槍打不中，黑熊還有個下滑的過程，優秀的獵手再裝槍藥、鉛丸，再開第二槍也來得及。

老疙瘩是第一次掏熊倉，恐懼攫住了他的心。他的手微微發顫。他瞅見黑熊的那條白色的護心毛的一剎那，他彷彿見到了碩大無比的金紅色的熊膽，繼而熊膽又幻變成鹿茸、鹿鞭、虎皮、麝香、貂皮、獺肝和七兩為參八兩為寶的長白山的大山參；繼而這些東西又幻變成丁零零的響洋和雪花花的白銀。他的手已經不震顫了，恐懼的心理完全消除了。就在這一剎那，他的心理突然發生微妙的變化，連站在雪地上的老根喊他快開槍的聲音他都沒聽見。但那隻老黑熊卻聽見了喊聲，並確定了攻擊的目標——正在雪地上奔跑的老根。

黑熊以極快的速度爬下空筒樹椿，嗚嗚吼叫著，衝著老根惡狠狠地追去。

經驗豐富的老根意識到危險的降臨，他大聲呼叫：「老疙瘩，快開槍！老疙瘩，快開槍啊！」但老疙瘩並沒有開槍。老根用絕望而求救的聲音喊著：「救命啊！老疙瘩，快開槍啊！」

老疙瘩此刻很冷靜，他抿緊嘴唇，好看的大眼睛忽地閃出一絲陰冷和殘酷。他在問自己：「我為什麼要開槍？這是我設計的多種方案中所沒有的精彩的一幕，我不就是要這個效果等待這個結局出現嗎？」

那邊的驚心動魄的令人心悸的拚搏廝殺在劇烈進行著，伴著老根的撕心裂肺的喊叫聲和聲震谷底的黑熊的嗚吼聲。但這一幕的時間很短促，一切復歸於平靜。黑熊嗚嗚叫著逃遁了，老根倒在潔白的雪地上。老疙瘩望著雪地上流淌著的一攤血水，把槍口朝天，點燃了火槍。寂寥潔白的雪野上空響起了一聲脆響，震落了掛在松樹枝上的雪粉，震得隱匿在溝溝岔岔裡的野豬、梅花鹿奮蹄逃竄，在大森林裡掀起了一陣小小的騷動。

他從隱蔽處出來，邁著慢悠悠的步子，來到老根的面前。那景象很悽慘。老根的腦袋像個血葫蘆，鮮血模糊了他的五官。他喚著老根，老根已經奄奄一息，但他還是睜開了那雙不大的眼睛，目光像針芒盯著他，艱難地抬起右手，指點著他：「你——你——」老根脖子一歪扭，就嚥了氣。

他把爬犁拽過來，解下老根腰上的麻繩，把老根橫放在爬犁上，綁縛牢固了，又把開山大斧和火槍拴在爬犁轅上。他把拖拉爬犁的那根粗繩挎在右肩上，雙手拽著爬犁轅子，啟動了爬犁。

雖然老根很瘦小，但爬犁走起來也很艱難。爬犁摩擦著雪地發出的聲聲噪音很令他心煩。

十四

「你說，你照實說，老根到底是咋叫黑瞎子給踢登這樣的？」

見到爬犁上老根的血肉模糊的屍體，百合怔得說不出話來。她欲哭無淚，欲喊無聲。早上還活生生的一個人，只三個時辰，他就這樣悽慘地走了。當她

終於清醒過來的時候，劈頭蓋臉地就責問老疙瘩。

「黑熊爬出樹筒，老根腿腳不靈便，就讓黑熊追上按到了，我無法開槍，乾著急沒有轍，他就生生給……」

老疙瘩囁嚅著，顯得很沉痛的樣子。

「他去叫倉，黑瞎子躥出樹樁筒口那夾當，你為什麼不開槍？」

「開了一槍，」老疙瘩耷拉著腦袋，一臉的哭相和愧悔，「慌裡慌張的，沒打中……」

這話不由得百合不相信。傍晌午時，從東大碴子方面是傳過來一聲槍響。她在家還直門禱告呢，老天保佑，千萬打死這只黑熊，讓他們倆平平安安地回家來。她心裡還有些畫魂，但老根人已經死了，誰又能說事情不是這樣呢？眼下要緊的是處理老根的後事。

「還愣杵在那作啥？」她沒好氣地衝老疙瘩吼道：「還不快燒水，給老根淨臉洗身子，換衣服！」

老疙瘩就乖乖地去燒水。

百合用毛巾蘸熱水非常仔細認真地給老根擦洗臉面和身子。由於穿的是皮褲皮襪，老根的身子沒啥損傷，致命之傷在頭部。黑熊把老根的腦瓜皮給擼下來了，腦骨還給嗑了幾個窟窿。老根死得好慘。只有在此時，百合才號啕大哭起來，哭得悲悲切切，哭得淒悽楚楚，哭得揪心扯肝。她邊哭邊給老根換上乾淨衣裳。又叫老疙瘩用尖鎬去開壙子，壙子就開在那個死鬼的墳旁，草草安葬了老根。她跪在老根的墳前，給老根燒香燒紙，她叫老疙瘩也跪下，給老根磕頭。

老根的喪事就這麼辦完了。

十五

這個家沒有了溫熱，也很少有人話語。百合成天哭哭啼啼，兩眼紅腫，經常用一種讓老疙瘩覺得十分陌生和恐懼的目光長時間一眨不眨地盯著他，盯得

他心裡發毛，盯得他心驚肉跳。但這只是兩三天的光景，從第四天頭上起，百合像一下子就甩掉了所有的痛苦和悲傷，又像過去一樣，說笑唱歌吃飯睡覺，好像這個家庭壓根就沒發生過不幸和悲劇。天天晚上扯著老疙瘩的手摸她的肚皮。老疙瘩的手指肚真就感覺到了她腹內胎兒的隱隱跳動。她說：「老根死了是怨他命短，咱們還得過日子。我就是你的人了。孩子快落草了，老在長白大山裡待著也不是個事兒，我想了，不妨就離開這兒，到山外去過安生日月。」

這話算說到老疙瘩的心坎裡去了。她總算開竅了。他就盼著這一天。只有在這時，老疙瘩才覺得她像個女人，像個妻子。

「咱們已經有了孩子，咱們誰也不興三心二意了，我認命，你走到哪裡，我就跟到哪。」

這話說得老疙瘩心裡甜絲絲的。他就想，女人的心，天上的雲，說變就變，變得沒法捉摸。那幾天還哭得死去活來，才屁大一會兒，就把老根忘得一乾二淨，甚至在言談話語中還流露出對老根的一些不如意來，還帶著嘲弄和挖苦的口氣。於是他就覺得百合須臾離不開他了，他就覺得他是這個家的主心骨，他就拿出當家人的派頭，他就擺出男子漢大丈夫的譜來。她卻變得百依百順，溫柔可人。他真正體會到家庭的溫馨和美好，真正感受到夫妻和諧的幸福和快樂。她和他真正地融為一體，永遠也不可分割的一體啦。她什麼話都肯對他說，甚至做個夢都對他複述一遍。他也願意向她傾吐心曲，此時此地，心裡話也只能向她傾訴。他就說出了搬家後變賣了土特產到山外買房置地開山貨莊掙大錢過好日子的打算。終於有一天，他得意忘形地說出他害死玉爪雕和老根慘死的真相。她先是驚愣得瞪大了眼睛木木地瞅著他，只那麼一會兒，她臉上又換上了生動的表情。「快別提那死鬼了。」她平靜地說。「人死如燈滅，活人要想活人的路數，不為大人還得為孩子呢。」

她說，天氣眼看快暖和了，那時她就跟他走，離開長白大山，到山外去，把孩子生在山外。

五月的長白大山已抖掉料峭春寒，百合花已火火爆爆開放起來。這些天，

百合一改往常，脫去皮襖皮褲，換上了從荒草甸子集場子買來的那件紅綢子面棉袍、綠緞子面棉褲，脖子上圍著豔紅豔紅的毛線大圍脖，描眉打鬢的，禁不住又哼唱那段關東小調：「你銷了包勉不要緊，未來的大事誰承擔哪——」反覆就唱這麼兩句，唱得很認真很投入，尤其在結尾的甩腔處，音調哀婉，蘊著悲憤，她的淚水橫溢滂沱。

這天夜裡，她亢奮異常，對老疙瘩千般撫摸萬般恩愛。最後，挺莊重地對老疙瘩說：「你給我辦件事吧，辦完了這事咱們就搬家。」

老疙瘩喜出望外：「你說吧，只要你肯走，只要我能辦得到，我頭拱地也去辦！」

「你能辦到。」她語音低沉，淚花含在眼窩裡，「你也知道的，我跟那兩個死鬼畢竟……我走之前，想到墳上去看看他們。我就喜愛百合花，你代我採些野百合花，我把花兒供在他們墳前，也算了卻了我的一番心意，你該不會生氣吧。」

老疙瘩響響快快地答應了：「這還不好辦？我明天就去給你採。人心都是肉長的，我理解你的心情，這也說明你是個不忘舊情的好人。」

「東大碴子的野百合開得又紅又鮮，我就要碴子下大林子裡樹卡巴上的那一大束野百合。」

「那是為什麼？」老疙瘩不解。

「這你就別多問了。別處的野百合我不要，你能不能辦到？」

「好了，聽你的，我明天就去把東大碴子下大林子裡樹卡巴上的那束野百合采回來，只要你高興就中！」

她撲到他的懷中，哭得好傷心好悲哀。她抖動著身子，喊冷，喊怕。老疙瘩把她緊緊摟住，說：「在我的懷中你還覺得冷嗎？有我在，你還有啥可怕的？」

她痛苦地搖搖頭，又失聲地哭了起來。

他覺得她有點婆婆媽媽的，或者精神太脆弱了。

十六

　　這頓早飯吃得很晚，但很豐盛。家中所有的山珍，百合都做了上來，野雞、飛龍、山兔、狍子肉、鹿肉、野豬肉、猴頭蘑、黑木耳……擺了滿滿一桌子，喝的是關東老燒和自家釀製的山葡萄汁。百合說：「快搬家了，這些東西得趕快吃，別壞了。」老疙瘩也是這樣認為的。這幾天百合對他特別好，噓寒問暖，關懷備至。她成了一個溫柔多情的女人了。百合也大口大口地喝酒，喝得臉頰酡紅，看上去又平添了幾分嫵媚。這又助長了老疙瘩的酒興，放開量喝了起來。百合柔情地乜斜他一眼，說：「行了，你喝的不少了，都快找不到北了，咋個去採野百合？等你採回野百合，晚上咱敞開喝，喝個夠！」

　　老疙瘩酒足飯飽，情緒極好，他拾掇拾掇就要出去。百合用異樣的目光睃著他。他沖百合呵呵一笑說：「我去了。」百合點點頭。

　　他拉開房門，推開風門，這時屋裡傳來百合的聲音：「老疙瘩！」他轉回屋，問：「啥事？」她走上前給他抻抻衣服上的褶皺，上下認真打量他一遍，勉強笑著：「沒什麼。」就投進他的懷裡，又仰起臉飢渴地張開嘴巴，蹺起腳跟，乾熱的紅唇在他脖上臉上狂吻著。一番長吻之後，她推開了他，深情地注視著她：「你去吧！」

　　他迷惑不解地盯了她一眼，調侃道：「晚上我要折騰你一宿。」說完這話，就磨轉身，邁開大步走出屋。他的腳剛邁出大門，屋裡又傳來百合的聲音：「老疙瘩！」

　　他停住腳步，轉回身，見烏髮散亂，身著紅袍綠褲的百合站在屋門口，臉色蒼白，嘴唇顫抖。「有事？」他想回屋，以為她今天鬧不自在了，他甚至想今天就不去採野百合了。她卻語無倫次地說：「沒什麼，我想再看你一眼，真的沒什麼，你走吧，你必須得走！」她的眸子裡冷不丁射出一束陰冷的凶光。她彷彿下了很大的決心，一轉身，回到屋裡。

　　他苦笑一下，自言自語道：「女人，這就是女人！」他把女人和優柔寡

斷、軟弱無力、小鳥依人、多愁善感、沒有男人就失去生活下去的依憑等同起來。

這時，她俯身在炕上的行李捲上，用拳頭堵住嘴巴，哽哽咽咽地哭了起來。

他上路了，步履匆匆。

他無論如何不會想到，這將是他與她的永訣了；他無論如何不會想到，關東的女人，也有一副鐵石心腸；他無論如何不會想到，他是在向死亡走去，向地獄走去。等待他的是被獵人稱作「打樹皮」或「打幌子」。

關於「打樹皮」或「打幌子」關東民俗學家曾這樣記述：

老林中還有一種幌子，一般人叫「打樹皮」又稱「打幌子」。

狩獵往往講究場地，就是地盤。狩獵者之間講究先來後到。

打樹皮或打幌子是這樣的：

砍一塊樹皮，二尺長短，捲成一個捲兒，捲兒裡夾塊獸肉或水果卡在樹上，樹皮捲兒上插野花。這種「打樹皮」或「打幌子」是一種行幫語言，不懂它的內容的人，以為這一卷野花架在樹上，多麼漂亮好看哪！殊不知，那是危險和死亡的象徵。

而老疙瘩去摘的恰恰就是獵人設計的「樹皮」或「幌子」。

十七

老疙瘩來到東大砬子下，立陡的石崖上開滿了野百合。他不願費勁巴力地爬砬子，既然百合說大林子裡的樹卡巴上有，何不遂她心願取了來。

茫茫林海，數挨著樹，枝搭著枝，樹枝間掛滿了老綠的苔蘚，連藤蘿的枝條上也染上了銅錢厚的苔蘚。交蓋的枝條、藤蘿上積滿陳年的腐枝敗葉，像一張撐開的巨大無比的羅傘，罩得老林子幽暗溟濛，令人毛骨悚然。

這是一個恐怖的詭譎的世界。

這裡到處都是陷阱，殺機四伏。

即使再幽暗朦朧，那一束鮮花還是赫然跳入眼簾。那束野百合，夾在一棵老橡樹的卡巴上，離地面不高，他蹺腳就可以夠到。他的手向鮮花夠奔去。就在此刻，耳邊彷彿傳來女人的聲音，他辨出這是百合的聲音：「老疙瘩！老疙瘩！你等等！你等等——」

他暗自好笑，為什麼要等等？舉手之勞的勾當，當你站在我面前時，我手中擎著的就是你喜愛的野百合，不管你派什麼用場，只要你跟我走就成，只要立馬搬家就成。

他拽扯那束用紅繩捆綁的野百合，竟然沒有拽動。他把腳跟抬得更高些，用雙手去拽，終於拽下了。但就在此刻，發生了石破天驚的一幕：一陣轟隆山響，一堵龐然大物以迅雷不及掩耳之勢傾落下來，有滾木，有礌石，力重千鈞。他還沒來得及分辨和思索，就被砸了下去，甚至沒有一聲呼叫和呻吟。這就是殺傷力極大的閻王碓。野百合花代替了誘惑野獸的誘餌，他拽扯的是閻王碓的機關。觸犯了機關，閻王碓無情地砸了下來。

只是一眨眼的事情，一切復歸平靜。

也就是在此時，百合踉踉蹌蹌趕了來。

她為什麼要來？是專趕來看這慘痛的一幕還是老疙瘩走後她內心忽又動搖而急著趕來制止這慘痛一幕的發生抑或是要與他同歸於盡？只有她知道。

她覷著木石下汩汩流淌的鮮血，失聲啼哭道：「老疙瘩，老疙瘩，我多麼希望你不是第三個死鬼呀！」她暈了過去。

當她甦醒過來的時候，日已偏西。她拾起散落在地上的野百合，放在手中揪扯著，她把鮮紅的花瓣投擲血泊中。她無力搬動這些當初老根安裝閻王碓時用的木石。

「你就安葬在這兒吧。」

她順著來路走回去，一滴滴淚，伴著一片片散碎的花瓣，跌落地上，像血。

十八

　　回到那個寒冷寂寞的小屋，她馬上改換裝束，脫掉了紅袍綠褲，投進灶坑裡燒掉，又著上魚皮衣獸皮褲，漫山遍野地徜徉逡巡。她又哼起了關東小調：「你銅了包勉不要緊，未來的大事誰承擔哪──」反覆就唱這麼兩句，唱得很認真很投入，但在結尾的甩腔處，她已沒有淚水，只有絕望的嗚咽和哽咽。

　　三天之後的一個月黑夜，那一明一暗的木刻楞口袋房燒起了大火。這兒幾百里無人煙，自然沒有人來救火。家禽、獵犬和大圓木桶裡的鹿茸、鹿鞭、虎骨、熊膽、獺肝、麝香、貂皮和長白山的野山參等名貴土特產全在火焰中化為灰燼。

　　百合被燒死了沒有？無人知曉，反正千里長白大山裡，沒有再見到過她。

再回首我心依舊

一

　　在鬧市區十字路口北側，有一座省內外聞名的美人松歌舞廳。從門面的裝潢佈置就可以看出這家歌舞廳不凡，堪稱一流。夜幕降臨，霓虹燈、串珠燈璀璨閃爍，先鋒音響流溢出柔和纏綿的旋律，吸引著眾多的光顧者。此刻，一輛奔馳牌轎車在歌舞廳前的停車場戛然停下，司機跳下駕駛室，彬彬有禮地打開前門和後門，隨之從轎車裡走出三位男士和一位女士。這些人寒暄說笑一陣，就徑直向美人松歌舞廳走去。他們似乎是這裡的常客，那兩個五大三粗的門衛只朝他們笑著點點頭，甚至沒細看司機遞過來的門票，就放行了。

　　服務小姐一見他們來了，立時笑臉相迎。被稱作胡經理的那位，中等身材，五十多歲，額頭狹窄，腮幫寬闊，整個臉膛看上去就像一個正三角形安放在脖子上。他身著皮爾・卡丹高級西服，足蹬匈牙利紅皮鞋，嘴巴上叼著一支萬寶路牌香菸。

　　那位女士，顯然是公關小姐。她面容姣好，談吐不凡，一霎時第八桌就掀起了歡聲笑語。那兩位衣冠楚楚的矮個子男人，操一口廣東味的北京話，沖胡經理禮貌熱情地說笑著，沖公關小姐乜斜著淫邪放肆的目光。他們似乎在談一筆生意，但並沒有間斷了吃喝談笑。

　　胡經理名叫胡得顯，是華源集團總公司在中國東北的代理人，名片上的職銜是華源集團關東分公司經理。這個集團擁資十分雄厚，聽說老闆是位女士，總部設在泰國，擁有十幾億美元的巨資，在世界各地設有十多個分公司，是商界縱橫捭闔、睥睨左右的鉅子。關東分公司經營項目很多也很複雜，從水泥、鋼材、糧食、土特產到股票、房地產，到處都可以感覺到它的觸鬚在蠕動、伸延。不錯，胡得顯是美人松歌舞廳的常客，連同那位公關小姐兼秘書的黃俊英。他們平均一週來一次美人松歌舞廳，除了消遣休閒，大部分是接待客人，洽談生意。

　　他帶領廣東客人到「美人松」來，還有另一層意思。聽說新來了一位女歌

星，唱火了唱紅了，他要來鑑賞一下，換換口味。黃俊英雖說可心盡意，無可挑剔，但漸漸有些倒胃口。況且，女老闆已經拿話敲打過他，他不能不留心戒意，他對女老闆也還有另一層奢望和幻想，而這是他夢寐以求的。只是這黃俊英像條滑膩膩的蛇，老是纏巴他不放。他可不敢太造次太得罪她，一旦她急了眼，把她與他那檔子事和商場上的一些見不得人的勾當全抖摟出來，他的日子就不好過了，他的如意算盤就全給打亂了。他只得曲意周全她。

這時，主持小姐來到第八桌前，請他們賞光點歌。他與客人謙讓推辭一番，就專點那位新歌星的歌。總共點了十首。

新歌星登台演唱了。談不上嫻熟和老練，但那靈動的眸子，端莊的儀態，苗條的身段，實在迷人。他雖然已年過半百，可能是保養得當，對男女情場中事，興味未曾稍減。新歌星名叫仇麗娟，是藝術學院音樂系四年級學生，音質好，音色美，音域還寬，美聲、通俗、民歌都能唱。那聲音，那形象，那表情，既勾魂攝魄，又覺得較為熟悉。他不想去思索為什麼有這種感覺，只一門心思地陶醉在絲竹聲光之中。歌子點了一首又一首，鮮花獻了一籃又一籃。仇麗娟和主持小姐走下歌台，來到第八桌前，頻頻鞠躬致謝。大廳內香氣逼人，歌聲、掌聲、喝采聲雜陳。美人松歌舞廳瘋了、醉了。

胡得顯興致盎然，竟站起來，沖老闆、歌星和主持小姐高聲嚷叫：「今兒我高興，點歌、獻花的錢我原數照付，下半場我全包了，付款三千元！」

這不啻是爆炸性新聞，大廳立時掀起軒然大波。正在這時，忽聽響起喊聲：「主持小姐，我要點歌！」

人們循聲望去，只見靠角落的一張桌前，站起一個大漢，是他要點歌。胡得顯一夥如果留心的話，就會識別出，這漢子正是剛從第八桌被驅趕到角落去的那幾個客人中的一個。這漢子身高一米八幾，四十七八歲年齡，臉膛紫紅，眉毛濃黑，目光灼灼，著灰色西裝，扎奧托領帶，足蹬阿迪達斯。冷眼看去，給人以不協調和凌亂的感覺。給人的印象是既質樸淳厚又精明幹練，既粗獷憨直又狡黠聰穎。

「我們的殷經理要點仇小姐的歌！」

一個粗粗的聲音附和著。這說話的是與殷經理挨肩坐在一起的瘦長條子。他叫張鶴松，年齡頂多四十歲。

這位殷經理名叫唯勤，是亞光開發公司的經理，個體戶，而張鶴松是他聘用的副經理。今天不知這位殷經理犯的哪股邪風，馬糞包竟然發了燒，雞蛋要往石頭上碰，竟敢在華源集團關東分公司經理胡得顯的頭上動土，有好戲瞧了。

這胡得顯是場面上人物，是人群裡的一棵高草，今天羊群裡忽然跳出驢來，一時間他竟呆愣住了。他還沒醒過腔來，只聽那殷經理大聲說道：「今天我只點仇小姐一支歌！」說罷轉身對張鶴松說：「付款！一千元！」

瘦長條子張鶴松如得將令，馬上打開隨身帶來的密碼箱，點出十張一百的票子，往桌上一拍：「服務小姐，請收款！」他的動作和聲音有點兒滑稽可笑，使人很容易想到「走狗」「奴僕」之類。

他只點一支歌，竟是千元的酬價，一時把歌舞廳裡的人全都鎮住了。

歌舞廳老闆認得的是錢，就希望有這等攀比爭勝的事情發生，沒風險，乾賺大錢，好事一椿。他不敢怠慢了胡經理，殷勤討好地說：「請胡經理稍候，這支歌唱完，就該是您包場了。」

「請這位先生點歌，」老闆面向殷唯勤，一臉的恭敬和討好。

歌星仇麗娟也走下歌台，來到殷唯勤身邊，致禮、答謝。

第八桌的那幾個人臉兒氣得蠟黃。司機和那位女士站了起來，看樣子要較較真兒，理論理論。胡經理卻伸出雙手，摁住那兩人的肩膀。他很清楚，不能貿然行事。於是端坐桌前，不動聲色地觀看這齣戲如何往下演。

再說這殷唯勤眼盯盯地瞅著仇麗娟，他似乎要從她的眼神和舉止行動上挖掘出什麼。他是那麼專注、認真，以致於仇麗娟都羞澀地低下頭來。歌廳裡響起一片哄笑聲。

這時殷唯勤才清醒過來，很抱歉地對老闆和仇麗娟說：「我——不點

歌。」

「不點歌這是幹什麼？」老闆愕然了。

「請唱我心中的一支歌。」他喃喃自語。

「他心中還有一支歌，哈哈哈哈！」胡經理冷諷熱嘲著。

又是一陣哄笑聲。

仇麗娟又急又羞，幾乎要流淚。她是個涉世未深的學生，到歌舞廳唱歌還不到十天。好心人早就囑咐過她：當心，那裡有壞人。今天果真就遇上了。

殷唯勤已陷進尷尬窘迫之中，他面紅耳赤，幾乎要流淚了，那樣子很可憐。他語無倫次，反覆解釋著。他說二十五年前他跟別人學過一支歌，他在心中一直唱了二十五年，今天不知處於什麼心態，他興味大發，一定要讓仇麗娟唱這支歌，他要聽聽從仇麗娟歌喉中發出的這支歌的韻味。詞，他記得滾瓜爛熟，曲子他也記得牢牢的，甚至連曲調他都記得清清楚楚。只是不知道歌名。他當場念出歌詞，哼出曲子。仇麗娟畢竟是學聲樂的，悟性特好，知識面也廣。她馬上記得這是一支美國名曲，道格拉斯作詞，斯科特夫人譜曲，歌名叫《安妮‧蘿莉》。她對著麥克風，馬上就唱了起來。

雖然沒有樂隊伴奏，但歌聲是那麼纏綿悱惻，那麼攝人魂魄。唱到第二段時，殷唯勤竟情不自禁地隨著哼唱起來。唱到末了，殷唯勤已是淚雨滂沱，唏噓哽咽。女歌星仇麗娟也被感染得淚光閃閃，哀婉淒切。

「孩子，你唱得好，太好了！」他緊緊攥著仇麗娟的手，非常真摯動情，「告訴我，你在哪兒工作？」

「我是藝術學院的學生。」仇麗娟羞怯地回答。

「原來還是學生啊，哪兒的人？」他急於想知道女歌星的一切。

「輝化市」。

「輝化市？」殷唯勤陷入沉思中，「離長白山不遠哪，才一百多里地，還通火車。」他幾乎在自言自語，「家中都有誰？」

仇麗娟在眾目睽睽之下，顯得很窘，只機械地回答：「從小就沒了父母，

是奶奶把我帶大的，奶奶和爺爺去世了，我就──」她顯得十分痛楚，說不下去了。

「就出來唱歌，掙錢讀書？你真是好孩子啊！」他無限感慨，無限激動，「以後我有空就來點你的歌，不，你不必來唱歌，我可以資助你。」他發覺說了些沒有意思的話，太唐突，太造次，很不好意思，忙解釋說，「我沒什麼意思，什麼意思都沒有。」

歌廳裡有人起鬨了。

仇麗娟羞慚得幾乎要淌眼淚，一扭身返回了歌台。她不認為這位點歌的人心懷什麼惡意，只是覺得他神經兮兮的，土老帽，但是個好人。

殷唯勤鼻頭沁出細密的汗珠，只有這時他才意識到自己太投入太失態。他就是懷著這種紛亂的思緒在嘲諷聲和疑惑挖苦的眼神中同張鶴松匆匆離開美人松歌舞廳的。

趨炎附勢的老闆和伶牙俐齒的主持小姐馬上又到第八桌周旋。

「哪來這麼個土老帽！」老闆朝胡經理諂笑著說。

「歡收拾！」胡經理的司機說。

胡得顯顯得寬宏大度，息事寧人的樣子。他要把這事淡化了，但心裡卻在嘀咕，這個殷唯勤是幹啥吃的？竟敢在大庭廣眾給我難堪，是可忍孰不可忍！他也不買二兩棉花紡（訪）一紡（訪），我胡得顯是那麼好惹的？

二

胡得顯經理把美人松歌舞廳的糾紛看得很重。很容易就打探清楚，亞光開發公司主要經營長白山藥材、礦泉水、土特產生意，資產五百多萬元。小菜一碟，在省城商界還上不了台盤兒，更不要說成什麼大氣候了。沒有什麼根基和靠山，是剛下長白山走進省城的「東北虎」，還不到一年時間，局面還沒有踢開，在人們的眼中只不過是個土財主。僅此而已。至於他是怎麼發的財，怎麼走上經商之道，小事一節，不必細問。聽說他在柺子街新建了一座五層白樓，

馬賽克掛面，不日即將開張營業。

　　真是冤家路窄，原來華源集團關東分公司就設在杨子街紅樓裡。胡得顯已經跟女老闆合計過，先在杨子街站住腳，下一步是買下杨子街，大興土木，全面鋪開營業。這只是個計劃，已著手與各方面交涉，還處於保密階段，憑華源集團女老闆的雄厚財力，買下這條街，似乎不費吹灰之力。亞光開發公司建築的那幢樓房他不是沒有看見，只是沒拿它當回事，原打算買下杨子街一併把這幢樓買下得了，多出十萬二十萬算不了什麼。現在就得在這幢白樓上動心思了。

　　一場置亞光公司於死地的陰謀陷阱在帷幄中運籌著。

　　可悲的是亞光開發公司的經理殷唯勤，這個傻老帽兒，還不知道自己這次光顧美人松歌舞廳闖下了禍端，一切還都蒙在鼓裡。這還不說，他竟走火入魔，幾乎三天兩頭往美人松歌舞廳裡跑，點女歌星仇麗娟的歌，公司裡的業務就大撒手交給張鶴鬆去處理。他絕對信任張鶴松，把張鶴松看成是自己的鐵哥們兒。他剛從長白山下來時，要招聘秘書，在百多個應聘者中，他獨選中了張鶴松。張鶴松當時可以說是窮困潦倒，一籌莫展。張鶴松原在一家企業當採購員，有些聯絡網，是個小能人。只可惜心術不正，時運不佳，聰明反被聰明誤。正在這時，殷唯勤選中了他，委以重任，通過一段工作實踐，張鶴松也真的閃了光，協助殷唯勤踢開了局面，打下了基礎，殷唯勤既賞識欽佩他，又感激器重他。給他豐厚待遇，委以副經理職務。此時的張鶴松雄心陡起，既對殷唯勤感恩戴德，願效犬馬之勞，又要運籌謀劃，奪回他失去的輝煌，恢復他固有的魄力和風采。

　　這一天，有兩個年輕人叩響了亞光開發公司辦公室的門。張鶴松接待了他們。這二人自稱是長白山某地區某縣藥材公司的供銷員，是來推銷蛤蟆油的。張鶴松看了樣品，是當年扒的新油，沒過伏，塊兒大色白而透明，無黑色籽粒，是純正的一等品。對方說共有一千斤，公司急等錢用，來不及到香港出售，要就地銷售，每斤價格為五百元。價格便宜，又是好貨，運到廣州，銷到

香港，就是對半兒利潤。張鶴松用大哥大向殷唯勤請示。殷唯勤聽仇麗娟的《安妮・蘿莉》正在興頭上，聽了張鶴松的匯報，未假細想，就拍板定奪，要張鶴松簽訂合同。合同很快簽訂了，又到公證處做了公證。按合同規定，貨到付款，期限為二十天。

合同簽訂剛過半月，一天早晨，一輛桑塔納轎車在亞光開發公司門前停下，從車裡走下一位挎著鱷魚皮挎包的漂亮女郎。這人就是華源集團關東分公司胡經理的女秘書黃俊英。她敲開張鶴松辦公室的門，邁著摩登步，兀立在張鶴松面前。張鶴松打量一眼這位女郎，覺得挺面熟，一時又想不起在哪兒見過，更不用說姓名了。黃俊英落落大方地自我介紹道：「我叫黃俊英，華源集團關東分公司經理的秘書。」

她莞爾一笑，從鱷魚皮挎包裡扯出一張帶著馨香氣味的名片。張鶴松接過名片，瞟了一眼，禮貌地放在辦公桌上，說：「咱們好像見過面。」

黃俊英咯咯笑著：「好記性，美人松歌舞廳，為那個臭妮子女歌星，你們經理同我們經理還鬧了點兒不愉快。」

「那是，那是！」張鶴松隨聲附和，並起身從冰櫃裡拿出一聽飲料，扯開封塞，送到黃俊英面前。

黃俊英也不客氣，端起冷飲一邊抿著一邊笑著。

「張副經理，」黃俊英的聲音甜甜的，像鳥鳴，「殷經理呢？」

其實她早已瞭如指掌，殷經理此刻又跑到美人松歌舞廳點仇麗娟的歌去了。說真的，她希望殷經理能把那個仇麗娟纏住，讓胡得顯斷了慾念，跟她重溫舊夢。這些天她受到冷遇，心裡怪窩火的，就遷怒於那個仇麗娟。她與胡得顯談不上愛與不愛，充其量是個性夥伴而已，但她需要大筆消費，她需要享受，這就需要金錢。為了錢她除了對胡經理做性服務外，還得幹他吩咐的一切。這不，胡經理吩咐她來亞光開發公司做一筆生意，要不惜一切，不妨在張鶴松身上多花些本錢和心力。這意思再明白不過了。雖然她挺討厭張鶴松的獐頭鼠目的相貌和奴顏卑骨，但為了錢，只得違心來幹。

「殷經理嘛，」張鶴松拉著長腔，裝模作樣地笑笑，說：「業務忙得很。有什麼事你可以跟我說，好商量。」

那口氣無非是我可以代殷經理行事。這也正是黃俊英所希望的。

「那好，」黃俊英向張鶴松飛了個媚眼，「我也可以代表我們的胡經理行事，咱倆就開誠布公地談吧。」

原來香港一家關係單位要華源集團關東分公司給搞一千斤蛤蟆油，人家急等這批貨。華源集團關東分公司與這個單位有多方面經濟往來，不能不幫這個忙，寧可不掙錢或少掙錢，也得儘快把貨買到運去。但貨一定要可靠。

事兒竟這麼巧合與簡單。張鶴松心下高興，不必挪動地方，他們坐地就可以撈上一大筆。但他卻裝作為難的樣子說：「冷手抓熱饅頭，難啊。不過咱們以後合作的機會多了，我們得幫這個忙，你聽信吧。」

黃俊英臉上笑成一朵花，拍著張鶴松的肩頭。「大哥，我可得先謝謝你了。」

張鶴松被拍得骨酥肉麻，心旌搖動。他是個情場老手，只是因為這二把手境況不佳，無心緒也無財力去討女人歡心。今天，他枯井一樣的心底，被黃俊英給攪起了波浪。他沖黃俊英乜斜著眼睛，不懷好意地說：「咋個謝法？啊？」

黃俊英咯咯笑著，扭動著腰肢，嗲聲嗲氣地說：「你個壞種，請吃請喝，三天之內辦成了事，發走了貨物，每斤蛤蟆油給你一百元回扣，還不中？」

公司賺了錢，個人還得了好處，何樂不為？於是他們就進入實質性談判，最後達成了協議：五天之內交貨，每斤九百元，貨到付款，如果出現假冒偽劣現象，除拒收外，還要每斤罰款一百元。這是一筆大宗買賣，張鶴松不敢私自做主，馬上用大哥大請示殷唯勤，說不必去香港，就可獲利四十萬元。至於他個人獨得的十萬元回扣，他當然隻字未提。徵得殷唯勤同意，當下就訂了合同。

合同簽訂完畢，他二人到北國春迎賓樓吃飯，喝的是甘肅武威地區的皇台

酒，菜不多，但道道精緻高檔，有甲魚、熊掌、扇貝、猴頭、魚翅及燕窩粥，總計花費五千元，是黃俊英掏的腰包。

　　兩個人在單間裡吃喝，燈光幽暗，揚聲器裡飄流出纏纏綿綿的音樂，更增加了迷離氣氛。張鶴松直覺得眼前搖翠晃紅，流光溢彩，目不暇接。兩人情不自禁地做出了勾腳搭背的動作。吃喝廝混完了，已是半夜時分，回到亞光開發公司張鶴松的辦公室，又喝了咖啡，吃了點水果，免不了眉目傳情，調笑亂侃。兩人心中有意，如同烈火乾柴，把持不定，就在真皮沙發上做起床上之事來。

　　事兒來得這麼突然，又這麼甜蜜，張鶴松在黃俊英「你太棒了」的關關鶯語和嬌羞聲中陶醉了，昏迷了。

　　第五天，那兩個年輕人用汽車送來了一千斤蛤蟆油。張鶴松對長白山土特產品本來一竅不通，又急於做成這筆買賣，況且已在床上答應了黃俊英，不敢拖延，就開包驗貨。見蛤蟆油塊大整壯，白色透明，又無干皮黑籽，料定不會有假，也沒重新用溫水發泡，更沒到化驗室化驗，就收了貨，開出了支票，立即就給黃俊英打電話，叫她馬上攜款來取貨。

　　黃俊英帶領幾個強壯漢子開著豐田牌人貨兩用半截子車來了。她先從鱷魚皮包裡拿出一張支票，拍在桌子上，說：「咱辦事可是說一不二，說到做到，是吧？」張鶴松覷著她的秀目，討好地說：「黃小姐，你辦事我放心！我張鶴松也不是個二五眼！走，咱倆就去看貨！」

　　他們進了庫房，打開包。黃俊英抓出一把蛤蟆油，充內行地又嗅又看，說：「成色還可以，不過，張經理，咱都是替人辦事，得講個認真，人嘛，總得有個信譽嘛。」張鶴松點頭如雞啄米，連聲說：「那是，那是，一切全聽黃小姐的。」此時她一臉的莊重，說：「那就用溫水發泡吧。」現找來一隻大碗，對上溫水，把一塊蛤蟆油扔進碗裡。眾人開始喝飲料，抽菸，神侃。水發蛤蟆油需一天一夜，指蓋大的一小塊可以發出一大碗，白而透明，如同棉花桃。如果是真品，蛤蟆油放進水裡，不過兩個小時，就膨脹，邊緣長出白醭。這段時

間，他們又到北國春迎賓樓吃飯。這頓飯足足吃了三個小時，回到亞光公司，一瞧水碗裡的蛤蟆油，倒是膨脹了一些，但呈條狀，顏色灰暗，這是怎麼回事？黃俊英建議馬上請專家來化驗鑑定。

這時的張鶴松也慌了手腳，鼻尖上直沁細汗。一旦是假貨，那後果就無法想像了。他們帶著樣品，當即開車到市藥材公司。藥材公司的專家通過目測、口嘗、手捏和化驗，很快得出結論，是假貨，不是蛤蟆油，而是明太魚肚裡的膛油，分文不值。

張鶴松當即跌坐在沙發上，全昏了頭，黃俊英卻一下子蹦起來，扯著張鶴松的脖領子撒起潑來。

「好你個張經理，這麼大個亞光開發公司竟幹出傷天害理坑人騙人的勾當！你用假冒偽劣產品打發我呀！我們怎麼向港方交代！」

張鶴松就差沒給黃俊英跪下，哀告說：「我們的損失更大，那是六十萬元哪！我怎麼向殷經理交代？」他號叫著，幾乎流淚。黃俊英直跳腳，不依不饒，高聲大嗓地喊：「你怎麼交代關我屁事！我只要求按合同辦事！」她一提「合同」，張鶴松像想起什麼，站起身來，馬上給銀行掛電話，告訴銀行，亞光開發公司的那五十萬元支票千萬別支付現金。對方回答，上午九時半，兩個青年人早就把款提走了。他又給合同上寫的那個縣藥材公司打電話詢問，無非是希望雙方都承擔點經濟損失。對方回答得更乾脆，他們根本沒派人到外地銷售蛤蟆油，他們自己的收購任務還沒完成。

很明顯，這是一場大騙局。

亞光開發公司一下子損失五十萬元，按合同規定，還得向華源集團關東分公司賠償十萬元損失費，總計損失六十萬元。

而這筆款項是準備大樓內部裝修和進貨用的。

殷唯勤在大哥大中得知這一情況，風風火火趕了回來，但什麼都晚了三秋了，無法挽救了。這邊黃俊英又吵又鬧的，揚言一定要打官司告狀。

殷唯勤氣得眼珠子發藍，又不好沖張鶴松發火。是呀，自己也有責任，這

些日子是鬼迷心竅，天天往美人松歌舞廳裡鑽，點歌聽歌，結果誤了大事。如果他在辦公室，他會識別出蛤蟆油的真假來。他生長在長白山，抓過蛤蟆，扒過蛤蟆油，賣過蛤蟆油。沒想到自己竟在這蛤蟆油上栽了跟頭翻了船。

他辦事向來侃快直爽，有長白山人的豪氣勁兒。他告訴財會人員按合同付給黃俊英十萬元損失費，這邊急忙給公安局報案，請求查找那兩個騙子。但是，到哪裡去查找？話說回來了，即使查到了又會有什麼結果？人家可以不承認是假貨，況且亞光開發公司已在驗貨單上簽了字的呀！再退一萬步說，就算騙子抓到了，並承認了行騙罪行，但幾十萬元的欠款能輕易追回來嗎？

殷唯勤的剛剛興起的事業，受到巨大的打擊，處於極度困難之中。

他大病了一場。他舉步維艱。

無資金，大樓工程只好暫停，又得按合同向施工單位支付三十萬元的損失費。

他無法排解內心的苦悶，就去美人松歌舞廳，一邊聽仇麗娟唱歌，一邊悶著頭喝冷飲。第八桌上的以胡經理為首的那夥人，個個志得意滿，不可一世，還不懷好意地向他投以蔑視和嘲諷的目光。

他氣得渾身發抖。他暗下決心，我不會垮掉，我原來是窮光蛋，我是從零奮鬥過來的，我有信心，我這只東北虎要重新站起來。我不是還有一座即將完工的大樓嗎？雖說裡面是空膛的，但那也是一筆可觀的財富。

但是他怎麼也不會想到，惡魔正向他張開黑洞洞的巨口，就是這座大樓，怕是也要保不住了。

三

女歌星仇麗娟，一個即將走向社會的音樂系大學生，一下子唱紅了，一炮打響了。美人松歌舞廳門庭若市，票價暴漲，點歌的價碼也抬了起來。仇麗娟每天都有近千元的收入。她簡直迷醉了。

這天深夜，歌舞廳打烊，胡得顯對歌舞廳的老闆說，他興致正濃，還想請

仇麗娟到他的下榻處唱個堂會，報酬嘛，不會低於歌舞廳一個晚上的總收入。老闆有些躊躇，要仇麗娟去唱堂會，她能答應嗎？再說，到了那種地方，誰敢保證不出什麼差池？果真那樣，怎麼向學院交代？弄不好美人松歌舞廳的聲譽毀了，這生意不就砸了？思忖再三，還是聽聽仇麗娟個人的意見吧。若是她本人無異議，老闆自然順水推舟，樂得送這個人情；若是人家不同意，也怪罪不到老闆頭上。

老闆叫人把正在卸妝的仇麗娟找來，當著胡得顯的面兒，委婉地把這意思說了，當然少不了加了些恭維堂皇的詞句。豈知這個仇麗娟竟清高傲慢，壓根兒不買這個賬，還說她是搞藝術的，是高雅的藝術工作者，別把她當舊社會的戲子看待。還沒等老闆解釋，一甩手臂走人了。

胡得顯弄了個大紅臉，認為丟了面子，便狠下心來，一定要吃這顆鮮嫩果子。

胡得顯的這些舉動卻氣壞了另一個女人，那就是黃俊英。黃俊英早就忍無可忍了，自打胡得顯迷上了仇麗娟，他早把她忘到了耳門後去了。即使她豁出身子，幫助他設計坑害了殷唯勤，他也只對她溫存了一兩天，過後又把心思用到那個仇麗娟身上。我黃俊英也不是盞省油的燈，得下手時就得下手，不能坐待事態發展。一旦仇麗娟讓他弄到手，還會有我黃俊英的好果子吃？弄不好就給炒了魷魚。不是魚死，就是網破，就來它個破釜沉舟。

黃俊英曾經有幸見過華源集團總公司的總經理赫跡萍。赫跡萍的華源集團總部設在泰國，在世界各地都設有分公司，每一個分公司都聘一位經理執掌業務。赫跡萍平素就乘坐飛機周遊世界各地，巡視業務。她為什麼在中國的東北選中了胡得顯做代理人？據胡得顯自己說，他與赫總經理是大學同學，赫總經理在極困難的時候，他曾鼎力相助過。誰知是真是假，反正他是這麼吹噓的。赫跡萍雖說是個富婆，令人感到威嚴和神祕，但見其面，覺得又是那樣慈祥和藹，那麼平易近人。赫跡萍在省城有自己的臨時別墅，平時很少露面。她特好旅遊，尤其是到真山真水的地方，痴痴迷迷，流連忘返。去年她陪赫總經理去

長白山旅遊半個月，一路上她服務周到，照顧得無微不至，很得赫總經理的好感。後來她又見過赫總經理幾面，赫總經理對她還是那樣親熱，一點兒架子也沒有。她永遠不會忘記，去年陪赫總經理在長白山腹地一個叫雞爪頂子結廬過夜的情景，真好玩。總經理對她有好感，她把個人的前途命運也寄託在赫總經理身上。都是女人嘛，女人心腸軟，富有同情心，有些話說起來方便。赫總經理昨天剛到省會，正好是機會，可別等她一走，姓胡的像打發要飯花子似的甩開了她，那可真就再也沒法挽救了。

這天，辦公室裡只她一人，她撥通了赫總經理別墅的專線電話。是總經理接的電話。她自報了家門，總經理笑著說：「是你呀小黃，我怎能忘了你！這幾天我還得麻煩你陪我去長白山呢，再去大林子裡住一次木棚子，怎麼樣？」她簡直受寵若驚，一迭連聲地說最願陪總經理去長白山考察哩。接著又嘮扯一些別的，嘮著嘮著她就抽抽搭搭地哭了起來。她要求見總經理，談談華源集團關東分公司的事。總經理沉吟片刻，答應接見她，並約好了會見時間與地點。

別看這是辦事員與總經理的會見，它卻產生非同小可的反響，它在這篇故事中，在故事中幾個關鍵人物身上，都起了非常重要的轉折性的作用。

黃俊英打車來到赫跡萍的別墅。黃俊英是第一次來這所別墅，雖說是臨時別墅，但就其富麗堂皇而言，簡直令人咋舌。

赫跡萍坐在大屏幕高保真彩電前正在看電視，見黃俊英進來，就站起身來，笑臉相迎。她不施粉黛，皮膚白皙，細細的彎眉下一雙丹鳳眼。她的這身裝束，黃俊英還是第一次看見，心中不免暗自納罕。

黃俊英幾乎是一口氣把美人松歌舞廳近日的情況及胡得顯、殷唯勤爭奪歌女仇麗娟的事添油加醋地說了一番。她的目的很明確，斬斷胡得顯同仇麗娟的聯繫，或把仇麗娟從歌舞廳攆出去。她深知，這對赫總經理來說是舉手之勞，從華源集團的長遠利益考慮，赫總經理也會這麼做。出乎她意料的是赫老闆聽了她的敘述竟然也對這小女子產生了興趣，還一再叮問：「是唱的《安妮‧蘿莉》那首歌？是道格拉斯的詞、斯科特夫人的曲？」當得到肯定答覆後，她的

表情很複雜很奇特，既相信又猶豫，既欣慰又心酸，既有甜美的回味又有痛楚的思索……而且當即決定，今天晚上美人松歌舞廳她包場了，她要專程去聽仇麗娟的歌。

這事真邪門！黃俊英討了個沒趣，悒鬱而歸。

美人松歌舞廳的老闆聽說華源集團總經理要包場，還專點仇麗娟的歌，真是又驚又喜，對接待、表演、服裝、音響等事宜認真開會研究，並做了細緻安排。

晚上七點整，赫跡萍總經理準時來到美人松歌舞廳。她剛鑽出林肯轎車，胡得顯、黃俊英及服務人員馬上就前呼後擁著，將她簇擁到第八桌正中位子上。

當仇麗娟一出現在歌台上時，她的眸子忽地一亮，禁不住「啊」了一聲。仇麗娟開始演唱了，那婉轉低回的歌喉，著實打動了她。她一遍又一遍鼓掌，一次又一次吩咐獻花，十幾籃十幾籃地獻花。仇麗娟的壓軸子節目——《安妮·蘿莉》開始演唱了。全場鴉雀無聲，人們都屏住了呼吸，目光全都瞄向了仇麗娟。前奏響起，赫跡萍就全身心地投入到莊重的氣氛之中，那麼專注認真。當唱到「在那美麗的山坡下面／朝露閃閃發光／就在這裡安妮·蘿莉／向我盟以誓言」時，赫跡萍已是淚光盈盈，哀婉至極。再往後，她一邊輕輕擊掌，一邊小聲哼唱。當唱到「世界我無留戀／我的生命就是你」時，赫跡萍再也無法控制自己，竟哽哽咽咽抽泣起來。歌子一唱完，大廳內一片寂靜，繼而爆發出雷鳴般的掌聲。

這時，仇麗娟來到第八桌前，向赫跡萍致謝。赫跡萍竟一把將仇麗娟攬進懷裡，細細地打量著她，那麼親暱，那麼專注。她當即邀請仇麗娟今天晚上隨她一起到別墅去住，她要跟仇麗娟好好談談心。

這一切來得是如此突然。仇麗娟陷入迷惘之中。

四

　　黃俊英本意是想把仇麗娟趕出美人松歌舞廳，切斷仇麗娟與胡得顯的聯繫，她好和胡得顯重敘舊情，結果呢，仇麗娟越爬越高，成了華源集團總公司總經理赫跡萍的心肝寶貝。她心裡雖說不大自在，但總算去了塊心病。胡得顯果真就又投進她的懷抱。這裡的過碼，胡得顯自然一無所知。事已至此，他的生活中又須臾離不開女人，只能不得已而求其次，再跟黃俊英鬼混下去。他們施用騙術，敲了殷唯勤六十萬元，而胡得顯只給了張鶴松、黃俊英十萬元，那五十萬元全都揣進他個人的腰包，她真是啞巴吃黃連，有苦難言。

　　黃俊英還擔著份心思，那就是怕吃官司，怕秋後算賬。

　　怕啥就來啥，那一天公安局就找上來，訊問她買蛤蟆油的經過。不用細分析就可斷定，準是殷唯勤報了案。看來這土老帽不甘心就此失敗，還要經官動府哩。她就按胡得顯早先教授的話語，胡亂編排一通，把自己摘巴得乾乾淨淨，說自己只是要做一筆生意，同那兩個賣蛤蟆油的無任何瓜葛，當然她與張鶴松的陰謀勾結更是隻字未提。表面上看似乎頂擋回去了，公安局的人也沒再深究什麼，但誰也不敢保證以後就不露馬腳，不出破綻。

　　這一天，同胡得顯親暱之後，她又提起這擔心的事，並罵胡得顯心太黑，吃獨食。胡得顯當然也怕這事給捅出去，果真那樣，他的詐騙罪就成立，就要受法律制裁。他一邊安撫黃俊英，一邊考慮如何按住殷唯勤這一頭。最好是想個兩全其美的辦法，既整垮了殷唯勤，又能再敲一筆款子。

　　他要叫殷唯勤破產，要叫這只東北虎趴下，其原因有三：一是這個土老帽在美人松歌舞廳拂了他的鋒芒捲了他的面子，他嚥不下這口惡氣，敲他六十萬元是應當應分，可這小子不識好歹，又要拔豪橫，這打官司那告狀的，這回就把他連根攎了；二是這只東北虎趴下了，沒了反抗能力，他詐騙來六十萬元就萬無一失了，晚上睡覺也踏實了；第三，若不是殷唯勤打橫炮瞎攪和，仇麗娟那個小妞備不住早成了股掌中玩物。話說回來，如果沒有這檔子事，他也不會

去敲他六十萬元，也就不會有如今的擔驚受怕、提心吊膽。一定要整垮這只東北虎！他找來黃俊英，面授了機宜。於是黃俊英又來到亞光開發公司，找到了老相好張鶴松。

張鶴松這個吃裡扒外的勢利小人，既已上了賊船，今番又有金錢美女的強烈誘惑，如何能捨棄這個機會！於是，又一個坑害殷唯勤的惡毒計劃在房帷裡形成了。

前面已經交代過，華源集團關東分公司要買下枴子街，做房地產生意。而亞光開發公司的那幢剛剛竣工的白樓正處在枴子街中心地段。胡得顯早就計劃要把這幢白樓買下。買樓就得花錢，而且還要多花幾十萬，太便宜這小子了。現在他想要不花錢或少花錢就把這幢樓搶過來，表面上還要冠冕堂皇，合理合法。這就要找漏洞找邪茬兒，要有活動能量，要有雄厚的財力。張鶴松已是華源集團關東分公司安插在亞光開發公司裡的一顆釘子，他能提供最有價值的資料和信息。

在華源集團關東分公司胡得顯的辦公室裡，這三個魔鬼聚首了。他們從亞光開發公司申請購買地皮到備料施工、支付款項等方面查找，終於找到了一個漏洞。原來殷唯勤在修建白樓時，打算在樓前修個停車場，這樣地基就得後移，建在城建局劃定的紅線以內。按說樓房修建在紅線以內，前面又有停車場和附屬建築，並未影響市容。只要得到城建局的允可，可不視為違章建築。也是亞光開發公司大意失荊州，認為是不成問題的問題，就沒有急於去辦理手續，沒想到由此卻遺留下大患。還有一點，既然樓房位置後移，這必然涉及後面建築物的光照問題。這一點亞光開發公司也曾做了考慮，對一樓及平房的居民有口頭協議，俟建築完竣，分別給予經濟補償。所差還沒有兌現。

信息全是張鶴松提供的。胡得顯如獲至寶，喜出望外，他要在這上頭做文章了。他要來個釜底抽薪，包抄後路。胡得顯以超常的速度和極為優惠的條件，買下了枴子街。手續辦理齊全，三天之內住戶搬遷完畢。接著就到經濟法庭狀告亞光開發公司地面建築妨礙採光。胡得顯使出渾身的解數，上躥下跳，

八方出擊，請吃送禮外加甩紅包。形勢急轉直下，只一個星期的工夫，官司就見分曉。亞光開發公司所建樓房被認定屬於違章建築，給華源集團關東分公司造成巨大經濟損失。亞光開發公司面臨的形勢十分嚴峻，或者拆除建築，重新設計重新建造，或者給華源集團關東分公司賠償經濟損失。雙方經過交鋒，經過討價還價，其結局是亞光開發公司賠償的金額同修建白樓所需的金額幾乎相等，亞光開發公司被逼上了絕路，只能在限定的時間內拆除建築，用賣地皮的錢恰好抵償拆遷費。

就是說，號稱擁有五百萬元資金的亞光開發公司就要徹底破產了。

一夜之間，殷唯勤就成了不名分文的窮光蛋。

這時，張鶴松夾起公文包，堂而皇之地到華源集團關東分公司胡得顯那兒走馬上任，職銜仍然是副經理。

殷唯勤又氣又恨，得了一場大病。他醒過腔來，悟出點兒門道，知道自己是吃了虧上了當，是遭人暗算了。他也認清了張鶴松這個卑鄙小人的嘴臉。但他對自己何以被人暗算至今仍不了然。看樣子這個從長白山殺出來的東北虎真的得打點行裝再回長白山了。但這個壯漢不服輸，他要奮鬥，即使敗了這場官司也還要再展宏圖，重振亞光開發公司的雄風。

判決書還未下達，他還要苦苦支撐。

人們把同情、憐憫賜給了這個可憐的悲劇人物。但天無絕人之路，正所謂「山重水復疑無路，柳暗花明又一村」。

這還要從華源集團總公司的老闆赫跡萍和女歌手仇麗娟說起。

赫跡萍帶領仇麗娟回到她的臨時別墅，立即把她視為掌上明珠。赫跡萍不僅僅是欣賞她的歌喉，至於為什麼喜愛她，自己也說不清楚，但有一點是肯定的，那就是從仇麗娟苗條的身材、嬌美的面容以及言談舉止，神韻氣質上，她似乎窺視到內心深處久已嚮往的然而又是極為模糊的東西。仇麗娟喚起她深層的記憶，點燃她內心激越欣喜的火花。她似乎要從這個少女身上企盼什麼奇蹟出現，但理智又告訴她，這只是虛無縹緲的幻覺。二十多年來的幻視幻聽幻覺

幻想一直伴隨著她。今天，她一如古井的心田又掀起陣陣波瀾。可能是心靈感應，也可能是靈犀相通，仇麗娟從這個貴婦人的身上也模模糊糊地感受到溫暖、欣慰、信賴、慈愛。於是她把自己的身世、際遇一股腦地向這位夫人傾瀉出來。

她沒有父母，是爺爺奶奶把她帶大的。奶奶在彌留之際，向她吐露出一個令她十分震驚的祕密：她不姓仇，到底姓什麼，奶奶也不知道。在二十多年前的初冬的一個晚上，一個年輕漂亮的女人寄居在她家。這年輕的女人疲憊已極，憔悴不堪。她身懷有孕。爺爺、奶奶已是六十歲的人了，唯一的一個兒子被公社武裝部長動員去縣城參加武門。兒子被飛彈打死了，新婚不久的兒媳又改了嫁。孤苦善良的老人收留了這個年輕女人。這個女人生下一個女孩，還沒等滿月，就把孩子託付給老人，自己又戴上黃軍帽，胳膊上纏上印有「紅衛兵」字樣的紅袖標，扒上了西行的火車。這個年輕女人告訴兩位老人說她叫赫家珍，是省城的大學生，以後會回來認孩子和感謝兩位老人的。這個年輕女人走了，從此就杳無音信。這小女孩在飢寒交迫中竟奇蹟般地活了下來，而且天資聰穎，學習成績十分出色。這個小女孩就是仇麗娟。兩位老人省吃儉用供她讀完了高中，接到大學錄取通知書不久，她正準備到大學報導的前夕，兩位老人噙淚含笑相繼離開人世。

她是帶著無限痛楚和悵惘講述她的經歷的。她小小心靈難以承受的磨難，極度的悲愴，似乎已使她的心靈麻木了。此刻，她彷彿不帶任何感情色彩，在講述一個遙遠的別人的故事。

但是，她彷彿聽到一陣悲泣聲。展目一看，赫跡萍總經理還在抖動著肩膀，用手帕掩著臉面，不停地抽泣著。

她覺得自己在這場合，在這位貴婦人面前，話說得太多，雖然她的苦痛的經歷和不幸的遭遇深深打動了這個女人，但還是覺得十分不安。

「總經理，很對不起，我──」她囁嚅著。

「孩子，」赫跡萍涕淚滂沱，泣不成聲，「不，你應當叫我媽媽！我是你

媽媽！」

她失態地一把將仇麗娟攬進懷裡，放聲慟哭起來。

「孩子，你叫我找得好苦啊！我終於找到你了！」

「你？我的媽媽？」仇麗娟掙脫身子，站了起來，驚愕地倒退著，連連搖頭。

「是，我就是你媽媽！我的名字叫赫家珍，我確實是你的親媽媽！」

仇麗娟如墜五里霧中，惶惑、迷茫、猶豫，不停地叨念：「這怎麼可能？我媽媽是女紅衛兵，而你——華裔女老闆⋯⋯」

「孩子，所有的一切我都會告訴你的。」赫跡萍的情緒稍微平穩了一些，說，「我問你，你爺爺名字叫仇吉發吧？」

仇麗娟吃驚地點頭。

「你奶奶叫仇王氏吧？」

「對！對！」仇麗娟忘情地答應著。

「你家在輝化市城郊五隊，是菜農，鐵路南從東數第九家，是兩間草房，離火車站不過一里路，養著一條叫虎子的大黑狗⋯⋯」她無限深情地沉浸在往事的回憶之中，「你爺爺屬羊，彪形大漢，滿臉絡腮鬍子。你奶奶屬雞的，裹著小腳，受過水汽，手指有點大骨節症。」

「你說得對！全對！你果真是我的親媽媽嗎？」仇麗娟揚起臉，細細端詳淚痕滿面的赫跡萍。是的，自己的那雙秀目，那張小嘴巴，多麼像她。

「是！是！」赫跡萍恢復了平靜，把仇麗娟扶到沙發上坐定，說，「孩子，我找過你幾次。當地人說兩位老人已經故去，你投奔遠房親戚去了，可能在省城念大學，連你的爸爸——」

「我的爸爸？他在哪？他是誰？」

赫跡萍站起身，擦乾了淚水，對著鏡子梳理一下云鬢。她沒有直接回答仇麗娟的問話，卻反問仇麗娟：「我問你，你怎麼忽然要唱《安妮·蘿莉》這支歌？」

「是一位先生點的，他還當場哼出曲調念出歌詞。」她一臉的天真和稚氣。

「這位先生叫什麼名字？」赫跡萍目光灼灼地盯著仇麗娟，彷彿答案就寫在她的臉上。

「殷唯勤，是個正派的好人，他待我可好了，我觀察他彷彿有什麼心事。」仇麗娟充滿自豪地說。

「過去認識他？」

仇麗娟搖搖頭。

「殷唯勤，殷唯勤，」她反覆念叨著，「莫不是就是為了點你的歌同胡得顯經理衝突起來的那個什麼亞光開發公司的經理？」

「就是他。」仇麗娟滿腹狐疑。

「姓殷，從長白山來的，莫非是他？」她自言自語，並馬上用大哥大與她的律師聯繫，說她有要事與亞光開發公司殷唯勤經理面談，馬上溝通聯繫。

華源集團總公司女老闆的律師四處尋找殷唯勤，總也未能抓到他的影子，卻等來了公安局的傳訊通知。她到公安局才知道，原來胡得顯、黃俊英、張鶴松等人東窗事發，犯罪事實基本偵查清楚。這三人勾結在一起，詐騙亞光開發公司現金六十萬元，又用詐騙與行賄手段迫使亞光開發公司瀕臨倒閉破產，如果陰謀得逞，將給亞光開發公司造成四百多萬元的經濟損失。華源集團關東分公司幾個頭面人物已走上犯罪道路，但與華源集團總公司有所區別，因為作為經濟實體的總公司並未參與這起行賄詐騙活動，對這起案件一無所知。關東分公司背著總公司幹下了這樁罪惡勾當，自然要承擔法律責任。公安局當然要把這一情況向華源集團總公司通報。通過公安局得知，殷唯勤原名殷放，是長白山農民企業家。亞光開發公司一貫遵紀守法，法律對這樣的個體企業理所當然要予以保護。

商戰殘酷，法律無情，僅僅一週時間，事兒竟來了個天翻地覆的大變化。

赫跡萍聽了律師的匯報，驚得目瞪口呆。沒想到她委以重任的胡得顯竟幹

出這等事情，沒想到他與黃俊英蠅營狗苟、狼狽為奸，這樣不擇手段地坑害亞光開發公司。她更沒想到亞光開發公司的經理殷唯勤竟然就是她晝思夜想的殷放。事情來得這麼突然，這麼不可思議，不容她靜下心來認真考慮，她的腦子是一片空白。她畢竟是經過風浪的女人，處變不驚，臨危不懼，變通融匯，雷厲風行，這是她一貫的工作作風。她當即決定，迅速向亞光開發公司賠禮道歉，賠償一切經濟損失；迅速與殷唯勤取得聯繫，她要與他會面；立即重新組建華源集團關東分公司的班子，關東分公司的經營業務要正常運轉。

但事情並不那麼簡單，亞光開發公司面臨倒閉，人員都已星散，甚至賠禮道歉、賠償經濟損失一時都找不到主兒。經理殷唯勤去向不明，有人說他又回長白山雞爪頂子老家籌集錢款，企圖東山再起；有的說他經受不住打擊，一時想不開，沒準兒尋了短見什麼的；還有的說他欠下債務，無力償還，躲債去了。肯定的一點是他人不見了。

他能往何處去呢？

赫跡萍瞭解他，他是個咬鋼嚼鐵的硬漢子，他不甘心垮掉，他要重新站起來。她心裡埋怨他有點沉不住氣，何必這麼匆匆忙忙地走？現在事情不是又翻過來了嗎？他的事業還將會有更大的發展。她想到了她的處於癱瘓狀態的關東分公司，要是有殷唯勤支撐著，一定會有更大的起色。而她此刻是多麼想要見到他，她的事業又是多麼需要他來幫助，她是多麼需要他來為她負荷重擔，分憂解難。

她當即決定，仇麗娟馬上回藝術學院靜心學習，自己開車到長白山的雞爪頂子去。她判斷他是回雞爪頂子去了，也只有她知道這個農民企業家的祕密，她知道他是如何發跡的，他的事業是如何由起步到發展的。

一刻也不能耽擱，馬上出發。

五

正是夤夜時分。

林肯轎車駛出萬家燈火的省城，越過莽莽松遼平原，就進入長白山林區。那黑駿駿連天排湧的林海，是那麼模糊，又是那麼清晰，是那麼充滿詩情畫意，又是那麼深邃神祕令人生畏。長白山林海給了她痛苦、惆悵和失落，也給了她幸福、憧憬和希望。二十多年了，她無時無刻不在思念長白山，不在思念心上的人，不在惦念那個呱呱墜地就與之分離了的粉紅色小肉團。

　　難忘的一九六八年秋天，那真是天下大亂啊！到處都在揭批鬥，在清理階級隊伍。造反派大聯合，各級革命委員會紛紛建立，鬥批改向縱深發展。說兩派都是革命群眾組織，可她這一派的幾個常委不是被揪就是被鬥，有的被投入監獄，有的交由群專經受非人的折磨和羞辱；而另一派的常委不是當專案組長就是當群專隊長。她當時的名字叫赫家珍，是某大學造反派的頭頭，任宣傳部長。武鬥激烈時，另一派曾揚言要割下她的舌頭。她已經做好了被揪鬥的思想準備。她擔心喊錯了口號那檔子事被人揪住不放。她覺得十分委屈。她是個孤兒，是生產隊出錢供她上的大學。她從心裡熱愛毛主席，她誓死要捍衛毛主席的革命路線。這時，同班同學胡得顯告訴她，群專馬上要以反軍亂軍的現行反革命罪揪鬥她，要她做好準備。而且比起那幾個被揪鬥的頭頭，她的罪還要重一些，軍管會和群專要拿她當活靶子，要爆出個冷門，要產生震動效應。胡得顯是另一派的頭頭，沒形成派系以前，他們挺要好，憑姑娘的敏感，她感覺到胡得顯對她有好感，暗中在追求她。但她當時不想戀愛，一心要讀好書，學好真本領，去幹革命，為解放全人類而奉獻終生。她是系學生會幹部，黨外積極分子，她對黨組織有天然的親和力。運動一開始她就站在系總支一邊，沒想到糊裡糊塗就被劃到保皇派一夥裡，被人搞得灰溜溜的。再以後，幾十個黨團員建立群眾組織「衛東造反大軍」，跟學校和社會造反組織掛上鉤，組成更大的組織，她被選為宣傳部長。這時胡得顯卻加入了另一派組織。一天深夜，胡得顯把她喊出女宿舍，在走廊上神神道道地告訴她：他打聽了，她那一派是老保，不受軍方支持，而他這一派受軍方支持，早晚能成大氣候，為個人前途計，趕緊退了那一派加入這一派，這跟押寶一樣，一步走錯可是滿盤皆輸啊！

退出另一派還要造點聲勢，寫大字報揭露老保們死保走資派的罪行，聲明堅決站到革命派這一邊。這一派肯定歡迎她，不給個一、二號常委，也得給個宣傳部長噹噹。當時她滿腦子的革命思想，一心追求真理，對胡得顯的市儈作風和投機心理很看不慣。她認為走的是革命路，風吹浪打絕不動搖。事實證明，胡得顯這一步棋走對了，他成了另一派的常委，作戰部部長，現在紅得發紫。而她這一派，大都成了階下囚、倒楣蛋。看在過去的情分上，胡得顯給她透了口風，還給她出主意，暫時躲避一下，等風頭一過，他再幫她疏通關節，但她現在必須得走，對立派恨她恨得咬牙切齒。胡得顯甩給她三百元錢和五百斤全國通用糧票後，東張西望，神祕兮兮地溜走了。胡得顯的黑影子消失了，留給她的是迷惑不解、氣憤填膺和痛苦恐懼。她，一個仇大苦深的貧下中農的女兒，沒為解放全世界受苦難人民的神聖事業做出什麼貢獻，卻成了反軍亂軍的黑幹將。她忿忿不平，僅僅因為喊錯了口號就定她是個反軍亂軍的現行反革命？那一天，她在萬人大會上發表演說，歷數資產階級反動路線的種種罪惡和對立派打砸搶抄抓的罪行。她的發言極富煽動力，贏得陣陣雷鳴般的掌聲。按慣例，演講結束要呼口號。不知怎麼搞的，竟把「毛主席無產階級革命路線勝利萬歲」錯喊成「毛主席資產階級路線勝利萬歲」。台下面的群眾有的沒反應過來，也跟著這麼喊了。僅僅一字之差，意思全反了。當她意識到喊錯了口號時，立即跪在毛主席像前，向毛主席他老人家請罪，作了更正，還引用毛主席語錄說，只要改了就是好同志，並連喊十遍「毛主席無產階級革命路線勝利萬歲」。會後她又寫了請罪書張貼、廣播。對立派就拿這事攻擊她和她這一派組織，說她呼喊反動口號，搞反革命煽動，當時兩派鬥爭激烈，互相攻訐，不足為怪。她以為她做了一系列「消毒」工作，這事就算完結了，沒想到一搞清理階級隊伍就又找上門來，要算總賬了。她由最最革命變成了最最凶惡的階級敵人了。她覺得委屈。這個巨大的反差她接受不了。但不接受又有什麼辦法？敗軍之將何處講理？是得躲避一下，但往哪裡躲？總不能回到家鄉，這多給父老鄉親丟臉捎色呀！那就躲得遠遠的，就進長白山！她噙著眼淚，揣起胡得顯給

她的錢款和糧票，簡單收拾一下行裝，就坐上了東行的火車，再幾經換乘汽車，終於來到長白山地區。她可以不帶行李，但那象徵革命的軍帽、紅袖標和紅寶書一定要帶上。她以後還要去幹革命，去幹大事業，眼前的不利處境只是一個小小的迂迴，她要正視艱險，迎接挑戰。可是她在長白山一個小縣城剛剛走下汽車，見站前揭示牌前圍滿了人。她湊了上去，見揭示牌上貼著群專和軍管會發出的通緝令。她懷著忐忑不安的心情，按捺著極度惶恐，仔細認真讀了這張通緝令。看見了，有她的照片和姓名：赫家珍，反軍亂軍、罪大惡極的現行反革命。她覺得眼前一片漆黑，腦子一片空白。天哪，她真的成了十惡不赦的現行反革命犯！她徹底絕望了。她彎腰蹲在地上，不知如何是好。別人還以為她是暈車呢，並未對她產生懷疑。她當下意識到，她必須離開縣城，躲進大山裡去。於是她就走進深山峽谷，走進了長白山腹地雞爪頂子。

　　二十三年前，雞爪頂子還是一片原始森林。不絕於耳的林濤聲和野獸的吼叫聲匯合成了雄渾壯美的大合唱。舉目是倒掛的枯槎，盤繞的藤蔓，清新如蜜的空氣，沁人心脾的花香。此刻正是五花山季節，滿目是五彩斑斕的色調，連空氣天宇也彷彿被變幻迷離的色彩渲染著。太美了，長白山的原始大森林！這裡沒有爭鬥，沒有心悸，沒有憂慮，沒有惆悵和煩惱。她的靈魂似乎得到了淨化，繃緊的心弦也鬆弛舒緩了許多。她想到了一位名人的一句話：接受了太多說教而變得拘謹萎縮的心靈需要在大自然的靈泉中浸一浸。此刻她覺得心緒安適得那麼妙不可言，彷彿骨縫血漿中都浸透了幸福和甜蜜。長白山大自然不會虧待每一位光顧者，它不僅賜給勞苦大眾人參、貂皮、鹿茸角所謂關東三寶，而且還賜給你無盡的生活必需品。吃的不必犯愁，樹幹上綴滿了軟棗子、山葡萄，草叢中落滿了山梨、山核桃、榛子和松子，小溪裡有活蹦亂跳的細鱗魚、青鱗魚、重唇魚和紅肚林蛙，這些都可以果腹充飢。但長白山大森林的夜晚卻又是另一副面孔：寒氣襲人，磷火憧憧，虎嘯狼嚎，林濤怒號。她感到恐懼。她瑟縮在一個空筒樹洞裡，感覺腳下有什麼東西在蠕動，藉著磷光，她看見一條長長的花蛇在爬行。她幾乎昏了過去。她披頭散髮，腳步踉蹌，在夜的大森

林裡奔突著，跌到了，爬起來，再跌倒，再爬起。她吶喊呼叫，只有山谷的回聲夾雜著駭人的林海的籟鳴。她精疲力竭，就四肢著地爬行著，向著磷光，向著螢蟲。磷光在游動，螢蟲在飛行，她追趕不及，就被融進沉沉黑夜和野草莽林之中。大森林撕下它那深邃、靜謐、神祕的面紗，向她宣洩著陰森、恐怖和猙獰，要把她扯成碎片，無情地吞噬掉。恐懼攫住了她的心，飢渴勞頓折磨得她難以支撐。她沒了淚水，沒了力氣，聲音瘖啞，頭暈目眩。她終於昏厥跌倒在草地上……

六

　　她做了個很美的夢，在天安門廣場，歌聲嘹喨，彩旗飛揚，人潮湧動，萬頭攢動。那是最激動人心的時刻，千萬顆滾燙的心在跳動，千萬張笑臉仰望著那輪噴薄而出的紅太陽。她喊著口號，她唱著歌兒，她笑醒了自己。

　　「大嫂，你──」

　　一張陌生蒼老的面孔，連鬢鬍鬚，長而乾枯散亂的頭髮，佈滿污垢的黧色的面膛。

　　這是什麼地方？這人是誰？誰是大嫂？她激靈撐起雙臂要坐起來，但渾身鑽心地疼痛。她呻吟著，又倒在草地上。她使出全身氣力，終於又坐了起來。揉揉惺忪的眼睛，尋覓四周。四周是遮天蔽日的林海。繚繞的淡藍色煙靄簇擁著一輪鮮紅的朝陽，萬道霞光把大森林鍍上了一層耀眼的金光。這時她才回憶起自己是怎麼離開省城，怎麼來到長白山裡。

　　「大叔，你──我這是──」

　　那老者驚愕地打個沉兒，皺皺眉頭，終於還是說話了：「這兒叫放牛溝，這一拉溜兒就叫雞爪頂子，連綿百多里，還就一個名兒，包括五十公里以外的那個屯堡，都叫雞爪頂子。你──一個婦道人家，怎麼闖蕩到這裡來了？我打開圈門，把牛轟到大森林裡，就發現了你，躺在草地上。」

　　這人談吐不凡，嗓音也很洪亮。

她抬頭瞅一眼老者，再低眉掃視一下自己，不禁「啊」地叫了一聲，原來身上的衣服被剾得扯絲掛縷兒，袒露出半個胸部，只有挎在肩頭上的繡著紅五星和「為人民服務」的帆布書包還緊緊夾在胳膊肘裡。她依稀記得書包裡有紅寶書和紅袖標，有幾件換洗內衣和牙具，還有糧票和錢款。她雙臂環抱，摀住了胸部，淚眼婆娑地哀求道：「大叔，我迷了路，我是好人啊！」

　　她低垂著頭，覺得臉熱心跳，她不善於說謊。

　　「什麼好人壞人的，一個婦道人家，怪不易的，走，到我的窩棚裡，吃幾張煎餅，喝口熱水，再美美地睡上一覺。」

　　不容她分說，老者就哈下腰把她扶起，攙著她，向溝坎處走去。前面就是山裡人習慣住的地窩棚，簡易的三角形木頭框架，上面苫蓋著樺樹皮，用以遮風擋雨。一頭開門，門也很簡陋，木頭方架，用繩子捆著草把，這就是門扇。門前是露天火塘，支一口吊鍋。屋內貼地鋪著松樹撓子，上面鋪塊狍子皮，一床麻花被一條褥子，捲成筒形，放置在牆旮旯裡。門前一塊開闊地用木柵欄圍起，這就是牛圈，當地人稱為霸王圈。窩棚東側是一條叮咚作響的小溪，吃水就到河裡去舀。門前一棵枝葉扶疏的楓樹的枝丫上掛著一台上海產的熊貓牌收音機，幾串元蘑和幾串用鹹鹽醃漬過的細鱗魚和青鱗魚。火塘旁邊還晾著一堆山核桃和松塔。

　　這就是長白山裡放牛人的家，雖然簡陋，但別有情趣。

　　老者用刷帚蘸溫水揮了一摞煎餅，一盤蒸得噴噴香的細鱗魚乾兒，還有一碗白開水，送到她的面前。她第一次吃山裡人的飯食，味道是那麼鮮美，叫她終生難忘。即使她後來走遍了五洲四海，嘗遍了各國的美味佳餚，品味起來，也無法同這餐長白山的農家飯相媲美。

　　那老者看她狼吞虎嚥的吃相，沉重地搖搖頭，深深地嘆了口氣，說：「吃過了，你打開行李睡一覺，看樣子你太累了。我攬牛去了。」

　　老者走了。她這時才仔細看了一眼老者的背影。他腰身標直，兩腿邁動很有力氣，富有彈性，再回味一下他說話的聲音，又洪亮又柔和，所有這些，跟

他的年齡似乎有很大差距。長白山的水土好，人自然也健壯，她也就沒往多處去想。吃飽了，困勁兒也上來了，推了飯碗，斜倚著行李捲兒就睡著了。

她是被鳥雀的啁啾聲和海潮似的林濤聲給吵醒的。她坐起來，伸開手指梳攏一下散亂的頭髮，同時也就發現了行李捲兒旁邊放著的兩本厚厚的書，一本是《高等代數》，另一本是《電工學》。通過這書聯想到老者的言談舉止，更覺得這個放牛的老人是個神祕的人物，她甚至想到了被遣送到農村勞動改造的「右派」或臭老九什麼的。這老人引起她極大的興趣。她是學經濟的，高等數學學過一些，對電工學卻一竅不通。她在考慮這位老者的身分。

這時，夕陽已在林海上渲染著金黃，估計老者快回來了。她拿出牙具來到小河邊。一俯下身子，她被水中自己的倒影嚇了一跳：蓬鬆散亂的頭髮，佈滿污垢的臉膛，眼球佈滿血絲，眼角掛著眼眵，脖頸和臉膛是黧黑的。這才明白，早上老者喊叫「大嫂」一定是指她了。她一陣心酸，苦笑一下，就在清冽的小溪裡洗了臉，擦了身子。又從挎包裡找出襯衣外衣，從裡到外換了裝。小溪裡映出一個俏麗的面孔，苗條的身影。她無心緒顧盼自己。她緊鎖眉頭，一夜之間她似乎成熟了不少，也老了不少。把替換下的襯衣外衣洗淨，晾在窩棚外面的枯樹枝上。

傳來了牛群的哞哞叫聲和人的吆喝聲。

老者回來了。牛群很自覺地走進霸王圈裡，有的臥下倒嚼，有的互相舔舐著，有的互相衝撞頂架。老者來到地窩棚前，放下沉甸甸的背筐，從裡面撿出蘑菇、木耳和山菜，還有一串川丁子魚。老者低頭弓腰自顧自地忙活著，甚至忘記了地窩棚裡還有一位客人。她卻不錯眼珠地盯著這位老者。老者無意間抬起頭，與她的目光相撞了。老者的眼裡閃出火花，竟然吃驚地「啊」了一聲。

「你——」老者打量著她，從面孔到身材，從衣著到她攜帶的挎包牙具，「你是個學生？紅衛兵？」

她不知道該如何回答。看來是位忠實憨厚的人，是個值得信賴的人，對這樣的人說謊就等於犯罪。她真想跪下來，把自己的遭遇、自己的委屈、自己的

處境，一股腦地傾吐出來，求老人收留下她，讓她渡過這個難關。這些話一定要向老者說，但現在不是時候，老人跑了一天的山路，很累，很辛苦，需要照拂他。她拿出自己的毛巾和香皂，叫老人先洗臉。老人接過毛巾、香皂，仔細瞅了瞅，搖搖頭，調侃自嘲地說：「我和這玩意兒分手好幾年了。」他邁動富有彈性的步子，走到小河邊，洗漱起來，他洗得很仔細很認真，當他回到地窨棚門前時，站在她面前的分明是一個年輕漂亮的小夥子：一米八幾的個頭，濃黑的眉毛，一雙大眼透著樸實和機靈。她驚得倒吸一口冷氣，老半天嘴巴都沒能合攏上。

這一對青年男女，在長白山原始莽林裡，就這樣傳奇式地相遇了。

他就是殷放，一個返鄉知識青年。他在縣一中畢業，是高才生，高考成績超過五百分，但卻名落孫山，問題就在他的家庭出身上。他的祖父是個做人參的行家，也是挖參的裡手，發了點財，就開辦參園子，總計有兩百丈園參，一點兒力還沒接，就趕上土改，劃成分時定為參業主，類似小資本家。算計起來，他和赫家珍同歲，同一年高中畢業，如果不是這該死的家庭出身影響了他，他也成了天之驕子，此刻也在大學校園裡造反，搞鬥批改。此刻，一個天之驕子，一個遭貶的高才生，被命運捉弄著，竟在這深山老林裡奇遇了。他毫不保留地把自己的一切向她和盤托出。他告訴她，別人都去造反，搞文攻武衛，他沒資格參加，就成了生產隊裡的牛倌。

終日在這蒼茫林海裡溝谷林壑中轉悠，與飛禽走獸為伍，牛群就是他最貼心的朋友。他一個月回雞爪頂子屯堡一次，取油鹽和糧食。他苦悶、孤獨、寂寞得幾乎發瘋。只能靠這台半導體收音機與外部世界保持聯繫，只能靠進修高等學校的課程打發難耐的時光。冷不丁見到了人，就十分親切高興。今天見到了同齡的人，他更是欣喜異常。

這裡是真山真水，是清純的自然風光，無雕琢無修飾，沒有人與人之間的鉤心鬥角，更沒有陰謀和欺詐。她也向他講述了自己的際遇。不必戒備，也沒什麼可擔心的，可能是同病相憐，或者是靈犀相通，他們之間的距離拉近了，

有共同的感受，有共同的語言。他們的心地都是那麼純潔美好，即使是在杳無人跡的大森林裡，一個大男一個大女，言語行動還是恪守規矩，不曾越雷池一步。他對她說，她可以在這兒放心大膽地待下去，他會向她提供一切方便。她的心終於托底了，也打心眼裡感激他。

天擦黑了，就面臨住宿棲身問題。他讓她住在地窩棚裡，用他的行李。他就在火塘邊鋪張狍子皮對付過夜。柴火有的是，篝火燒得又紅又旺，既可取暖又能驅趕蚊蟲和野獸。她很過意不去，但他的決定又不容更改。兩人就這麼過了一夜。第二天，他把牛轟進大林子裡，他找出斧鋸刀鐮，又為她造了一個地窩棚。從此他們就分別住進各自的地窩棚裡。他放牛，她幫他轟趕牲口；她做飯，他幫她打下手。

這天夜裡，長白山下起了少見的暴風雨。火塘裡的火被雨水澆滅了。天地漆黑一片。暴雨如同倒瀉的江水無情地澆灌下來。雷鳴電閃，狂風呼嘯，夾雜著虎嘯狼嗥。地窩棚被風吹得搖搖晃晃，棚頂上苫蓋的樺樹皮也被狂風掀起刮走。地窩棚裡也嘩嘩啦啦落著雨點。赫家珍瑟縮在地窩棚的角落裡，嚇得渾身發抖。這一夜實在難熬。她需要支持需要力量需要安慰需要鼓舞。而這些就可以在咫尺之外的另一個地窩棚裡得到。藉著一道長長的閃電，她衝出地窩棚。在那個地窩棚的門口，一個高大的身軀直直地矗立在那兒，她一頭撲進他的懷裡。他張開有力的雙臂，把抖作一團的她箍得緊緊的。就在接近原始社會的穴居野處之地，他們彷彿遠古神話裡的高祖公高祖婆相親了，心靈相撞了。他們絞扭翻作一團。在萬籟齊發的大合唱中，他們演奏出一曲人間最美麗也最為壯觀的旋律。這一刻，他們只沉浸在無限幸福中，忘記了各自內心的苦痛與隨時可以降臨的災難和不測。他們呼喊著，呻吟著，臉上身上流淌著淚水、雨水和汗水，甜甜的，鹹鹹的，又是苦澀的。

啊，這永遠難以忘懷的幸福的而又是恐怖的長白山暴風驟雨之夜。

從此他們居住在一個地窩棚裡。

她生長在平原地帶的農村裡，對長白山林海裡的一切都感到新穎好奇。放

完了牛，他們除了聽廣播就是哼唱語錄歌。有一天，她面對空曠的四野，低聲唱起在大學生中流傳的那支名曲《安妮‧蘿莉》。此時此刻此情此景，吟唱這支歌，內心的感受別是一番滋味。他的音樂感也很強，很快便學會了這支歌。對著綿亙巍峨的長白山，對著蒼茫無涯的長白林海，他們引吭高歌，帶著笑，含著淚。

他給她講述長白山林區放牛的趣事。長白山林區放牛與草原地區和人煙稠密的平原地帶的放牛迥然不同。早晨把牛轟進林子裡，牛群在頭牛的率領下分頭去吃草。牛識路，不會丟失，但又貪吃貪睡，懶怠走路，往往幾天幾夜不歸。這樣，老弱病殘牛和牛犢子就可能被虎豹吃掉。因此每天都要進林子收牛。學問就在收牛上。茫茫林海，無邊無際，尋找一頭牛如大海裡撈針。但好的牛倌，不必走遠路，直走抄道，就會準確無誤地撲到牛的歇宿地。若是白天，生產隊要用哪頭牛，接到信不消一個小時，就會把牛牽了出來。殷放就有這個能耐。說起來也沒啥神祕的，知識分子去放牛，經過實踐，只要能認真投入，總會總結出經驗和規律的。牛離不開水和草，只要碼著水肥草豐和窩風向陽的地方，就可以找到牛群。殷放還告訴她，他祖父是挖參的好手，在他讀初中的時候，祖父曾領著他進林子，指點他何處有大山參。這些參是祖父早年發現的，沒捨得挖，匿下的，都能賣大價錢。祖父要他記住那些大山參的地理位置。平素還時不時地把他叫到一邊，考問他，看他記憶有無差錯。考核結束，祖父張開沒牙的嘴巴，滿意地笑了，還語重心長地說：「小子，這就是寶，不得對任何人說。」祖父撒手走了，他還經常借進山打柴、挖野菜、揀蘑菇的機會，挨棵去察看那些山參。他家的生活並不貧苦，他對這筆財富還不知派什麼用場。

這一天，她羞澀地告訴他，她懷孕了。他又驚又喜又恐懼。他們還沒有登記，到哪兒生孩子？孩子生下後戶口怎麼落？再說天也快冷了，一落雪牛就得下山歸屯，留下她怎麼度過長白山的寒冬？他倆合計了一個辦法，他回雞爪頂子屯堡，跟家裡人打聲招呼，先找個可靠的親友讓赫家珍安下身來，其他的事

以後再說。天麻麻亮，把牛群轟進大林子裡，他就動身了。他告訴她，晚上他一定能趕回來。當然，他沒忘記在歸途中挖出一苗大山參。他打算到供銷社賣了錢，給她買被縟服裝，給她買滋補品。

她站在地窩棚門前，站在葉子已經被初霜染紅的大楓樹下，眼含淚花，目送他的背影消失在黑魆魆的大森林裡。

但是誰也未曾料到，這竟成了他們長久的離別。

七

長白山腹地雞爪頂子屯已經通了汽車，從雞爪頂子屯到放牛溝有一條曲裡拐彎的荒徑，轎車開足馬力才能勉強行進。赫跡萍開車到縣城，又駕車從縣城駛往雞爪頂子屯。打聽村民得知，殷放昨天回家，今天一大早就出去了。殷放的父母已經故去，現在還是單身一人。兩層紅磚小樓的院門是鐵將軍把門。第六感官告訴她，他一定是去了放牛溝，到他倆飽嘗辛酸和苦楚的那個讓她每思念起來就激動不已、就震顫難捺的放牛溝。轎車開到放牛溝 坎下的那條荒徑就算到了盡頭。她打開車門，走了出來。讓她納罕的是荒徑邊的蒿草披分，看樣子常有小型機動車輛通過。她放眼察看樹木與荒草，終於發現在塄坎左側的樺樹林裡停著一輛伏爾加轎車。她順著一條模糊不清的小路向塄坎上攀去。爬上塄坎，眼前是一片次生林。遠處的原始森林連天排湧，樹頭整齊，平視彷彿是一片厚重的綠牆，林梢殘留著氤氳霧氣。她難辨二十多年前放牛溝的模樣，只有叮咚作響的清澈的小溪和那棵枝繁葉茂的楓樹還能勾起模糊的記憶。她分明看見楓樹下一個男人倒背著手面朝東方，凝睇著雄偉蒼茫的長白山，感情是那樣投入，神情是那樣專注。

是他，一定是他。她抑制著內心的激動，加快了腳步，向大楓樹走去。

他聽見了輕微的腳步聲，緩慢地車轉身來，茫然而驚異地睥視著向他走來的女人。這女人擁珠戴玉，衣著華麗。她的面龐，她的氣質，她的神韻，她的舉手投足，他既感到陌生又覺得稔熟。女人已經站在他的面前，他來不及從記

憶深處挖掘什麼了，只是木然地注視著她，囁嚅著：「你——」

面前的這個男人她太熟悉了，偉岸的身材，濃黑的眉毛，一雙大眼透著樸實和機靈。他沒有變，如果說有什麼變化的話，那就是更深沉更老練了。

「你——」她的嘴唇翕動著，夠奔過來的雙手微微痙攣，「是殷放吧？」

「我是殷放，現在改名叫殷唯勤。」他驚愕地機械地回答著。

「你——你——還看不出我是誰嗎？」她眼淚奪眶而出，整個身子向他傾斜。

他驚懼地退縮著腳步，身子卻又微微前傾，既想推拒又想承接她伸過來的雙手，唯恐她跌倒，「別這樣，你這是——」

「我是赫家珍，二十五年了！」

她再也憋悶不住，頭抵他的胸脯，號啕大哭起來。

「赫家珍？」他雙手搭在她的雙肩上，又把她推開一點兒距離，注視著，反覆地注視著，終於把她攬進懷裡，「是你，是你，我終於把你等來了。我不是在白日做夢吧。」

這一雙久別重逢的戀人，哭著笑著擁抱著。

激動過後，兩人的心情逐漸平息下來，這才爭著搶著敘述各自遙遠的過去。

二十五年前，他回到雞爪頂子屯，前腳進門，後腳群專小組的人就闖進家門。原來他已經被確定為專政對象，群專小組正要上山去捉拿他，不想他竟不早不晚自投羅網來了。罪名是美帝、蘇修的特務，資本主義復辟的急先鋒。他會修理收音機，早已引人注意，這是要和美帝、蘇修掛鉤，從事反革命活動；借放牛之機，挖參採藥揀蘑菇，大搞資本主義活動。正好他背筐裡有一苗剛出土的山參，這就是反革命修正主義罪行的鐵證。他就這樣糊裡糊塗地變成了階級敵人，蹲牛棚，大會小會輪番批鬥。他叫苦不迭，不只是人格上的被侮辱皮肉受苦，他最擔心的是山上的赫家珍。她一個弱女子怎麼辦？他從牛棚逃回家中，劃拉些糧票、衣裳，想叫家裡人給赫家珍送去，並告訴她自己處境困難，

叫她快逃走。可是剛逃回家門，就被跟蹤而來的群專隊員抓回去，又是一陣暴打、侮辱、批鬥。半年後他才被放出來，他首先不是回家，而是往放牛溝跑去。來到放牛溝，他呆了傻了。窩棚已塌了架，赫家珍已不知去向，他用手摳挖長滿野草的房架檁木，想找出一片紙一方布，但願她能留下片言隻語。他失望了，抱著那棵大楓樹痛哭流涕，反覆叨念一句話：「我對不起你，我對不起你啊！」

後來，他就同大多數農民一樣富了，發了。他挖出十幾苗大山參，賣了幾百萬元，用這錢做資本，先在本縣經營礦泉水、石棉、人參、鹿茸。他到處尋找她，到她讀書的那個學校去找她，都沒有她的信息。他不死心，一心要找到她，就到省城來，一邊辦企業，一邊留心尋找她。

說到這兒，他臉上罩上一層陰影，他說他被坑被騙，破產了，又變成窮光蛋。他要重打鑼鼓另開張。他一定要找到赫家珍，至少要知道她的下落。

煙波往事，不堪回首。

她痴迷地等著他的歸來，他直到深夜也沒回來。這是怎樣的一個難熬的漫漫長夜啊！她坐在火堆旁，一夜未曾闔眼。這是她有生以來第一次獨自一人在遠離人煙的大森林裡過夜。孤獨伴著恐懼，飢餓伴著寒冷。次日凌晨，她先是怪殷放不早點回來，居然忍心把她一人留在大林子裡過夜。繼而她就做了各種設想：是途中出事？還是家裡有事脫不開？她在遠離塵世的大山裡不可能想像那個冬天的嚴酷和可怕。到處都在清理階級隊伍，到處都在抓人關人批鬥人，已經在中國大地上消失了十八年的各種非刑又重新出籠，只不過是打著最最革命的旗號而已。

東方透出曙色，與篝火相輝映，總算迎來了黎明。她鬆了口氣，怎麼說殷放也該回來了。她凝視著殷放遠去的方向，期盼著心上的人會突然出現。但是出現的卻是怪異的現象：遠處傳來軍號聲、吶喊聲，還有紅旗在樹林的梢頭飄動；接著是許多人從雞爪頂子屯的方向向這兒湧來。她立時警覺起來，她想到了民兵，想到了自己是被追捕的通緝犯。只有在二十五年後的今天她才知道，

那天民兵搜山不是針對她，是通常的民兵軍事演習，是搜尋美蘇越境潛伏的特務的。由此卻給他們的愛情生活帶來了悲劇性的變化。當下，她簡單打點一下必備用品，還有殷放留下的那一摞煎餅，鑽進大林子裡，不停腳地但又是無目的地走著，不知走了幾天幾夜，當她來到輝化市城郊五隊仇吉發老漢的家裡時，已是精疲力竭，奄奄一息了。

仇家待她恩重如山。她今生今世都不會忘記那兩位可敬可愛的老人。她在他們家生下的小女孩，就是仇麗娟，還沒滿月，她說她必須離開這兒，遠走高飛，不能連累這一家人。在一個風雪淒迷的夜晚，她最後給小女孩喂了一遍奶，抹了一把淚水，毅然挎上繡有「為人民服務」五個鮮紅大字的書包向輝化車站奔去。兩位老人答應給她撫養孩子。她也信誓旦旦地表態說，一定回來領孩子，一定重謝二位老人。

她又以紅衛兵的身分，扒上了南行的列車。

但這一去竟是二十多年。不是她狠心遺棄女兒，是命運在捉弄她擺佈她。她怎麼也不會想到，清理階級隊伍的時間竟會超過一年，接著又是全國性的上山下鄉，她無處藏身，有家不能回，有校不能返。她同所有有所謂這樣那樣問題的二十多個學生一起，同病相憐，終日裡嗟嘆徘徊，不知道明天的日子會是什麼樣子，更不敢設想自身的未來命運。但這些見過世面、有過雄心壯志的青年人不甘寂寞，不甘自棄。他們認為他們的紅心未變，革命本色未改。在雲南邊疆地帶，這些昔日的天之驕子今日的時代棄兒，竟突發奇想，要到緬甸去打游擊，去搞世界革命。他們真的越過了邊界線，到了緬甸境內，有的還沒動過一刀一槍就被緬甸軍人活捉遣送回來；有的真的同緬共游擊隊並肩作戰甚至埋屍異國；還有的散落民間，或經商或做工，成了華僑或緬籍華人。

赫家珍，這時已改名為赫跡萍。

八

他們的第二次蜜月是在雞爪頂子屯殷唯勤的家裡度過的。他們互相撫慰著

內心的創傷，無限珍惜憧憬規劃著未來的輝煌。

按理說分手二十五年的有情人終成眷屬才是，但事情並不那麼簡單。蜜月度過了僅僅五天，兩人就產生意見分歧，並發展到無法調解無可挽回的地步。

當殷唯勤得知仇麗娟就是他們的親生女兒時，他真是喜出望外，他甚至認為這是神靈冥冥中的安排，讓仇麗娟牽動這根無形的線索，終於使他們骨肉相會，一家人得以團圓。但當他瞭解到幾乎促使他破產倒閉的內情時，他氣憤扼腕之際，竟遷怒於赫跡萍。無論赫跡萍做何解釋，他也難嚥這口惡氣。他說如果不是他，不是他與華源集團總公司女老闆有過戀情，換上另一個人，不就徹底慘敗了嗎？赫跡萍可以說她對這個犯罪陰謀和過程一無所知，那麼你赫跡萍為什麼要重用有劣跡的胡得顯呢？胡得顯到處吹噓你們二人關係賊鐵，那麼你們二人到底是什麼關係？

對此，赫跡萍向殷唯勤作瞭解釋。胡得顯在大學時曾經追求過赫跡萍，但赫跡萍並未投桃報李。在清隊時，不管胡得顯出於什麼考慮，他的確援救過赫跡萍。赫跡萍是個知恩圖報的人，她重用胡得顯，更多的考慮因素僅僅是這一點。這也是她幾十年來唯一一次用人唯「親」，雖然她對胡得顯為人的看法並不好。胡得顯的歷史他何嘗不知道一二？

胡得顯在「文革」中罪行嚴重，被繩之以法，判了十年徒刑。刑滿出獄，生計無著，很是落魄，很是困窘。天無絕人之路，正在這時，從同學口中得知，赫家珍已改名為赫跡萍，已今非昔比，成了萬眾仰慕的富婆，何不去叩拜她的門扉？赫跡萍果然沒有忘記這位老同學的恩德，一反任人唯賢的慣例，聘用了他，破格委以重任。沒想到他劣跡不改，故伎重演，坑害殷唯勤不成，自己卻成了「二進宮」。赫跡萍承認在胡得顯的問題上她用人不當，但她本人向來主張公平交易，合理競爭，君子愛財，要取之有道。這是她多年來信守不渝的原則。

她和殷唯勤的關係發展到無可挽回直至分道揚鑣的主要原因，還在於她講述了那個弱女子成為億萬富婆的「天方夜譚」式的故事。

一個女紅衛兵從雲南越境到緬甸，要去搞格瓦拉式的世界革命。在緬甸，她的親密戰友全犧牲了，就剩下她一個人。彈盡糧絕，語言不通，她瀕於絕境。無意間，在一個小鎮上結識了一個華僑。通過這個華僑，她越過邊境到了泰國。在泰國，又結識幾個華僑。她不能總是吃嗟來之食，她要自力更生，於是就學著做小本生意。她聰穎機智，悟性很高，很快學會了泰語，也學會了一些經商之道，並有了些積蓄。她用這些積蓄同別人合夥做橡膠生意，不想被人欺騙，一夜之間她又淪為不名分文的窮人，在燈紅酒綠、紙醉金迷的資本主義社會裡，沒有錢就寸步難行。作為年輕女人，唯一出路就是同泰國眾多年輕女人一樣去做妓女，出賣色相。但這個，她是無論如何不會去做的。她彳亍在曼谷街頭，她想到自殺。天下著綿綿細雨，雨水和淚水流到嘴裡，又苦又鹹。透過雨霧，她看到了閃爍的霓虹燈下被雨水洗過的閃亮的柏油路，路上穿梭般行駛的車輛。她想到祖國，想到她曾經瘋狂痴迷愛過的那個男人，想到呱呱墜地就失去母愛的女兒，想到了學校的老師和同學，此刻，都那麼清晰地在腦際疊印。她多麼想再看一眼這些人啊！她實在是想念祖國想念親人，想念同學想念朋友。

　　「吱嘎」一聲，她撞在一個堅硬的物體上，抬眼一看，是一輛轎車停在身邊。她無目的地疾步行走，撞上了車。司機搖開車門探出頭來，用泰語問：「傷著沒有？」傷沒傷著，輕傷重傷，對她這個即將離開世界的人已經無所謂了。她淒然一笑，無意間說了一句北京話：「沒什麼，你們走吧。」她又低頭踽踽獨行。

　　這時車門打開了，一個人衝她高聲說話，用的也是北京話：「姑娘，你住在哪？我用車送你回去！」

　　在異國他鄉，在她淒然無助的絕望時刻，聽到了這樣的來自祖國的充滿關懷和溫情的話語，她非常激動，兩眼立即湧出了熱淚。她停下步履，側過身來。站在車門前的是一位鬢眉斑白的老者，面容是慈祥和藹的，目光是深沉誠摯的。

「無家可歸。」她的回答漠然中含著驚喜。

老者似乎一切都明白了，他嘆了口氣說：「姑娘。世事如棋局局新，不要把眼前的路看死了。上車吧，我興許會幫你擺脫困難的。」

就這樣，她坐上老者的車。來到了老者的住處。

老者名字叫彭忠，泰籍華人。他是抗戰時離開故國闖南洋的，最後在泰國定居下來。憑著勤儉和聰明，幾十年來，他的事業逐漸發展興旺起來。如今他已是擁有近十億美元的富翁，華源集團總公司的總經理。他富有，但未必真的幸福。妻子幾年前去世，唯一的兒子很讓他失望。兒子吃喝嫖賭，五毒俱全，跟黑社會的人打得火熱。眼睜著他的事業要毀於一旦，他幾十年的心血汗水要付諸東流。他給兒子一部分財產，跟兒子斷絕了往來。他的事業來之不易，只能興旺發達，不許衰落失敗。他已年過六十，他經常思索這麼個問題：即使華源集團的事業再興旺發達，自己即使躋身世界富豪的前列，但最終的結局又是什麼呢？他知道兒子此刻在想什麼幹什麼，無非是一邊恣意揮霍，一邊暗暗竊笑，盼他早死，他好接過這筆遺產。這樣一筆由他心血汗水聚積起來的財富就這麼落到這個敗家子手裡，他死不瞑目。

正在此刻，女紅衛兵填補了老人的感情空白。她聰明好學，心地善良，溫柔賢惠，善解人意，很得老人的喜愛。她勤儉忠厚，有膽有識，頗得老人的信任。她天生麗質，妖嬈嫵媚，深得老人的寵愛。她經歷坎坷，際遇凄涼，很得老人的同情。不消一個月，她就在華源集團總公司站穩了腳跟。先是給老人當秘書，繼而給老人當助手。不過半年，不論是起居行止，還是公司裡的鉅細事務，老人都須臾離不開她了。

起先，他們二人都心無芥蒂，都心底坦蕩地相處共事，但是愛情這個妖怪，它可以蠱惑人的理智和感情，使人做出他們不可預料甚至違背初衷的荒唐舉動。她看老人不再是那麼蒼老衰邁了，她忘記了他們之間年齡的巨大差別。她有時譴責自己是否讓金錢晃花了眼睛，但旋即又加以否定，她覺得從感情上她已離不開老人了。雖然她腦子裡時時閃現過去的愛人的影子，雖然她對愛人

還是痴心未改，但她遠離祖國，恐怕今生今世永遠也回不到祖國，見不到親人。她應設身處地地更現實地調整自己的生活。自己才是自己的主人。人總是希望活下去，而且希望活得更美好。既然過去的一切已成為僵硬的歷史，又有什麼理由拒絕向新生活的招手？老人也發覺自己內心發生了奇妙的變化。他身邊不乏美女嬌娃，但他的感情卻獨鍾於這個女紅衛兵。他有時譴責自己是否太自私太殘忍，是否是乘人之危？因為論年紀他大她一倍還多，他不應有非分之想，但無論如何他已離不開她了。他們就這樣結合了，他們在一起生活了一年，老人就滿意地故去了。她自然地繼承了老人的全部遺產，唯一的遺憾也是老人愧對她的是他們沒能生下一男半女。在夫妻生活上，老人心有餘而力不足！他們是全靠柏拉圖式的情感維繫夫妻關係的。

這就是赫跡萍講述的一個億萬富婆的故事。

「這麼說，這個女紅衛兵還很愛那個像她爺爺一樣的富翁了。」殷唯勤臉色鐵青，咬肌凸出，渾身震顫。

赫跡萍陷入沉思之中。她望了一眼殷唯勤，從他掩飾不住的憤激的表情中，她似乎什麼都明白了。其實她早已料到會是這樣。

「我知道你希望我說什麼話，無非是她不愛他，討厭他，甚至怨恨這個老鬼，或者說是這個老鬼在乘人之危。而她呢，是一個弱女子，為了活下去，為了國內的女兒、愛人而飲恨咽淚地委身於他。當我決定對你講這個故事的時候，內心何嘗沒有矛盾？何嘗不料及結局和後果？如果我不講，你永遠也不會知道女紅衛兵的這段歷史。你還會把她當成高尚的女神永遠敬仰永遠愛慕。何必這樣呢？魯迅先生說得好：掃除粉膩呈風骨，褪卻紅衣學淡妝。何必去偽裝矯飾？這是女紅衛兵裸露的本色，有人可能看她很醜陋，有的人興許不這麼看。」赫跡萍幾乎是一口氣說完這些話的，其實這些話已爛熟於心，她早有充分準備。

對於生長在封閉的長白山裡的殷唯勤來說是無論如何不能理解和原諒這個女紅衛兵的。他浮想聯翩：如果那老東西性功能未曾衰縮呢？他們的床笫之事

該是多麼醜惡！他感到煩悶，幾乎窒息。

「難道說她還光彩榮耀了不成？」他接續赫跡萍的話，發表了自己的看法，「她這十幾億美元資產，說穿了是用靈與肉等價交換來的，這錢不乾淨，讓人噁心！如果她用這筆錢財作依憑，作威作福，坑害同類，不僅不光彩，更令人憤恨！」

他說得忿忿然惡狠狠然。

赫跡萍臉色煞白。這是二十多年來第一次遇見敢於用這樣的語氣和詞句向她說話的人。她感到受了莫大的侮辱，以致於嘴唇紺紫，兩手痙攣。她忍無可忍，氣惱已極，竟也摒棄了矜持和端莊的風度，反唇相譏：「雖然是歷史逼她走到這一步，我想她對自己做過的事是無悔無愧的，而另一個靠祖宗秘傳下來的財寶而發財致富的人，就不應算作企業家和英雄好漢，頂多是乘襲了祖宗的衣鉢，轉來轉去還在原地轉磨磨的人。」

那真是惡語傷人六月寒。這不啻是對殷唯勤最大的挖苦和嘲弄。殷唯勤氣得渾身發抖，指關節攥得咔吧咔吧響，就差摑她一記響亮的耳光了。

赫跡萍衝出門外，啟動了轎車，調轉車頭，駛出院門，林肯轎車箭一般向村外飛馳，車尾揚起一陣黃色的灰塵。

本應是優美和諧的愛情樂章卻演奏出令人遺憾的變奏曲。

有情人難成眷屬！

九

赫跡萍回到別墅，蒙頭大睡了三天三夜。她好似得了一場大病，面容憔悴，不修邊幅，換了個人似的。第四天頭上，支撐著爬了起來，梳洗打扮一番，又投入緊張的工作中。這時律師給她打來電話，得知胡得顯、張鶴松、黃俊英三人已經檢察院批准，被依法逮捕。她立即重新物色安排了關東分公司的班底，並責成下屬把胡得顯、張鶴松、黃俊英等人敲詐坑騙殷唯勤的錢款及賠償的損失費一次性劃到殷唯勤的賬戶上，一切交割清楚，便駕車到藝術學院把

仇麗娟接來，母女倆歡歡樂樂在一起過了三天。她是個襟懷坦白的人，她覺得不應當向女兒隱瞞什麼。她含著眼淚把她和殷唯勤的爭執分歧和盤托出。女兒仇麗娟彷彿在聽一則神話似的，不敢相信這竟是真的。但媽媽說得確確鑿鑿，不能不信。母女倆抱頭大哭起來，哭得好難受好傷心。

仇麗娟對媽媽既理解又同情，對爸爸的固執保守能理解但不能苟同。她在殷唯勤和赫跡萍之間穿針引線。赫跡萍已經消了氣，她心裡仍那麼珍惜長白山裡那段荒野之戀。她不得不承認，她其實最愛的還是殷唯勤。至於那個彭忠，她認真過濾一下自己的感情，有崇敬，有同情，有感激，也有憐憫，但似乎就沒有情真意切的愛。二十多年來，她從來沒有做過認真的比較，現在一經心理天平的權衡，她不得不承認這個事實。她認為殷唯勤是真心實意地愛著她，愛得專一，愛得投入。他孑然獨處這麼多年沒有結婚就是最好的說明。愛多深就恨多深，恨是愛反彈回來的曲折反映。她更理解殷唯勤了，也更珍惜與殷唯勤的感情。

然而這一切又能怨怪誰呢？

世上最大的悲哀莫過於時代的錯誤。一個作家說過這樣一句話：「一帆風順的人，可能永遠只能被叫作不完整的人。」而先哲盧梭則說：「逆境當然是個了不起的先生，但是它索取的學費太高，而你從中獲取的收益往往得不償失。」我們寧肯不當什麼「完全的人」，不圖這個虛名，也不願災難降臨頭頂。欣賞痛苦、欣賞苦難的人，他本身可能沒經受過真正的痛苦和苦難，正所謂站著的不嫌腰疼。從苦難中僥倖過來的人誰又能跳出三界之外，身上不殘留任何傷疤？完美的東西一旦破碎，即使鋸合了也有裂璺。

她是多麼盼望殷唯勤能夠理解她同情她。她現在才明白過來，二十多年來她風風雨雨滋滋潤潤地活著，原來支撐點就是殷唯勤，這些年來她第一次感覺到自己原來是個愛情匱乏的弱者，一經發現這一點，她又覺得自己十分可憐。

但殷唯勤這個孽種說什麼也不能原諒赫跡萍。二十五年來多少個漂亮的姑娘從身邊溜過，他從沒動過心，他苦苦等待著，等待她有朝一日能重新投入他

的懷抱，帶著他們的愛情結晶——他們的孩子。現在這樣的現實他接受不了。他不能原諒她在感情上的移位和背叛，連同她所有的財富他都嗤之以鼻，認為那些錢有腥臭味，他甚至想到要勸阻仇麗娟，將來拒絕繼承這筆遺產。

仇麗娟的穿梭外交徹底失敗。

殷唯勤又要回長白山去，再挖些山參，籌集更多的資金。亞光開發公司的事業要大發展，他胸中已描繪好了宏偉壯麗的藍圖。

赫跡萍也要動身到美洲、大洋洲、非洲，視察華源集團設在世界各地的分公司。在動身之前，她同仇麗娟去輝化城郊五隊，看了快要坍塌的她們母女曾經住過的那兩間破草房。又到仇大爺仇大娘的墳前填了土燒了紙，母女倆趴在墳頭上痛哭一場。然後，又驅車到仇大爺仇大娘的遠房侄子家，感激答謝。

由仇麗娟聯繫，赫跡萍、殷唯勤、仇麗娟三人在赫跡萍的別墅舉行了一次告別宴會。儘管桌面上的食品豐富得不能再豐富，但誰也沒有心緒和食慾。三人圍桌而坐，顯得那麼尷尬拘束。尋常的寒暄，禮貌的應酬，淡而無味，看不出他們之間曾有過親情和愛戀。赫跡萍和殷唯勤板結的面孔有時勉強扯出一絲苦澀的笑，再不就斂目蹙眉，木呆呆地枯坐。夜闌更深，宴會要結束了，仇麗娟站了起來，說：「我們一家三口，明天就要分手各奔東西了，再相會不知何時，今天難得相聚，女兒就給爸爸、媽媽獻上兩支歌吧。」

未成曲調先有情，她淚光盈盈，先唱了那支《安妮‧蘿莉》，稍停片刻，醞釀一下情緒，就唱起《再回首》。

歌聲終止，室內是死一般寂靜，連每個人的呼吸聲都能聽得到。幾乎是同一時刻，三人痛哭流涕，熱淚沾襟。

但橫亙在殷唯勤與赫跡萍內心深處的鴻溝，已難以架設起感情和理解的橋樑。

半年之後，仇麗娟大學一畢業，就去了泰國。赫跡萍讓女兒全面熟悉華源集團的業務，希望她早日成熟，接替總經理的職位。她卻在長白山腹地修建了一座廟宇。廟宇修成後，她第一個獲得了戒牒，終日裡閉門謝客，在青燈下神

佛旁，在晨鐘暮鼓中，與黃卷相伴。她已心灰意冷，洞悉世事，看破了紅塵。她在几案旁，書寫了《儒林外史》的結束語以作為座右銘：

記得舊時，我愛秦淮，偶離故鄉。向梅根冶後，幾番嘯傲；杏花村裡，幾度徜徉。鳳止高梧，蟲吟小榭，也共時人教短長。今已矣！把衣冠蟬蛻，濯足滄浪。無聊且酌霞殤，換幾個新知醉一場。共百年易過，底須愁悶？千秋事大，也費商量。江左煙霞，江南耆舊，寫入殘編總斷腸！從今後，伴藥爐經卷，自禮空王。

她遁入空門，決心已定。

而殷唯勤兢兢業業，奔走於長白山和省城之間。他雄心勃勃，勁頭十足，一定要亞光開發公司興旺發達，振翼騰飛，而他個人的感情角落還是個盲區，他似乎是在用沸沸揚揚的辛勤勞作來掩蓋這角落裡的空虛、無奈和悵惘。

吉林文庫　A0703B11

東北民間故事　下冊

主　　編　于濟源

版權策畫　李　鋒

責任編輯　楊家瑜

發 行 人　陳滿銘

總 經 理　梁錦興

總 編 輯　陳滿銘

副總編輯　張晏瑞

編 輯 所　萬卷樓圖書股份有限公司

排　　版　菩薩蠻數位文化有限公司

印　　刷　百通科技股份有限公司

封面設計　菩薩蠻數位文化有限公司

出　　版　昌明文化有限公司

桃園市龜山區中原街 32 號

電話　(02)23216565

發　　行　萬卷樓圖書股份有限公司

臺北市羅斯福路二段 41 號 6 樓之 3

電話　(02)23216565

傳真　(02)23218698

電郵　SERVICE@WANJUAN.COM.TW

大陸經銷　廈門外圖臺灣書店有限公司

電郵　JKB188@188.COM

ISBN 978-986-496-312-6

2019 年 11 月初版二刷

定價：新臺幣 320 元

如何購買本書：

1. 轉帳購書，請透過以下帳戶

合作金庫銀行　古亭分行

戶名：萬卷樓圖書股份有限公司

帳號：0877717092596

2. 網路購書，請透過萬卷樓網站

網址　WWW.WANJUAN.COM.TW

大量購書，請直接聯繫我們，將有專人為您

服務。客服：(02)23216565　分機 610

如有缺頁、破損或裝訂錯誤，請寄回更換

國家圖書館出版品預行編目資料

東北民間故事 / 于濟源主編. -- 初版. -- 桃園
市：昌明文化出版 ; 臺北市：萬卷樓發行,
2018.01

　冊 ;　　公分

ISBN 978-986-496-312-6(下冊 : 平裝)

539.524　　　　　　　　　　107002201

本著作物經廈門墨客知識產權代理有限公司代理，由時代文藝出版社授權萬卷樓圖書
股份有限公司出版、發行中文繁體字版版權。

本書為金門大學華語文學系產學合作成果。　　　　校對：林庭羽